Über dieses Buch In Maxim Gorkis frühen Erzählungen wird das alte vorrevolutionäre Rußland vergegenwärtigt: in der weiträumigen Flußlandschaft der Wolga, im südlichen Klima der Halbinsel Krim und in den kleinen Städten und Dörfern der fruchtbaren Ukraine; vor allem aber in den Menschen, so wie der Autor sie gesehen, verstanden und in einer für die damalige russische Literatur neuartigen Weise dargestellt hat.

Noch lebt der einfache russische Mensch in einer jahrhundertealten, scheinbar festgefügten Welt, zu der materielle Verelendung und psychische Not ebenso gehören wie die wundersame Kraft der russischen Seele und des Glaubens. Und doch sind in dieser Prosa die Vorboten der Revolution überall spürbar. Ganz besonders einprägsam in der Erzählung ›Verlorene Menschen‹, die thematisch auf Gorkis weltberühmtes Drama ›Nachtasyl‹ verweist. Gorkis vitaler Humanismus, seine Anteilnahme am Schicksal seiner Figuren, das expressionistische Pathos in der Zurschaustellung ihres oft grauenerregenden Schicksals, die pralle Farbigkeit seiner Sprache, das alles vermag auch den heutigen Leser zu fesseln.

Der Autor Maxim Gorki, 1868 in Nižniy Novgorod geboren, starb 1936 in Moskau. In jüngeren Jahren führte er ein unstetes Wanderleben mit wechselnden Berufen, das ihn Anfang der 90er Jahre des vorigen Jahrhunderts durch das Wolgagebiet, die Ukraine, die Krim und den Kaukasus führte. 1906 reiste Gorki nach Amerika und lebte danach jahrelang in Westeuropa, vor allem auf Capri. Maxim Gorki gehört zu den bedeutendsten russischen Schriftstellern. Er war mit Lenin befreundet und schrieb zahlreiche Erzählungen, Dramen und Romane. Sein Hauptwerk ›Klim Samgin‹ gilt als Schlüsselroman für das Verständnis des modernen Rußland.

Als Fischer Taschenbuch lieferbar: ›Italienische Märchen‹ (Bd. 9181), Unbekannte Erzählungen‹ (Bd. 9245), ›Meine Kindheit‹ (Bd. 9586), ›Unter fremden Menschen‹ (Bd. 9588), ›Meine Universitäten‹ (Bd. 9587 - April 91).

Maxim Gorki

Erzählungen aus dem alten Rußland

Fischer Taschenbuch Verlag

9.–10. Tausend: Oktober 1990

Ungekürzte Ausgabe
Veröffentlicht im Fischer Taschenbuch Verlag GmbH,
Frankfurt am Main, Juli 1989
Lizenzausgabe mit freundlicher Genehmigung
des Verlag Philipp Reclam jun. Leipzig
Dieser Ausgabe liegt eine Übersetzung zugrunde,
die 1946 im Verlag der Sowjetischen Militärverwaltung
in Deutschland unter dem Titel: Maxim Gorki
›Erzählungen, Skizzen, Erinnerungen‹ erschienen ist.

Umschlaggestaltung: Buchholz / Hinsch / Hensinger
unter Verwendung eines Vorhangmotivs für ›L'Oiseau de Feu‹
von Natalja Gontscharowa
Gesamtherstellung: Clausen & Bosse, Leck
Printed in Germany
ISBN 3-596-29294-8

Inhalt

Verlorene Menschen

I

Die »Offene Gasse« besteht aus zwei Reihen einstöckiger, armseliger, dicht aneinandergedrängter Häuser, deren Mauern baufällig, deren Fenster schief sind. Die verwitterten Dächer dieser menschlichen Behausungen, an denen der Zahn der Zeit weidlich herumgenagt hat, sind mit Borkenfetzen geflickt und mit Moos bewachsen; hier und da ragen an hohen Stangen Starkästen über ihnen empor, und das staubige Grün krummästiger Weiden und Holunderbüsche, dieser armseligen Flora der vom Elend bewohnten Vorstadtbezirke, spendet ihnen kärglichen Schatten.

Aus ihren trüben, vom Alter grün angelaufenen Fensterscheiben gucken die kleinen Häuschen einander ängstlich an wie argwöhnische Spitzbuben. Auf dem Straßendamm schlängelt sich zwischen tiefen, vom Regen ausgehöhlten Rinnen eine vielfach gewundene Wagenspur bergan. Hier und da liegen grasbewachsene Haufen von Schutt und allerhand Geröll, lauter Reste oder auch Anfänge von Schutzbauten, mittels deren die Bewohner der Gasse die Fluten des Regenwassers, das von der Stadt her in reißendem Lauf niederströmte, wiederholt und doch vergeblich einzudämmen versuchten. Dort oben aber, auf dem Bergrücken, liegen im üppigen Grün wohlgepflegter Gärten schmucke steinerne Häuser eingebettet, Kirchtürme ragen hoch zum blauen Himmel empor, und ihre vergoldeten Kreuze glänzen hell in den blendenden Strahlen der Sonne.

Bei Regenwetter führte die Stadt ihren ganzen Schmutz, bei trockener Witterung ihren Staub der »Offenen Gasse« zu. Und alle diese häßlichen kleinen Häuschen sahen eigentlich auch so aus, als hätte sie die mächtige Hand eines Riesen vom Bergrücken hinuntergefegt wie unnützen Kehricht, den man dort oben nicht brauchte. Der Abhang des Berges war dicht besät mit diesen platt an den Boden gedrückten morschen, baufälligen Baracken, die durch die stete Einwirkung von Sonne, Staub und Regen die schmutziggraue Tönung vermorschten Holzes erhalten hatten.

Am Ausgang der »Gasse« stand, gleichsam aus dem Weichbild der Stadt hierher, an den Fuß des Berges, verstoßen, das lange, zweistöckige Haus des Kaufmanns Petunnikow. Es war das letzte Haus in der Reihe, dicht am Berghang; weiter zog sich das offene Feld hin, das, etwa eine halbe Werst vom Hause entfernt, steil zum Fluß abfiel. Von all den düsteren, verwahrlosten Häusern war das große alte Haus das düsterste. Es stand ganz schief, in den beiden Reihen seiner Fenster hatte auch nicht ein einziges die ursprüngliche rechteckige Form bewahrt, und die Glasscherben in den zerbrochenen Rahmen hatten die trübgrünliche Färbung des Sumpfwassers angenommen. Das Mauerwerk zwischen den Fenstern zeigte tiefe Risse und dunkle Flecke, die die Stellen bezeichneten, an denen der Verputz abbröckelte. Es war, als hätte die Zeit die Geschichte des Hauses in geheimnisvollen Hieroglyphen an seinen Wänden niedergeschrieben. Der jämmerliche Eindruck, den das Haus machte, wurde noch verstärkt durch das Dach, das sich nach der Straße zu tief gesenkt hatte. Das Haus sah ganz so aus, als hätte es sich zu Boden geduckt, um demütig den Todesstreich des Schicksals zu empfangen, der es vollends in einen unförmigen Haufen halbverfaulter Trümmer verwandeln würde.

Das Hoftor stand weit offen; der eine Flügel war aus den Angeln gerissen und lag auf dem Boden; in den Spalten zwischen seinen Latten wucherte Unkraut, das auch den weiten, öden Hof bedeckte. Ganz hinten im Hof stand ein niedriges, rauchgeschwärztes Gebäude, mit einem schräg abfallenden Eisendach. Das ganze Anwesen war unbewohnt, in diesem Hofgebäude jedoch, einer ehemaligen Schmiede, befand sich jetzt eine »Nachtherberge«, die der verabschiedete Rittmeister Aristid Fomitsch Kuwalda hier eingerichtet hatte.

Das Innere der Herberge stellte eine langgestreckte, dunkle Höhle dar, neun Meter breit und zwölf Meter lang. Seine Beleuchtung erhielt dieser Raum nur von einer Seite, durch vier kleine quadratische Fenster und eine breite Tür. Die ungetünchten Ziegelwände waren schwarz von Rauch und Ruß, die gleiche Farbe wies auch die aus dem Boden eines alten Lastkahns hergestellte Zimmerdecke auf. In der Mitte des Raumes stand ein mächtiger Ofen, der auf der ehemaligen Schmiedeesse errichtet war; rings um den Ofen und an den Wänden aber zogen sich breite Pritschen hin, auf denen allerhand Lumpen, die den Herbergsgästen als Bettzeug dienten, haufenweise umherlagen. Die Wände rochen nach Rauch, der lehmige Fußboden nach Feuchtigkeit, das Lumpenzeug auf den Pritschen nach Schweiß und Fäulnis.

Der Inhaber der Nachtherberge hatte seinen Platz auf dem Ofen; die Pritschen um den Ofen herum waren die Ehrenplätze, reserviert für jene Gäste, die sich der besonderen Gunst und Freundschaft des Rittmeisters erfreuten.

Die Tagesstunden verbrachte Herr Kuwalda am Eingang der Herberge, in einer Art Sessel, den er sich eigenhändig aus Backsteinen konstruiert hatte, oder in der Schenke des Jegor Wawilow, die dem Hause gegenüberlag. Hier pflegte der Rittmeister sein Mittagsmahl einzunehmen und seinen Schnaps zu trinken.

Bevor Aristid Kuwalda dieses Gebäude in Pacht nahm,

hatte er in der Stadt ein Stellenvermittlungsbüro gehabt. Blätterte man in seiner Vergangenheit weiter zurück, so konnte man erfahren, daß er ehedem eine Druckerei betrieben hatte. Bevor er die Druckerei besessen, hatte er, wie er sich ausdrückte, »in den Tag hinein gelebt«. »Und zwar hab ich damals famos gelebt, Teufel noch mal! Hab's verstanden zu leben, das kann ich wohl sagen!«

Der Rittmeister war ein breitschultriger, hochgewachsener Fünfziger, mit einem pockennarbigen, vom ewigen Saufen geröteten Gesicht und einem schmutziggelben Vollbart. Er hatte große, graue Augen, die keck und vergnügt dreinschauten; seine Stimme war ein tiefer, hinten in der Kehle rollender Baß. Fast immer hatte er eine Porzellanpfeife mit geschweiftem Kopf im Munde. Wenn er in Zorn geriet, blähten sich die Flügel seiner mächtigen roten Höckernase, und seine Lippen zuckten, zwei Reihen großer, gelber Zähne, ein richtiges Wolfsgebiß, entblößend. Er hatte auffallend lange Arme und hinkte; stets trug er einen zerrissenen und schmierigen Offiziersmantel, eine fettige Militärmütze ohne Schirm und alte schadhafte Filzstiefel, die ihm bis an die Knie reichten. Des Morgens hatte er regelmäßig einen scheußlichen Katzenjammer, wogegen ihn der Abend zumeist in der heiteren Stimmung eines leichten Rausches sah. Doch war er nie vollständig betrunken. Soviel Alkohol er auch vertilgt haben mochte, des heiteren Gleichgewichts seiner Seele ging er nie ganz verlustig.

Abends, wenn er, die Pfeife in seinem Mund, in seinem Backsteinsessel saß, begrüßte er die Herbergsgäste:

»Wer bist du?« fragte er irgendeinen zerlumpten, bedrückt aussehenden Kerl, der sich ihm näherte. In der Regel war es Trunksucht oder sonst ein triftiger Grund, was den Besucher der Stadt entfremdet, ihn den abschüssigen Pfad zur »Offenen Gasse« hatte einschlagen lassen.

Der Ankömmling gab die verlangte Auskunft. »Hast

du irgendein amtliches Schriftstück, das dein Geschwätz bestätigt?«

Das Schriftstück wurde, falls es überhaupt vorhanden war, dem Rittmeister übergeben. Er steckte es für gewöhnlich in die Brusttasche, ohne weiter von dem Inhalt Kenntnis zu nehmen, und sagte:

»Alles in Ordnung. Eine Nacht kostet bei mir zwei, eine Woche zehn, ein Monat dreißig Kopeken. Mach, daß du hereinkommst, und such dir einen Platz aus – aber ja keinen, der schon belegt ist, sonst setzt es was, bei mir wohnen scharfe Jungens...«

»Kann ich bei Ihnen nicht Tee und Brot oder sonst was zu essen kriegen?« fragte in der Regel der Neuling.

»Ich treib nur mit Dach und Fach Handel, wofür ich dem Halunken von Hauswirt, dem Kaufmann zweiter Gilde, Petunnikow, selber fünf Rubel monatlich zahlen muß«, erklärte Kuwalda trocken und sachlich. »Mich suchen nur Leute auf, die keinen Luxus kennen. Wenn du jedoch gewohnt bist, alle Tage zu fressen – nun, da drüben ist ein Wirtshaus. Aber besser ist's schon, du legst diese schlechte Gewohnheit ab, du Fatzke. Bist doch kein vornehmer Herr, was soll dir da das Essen? Zehr vom eigenen Fett, ist viel gescheiter!«

Solche Reden, die stets in erkünstelt strengem Ton, jedoch mit lachenden Augen, vorgetragen wurden, verhalfen dem Rittmeister, der seine Gäste auch rücksichtsvoll behandelte, zu einer großen Popularität bei den ärmsten Stadtbewohnern. Nicht selten kam es vor, daß irgendein ehemaliger Pennbruder, dem es gelungen war, sich wieder emporzuarbeiten und seinen äußeren Menschen einigermaßen anständig auszustaffieren, munter und keck auf dem Hof bei Aristid Kuwalda vorsprach:

»Guten Tag, Euer Wohlgeboren! Wie geht's Ihnen?«

»Danke, man lebt. Na, was gibt's?«

»Haben mich nicht erkannt, was?«

»Allerdings nicht...«

»Ja, wissen Sie denn nicht mehr?... Ich habe doch im Winter einen ganzen Monat hier bei Ihnen gepennt. Ein alter Kunde... Damals, wie die große Razzia war und drei Mann festgenommen wurden...«

»Na, mein Lieber, so was kommt unter meinem gastlichen Dach öfter vor!«

»Herr, du meine... Sie haben sich damals noch über den Revierwachtmeister lustig gemacht!«

»Ach was, pack ein mit deinen Erinnerungen, sag geradeheraus, was du willst!«

»Möchten Sie wohl erlauben, daß ich Sie freihalte? Wie ich damals bei Ihnen hier lebte, haben Sie mir auch manches zukommen lassen...«

»Dankbarkeit muß immer hoch angerechnet werden, lieber Freund, um so mehr, als man sie unter den Menschen nur selten antrifft. Bist ein braver Junge, und wenn ich mich deiner auch nicht mehr recht erinnere, so will ich doch gerne mit dir in die Schenke gehen und mich, deinem Aufstieg zu Ehren, betrinken...«

»Und Sie sind immer noch der alte und machen immer noch Späße?«

»Was soll man denn sonst unter euch Galgenvögeln anfangen?«

Sie gingen miteinander hinüber zu Nachbar Wawilow, und es kam häufig vor, daß der ehemalige Schützling des Rittmeisters bei dem nun folgenden Gelage, das manchmal noch am nächsten Tag fortgesetzt wurde, Geld und Kleider vertrank und von neuem in Kuwaldas Herberge Zuflucht fand.

»Herr des Himmels«, rief er dann, »jetzt bin ich also wieder in Ihre Mannschaft eingereiht, Euer Wohlgeboren! Was nun?«

»Kannst dich deiner Lage nicht gerade rühmen, brauchst aber darum noch nicht zu greinen«, räsonierte der Rittmeister. »Man muß den Dingen gegenüber Gleichmut bewahren und sich das Leben nicht mit überflüssigem Grübeln und Philosophieren verbittern. Philosophieren ist immer ein Zeichen von Dummheit, und im Katzenjammer philosophieren ist die allergrößte Dummheit. Gegen den Katzenjammer hilft nur der Branntwein und nicht Gewissensbisse oder Zähneknirschen. Deine Zähne mußt du nämlich hüten, die sind zum Einschlagen da! Da hast du zwanzig Kopeken, hol ein Viertel Branntwein, für einen Fünfer gekochtes Gekröse, ein Pfund Brot und zwei Gurken. Wenn wir erst was im Magen haben, wollen wir die Sachlage prüfen...«

Diese Prüfung fand in der Regel erst nach ein paar Tagen statt, wenn auch der Rittmeister von dem Drei- oder Fünfrubelschein, den er beim Erscheinen des dankbaren Kunden sein eigen genannt, keine Kopeke mehr besaß.

»Da wären wir also glücklich soweit«, meinte nun der Rittmeister. »Und nachdem wir uns beide ganz blank gekneipt haben, wollen wir jetzt versuchen, wieder auf den Pfad der Nüchternheit und Tugend zurückzugelangen... Sehr richtig sagt irgendein Weiser: ›Wer nicht sündigt, tut auch keine Buße, und wer keine Buße tut, kann seine Seele nicht retten.‹ Das erste haben wir getan, das Bußetun ist zwecklos, machen wir uns also lieber gleich ans Rettungswerk! Geh an den Fluß, mein Freund, und such dir Arbeit! Und falls du deiner nicht ganz sicher bist, so laß dir dort den Lohn vom Geschäftsführer aufheben oder gib ihn mir in Verwahrung. Wenn wir dann ein kleines Kapital beisammen haben, kauf ich dir ein Paar Hosen und was sonst noch nötig ist, um dir das Aussehen eines ordentlichen Menschen und eines arbeitsamen, vom Schicksal verfolgten Erdenbürgers wiederzugeben. Mit heilen Hosen am Leibe kannst du noch einmal Karriere machen. Also los – marsch!« Ein stilles Lächeln über die weisen Reden des Rittmeisters auf den Lippen, machte der alte Kunde sich nach der Wolga auf, um sich als Schauermann zu verdingen. Er begriff zwar nicht viel von dem Witz, der in Kuwaldas Gerede lag, doch sah er seine fröhlichen Augen vor sich, spürte den munteren Geist seiner Rede und fühlte, daß er am Rittmeister einen Freund hatte, der ihm im Notfalle unter die Arme greifen würde. Und in der Tat gelang es ihm nach ein, zwei Monaten schwerer Fronarbeit, dank der strengen Aufsicht des Rittmeisters, sich wieder um eine Stufe über den Tiefstand zu erheben, auf den er unter Mitwirkung des nämlichen Rittmeisters herabgesunken war.

»Na, siehst du, lieber Freund«, meinte Kuwalda, nachdem er den restaurierten Schützling mit kritischem Blick gemustert hatte, »Hosen und Jacke hätten wir nun. Das ist von größter Bedeutung – verlaß dich auf meine Erfahrung! Solange ich ein Paar heile Hosen anhatte, galt ich in der Stadt als anständiger Mensch, sowie aber die Hosen mir vom Leibe fielen, sank auch ich in der Achtung der Menschen und mußte aus der Stadt hinaus und hierher abrutschen. Die Menschen, mein lieber dummer Kerl, beurteilen alles nur nach dem Aussehen, denn der Kern der Dinge bleibt ihnen, infolge des ihnen angeborenen Stumpfsinns, unverständlich. Schreib dir das hinter die Löffel, bezahl mir die Hälfte deiner Schuld und geh in Frieden. Suchet, so werdet ihr finden!«

»Und wieviel bin ich Ihnen denn schuldig, Aristid Fomitsch?« fragte ein wenig unruhig der Schützling.

»Einen Rubel und siebzig Kopeken... Bezahl mir den Rubel oder die siebzig Kopeken, wie du willst; den Rest stunde ich dir, bis du mehr verdienst – oder meinetwegen auch gestohlen hast –, als du jetzt besitzt.«

»Danke ergebenst für Ihre Freundlichkeit«, meinte der Schützling gerührt. »Was sind Sie doch für ein guter Mensch. Daß das Leben Sie auch so hart anpacken mußte! Fein hätten Sie sich gemacht am rechten Platz!«

Ohne hochtrabende Sentenzen kann es beim Rittmeister nun einmal nicht abgehen.

»Am rechten Platz? Was heißt das? Niemand kennt seinen wahren Platz im Leben, jeder von uns drängt sich in das falsche Joch. Juda Petunnikow zum Beispiel, der Kaufmann, gehört ins Zuchthaus, statt dessen spaziert er am hellichten Tag in den Straßen umher und trägt sich sogar mit dem Gedanken, eine Fabrik zu bauen. Unser Lehrer gehört an die Seite einer netten Frau, unter ein halbes Dutzend Kinder – und lungert hier bei Wawilow in der Schenke herum. Oder du zum Beispiel – du suchst eine Stelle als Diener oder Kellner, und dabei seh ich, daß du viel besser zum Soldaten paßt, denn du bist nicht dumm, hast Ausdauer und Sinn für Disziplin. So steht's, mein Sohn! Das Leben mischt uns durcheinander wie die Spielkarten, und nur rein zufällig und für ganz kurze Zeit kommen wir mal an unsern rechten Platz...!«

Zuweilen waren solche Abschiedsreden lediglich die Einleitung zu einer neuen Kneiperei, bei der die Dinge den gleichen Verlauf nahmen wie das erstemal: Der Schützling verjubelte Geld und Kleider, der Rittmeister revanchierte sich, so ging es, bis beide blank waren.

Diese Rückfälle vermochten aber das gute Einvernehmen zwischen den Parteien nicht zu trüben. So war der von Aristid Fomitsch erwähnte Lehrer solch ein Rückfälliger, der sich immer wieder aufraffte, um dann von neuem auf den früheren Tiefstand zurückzusinken. Seiner Intelligenz nach stand er dem Rittmeister unter allen Herbergsgästen am nächsten, und an eben diesem Umstand lag es vielleicht, daß er, einmal zum Besucher der Nachtherberge geworden, sich nicht mehr emporzuarbeiten vermochte.

Er war der einzige, mit dem Aristid Kuwalda philosophieren konnte, ohne fürchten zu müssen, daß man ihn nicht verstehen würde. Der Rittmeister wußte das wohl zu schätzen, und wenn der halbwegs restaurierte Lehrer sich anschickte, sein Quartier zu verlassen und sich für die paar Groschen, die er verdient hatte, eine Schlafstelle in der Stadt zu mieten, gab ihm Aristid Kuwalda mit so traurigem Gesicht das Geleit und warf so freigebig mit tiefsinnigen Tiraden um sich, daß sie beide unfehlbar ihre Schritte zu Wawilows Schenke lenkten und dort ihre gesamte Barschaft vertranken.

Wahrscheinlich richtete Kuwalda es mit Absicht so ein, daß der Lehrer trotz des redlichsten Willens es nicht fertigbrachte, sich von der Herberge zu trennen. Wie sollte auch Aristid Kuwalda, ein Mann von Rang und Stand, in dessen Reden noch jetzt häufig die Spuren höherer Bildung glitzerten und den die mannigfachen Irrungen und Wirrungen des Lebens einigermaßen selbständig denken gelehrt hatten – wie sollte der einen Menschen von sich scheiden lassen, der ihm geistig ebenbürtig war? Schließlich muß man doch auch mit sich selber Mitleid haben.

Dieser Lehrer war früher in einer Wolgastadt an einem Seminar angestellt gewesen, wurde jedoch infolge irgendeines unliebsamen Vorkommnisses seines Amtes enthoben. Dann war er Buchhalter in einer Lederfabrik, hielt es aber dort nicht lange aus. Er wurde Bibliothekar, versuchte es mit noch ein paar anderen Berufen, legte die Prüfung als Rechtskonsulent ab, ergab sich dann dem Trunk und landete schließlich beim Rittmeister. Er war von großer, gebückter Gestalt, hatte eine lange, spitze Nase und einen kahlen Schädel. Aus dem mageren, gelben Gesicht mit dem kurzen Spitzbart blickten ein Paar große, unruhig-schwermütige, tief eingesunkene Augen, die Mundwinkel waren trübselig herabgezogen. Was er zur Befriedigung seiner Lebensbedürfnisse oder vielmehr seiner Trunksucht brauchte, verdiente er sich als Berichterstatter für die Lokalblätter. In manchen Wochen brachte er es bis auf fünfzehn Rubel. Er gab das Geld dem Rittmeister ab und sagte:

»Genug jetzt – ich kehr in den Schoß der Kultur zurück.«

»Das lob ich mir, lieber Philipp! Ich kann deinen Entschluß nur gutheißen und werde dir infolgedessen in dieser ganzen Woche auch nicht einen einzigen Schnaps bewilligen«, kündigte der Rittmeister ihm in strengem Ton an.

»Ich werde dir sehr dankbar sein!«

Der Rittmeister hörte aus diesen Worten etwas heraus, was einer schüchternen Bitte um Milderung seines harten Beschlusses ähnlich klang, und sagte noch strenger:

»Nicht einen Tropfen – und wenn du brüllst wie ein Stier!«

»Na, wie du willst«, seufzte der Lehrer und begab sich auf die Jagd nach Notizen. Am nächsten oder höchstens übernächsten Tage saß er dann, von heftigem Durst geplagt, irgendwo in einem Winkel der Herberge, warf dem Rittmeister traurige, bittende Blicke zu und wartete mit Zittern und Bangen, bis das Herz des Freundes sich erweichen würde. Der Rittmeister hielt ihm bissige ironische Reden über das Laster der Charakterschwäche, über die viehische Lust der Trunkenheit und ähnliche, auf den vorliegenden Fall passende Themen. Man muß Kuwalda Gerechtigkeit widerfahren lassen: Er ließ sich von seiner Rolle eines Mentors und Sittenrichters ehrlich fortreißen. Doch die Stammgäste der Herberge verhielten sich zu seinen Strafpredigten ziemlich skeptisch und meinten mit vielsagendem Seitenblick:

»Hört doch den Schlauberger! Wie fein der sich aus der Schlinge zieht! ›Ich hab dir's gesagt, du hast nicht auf mich hören wollen – nun klag dich selber an!‹«

»Ein richtiger Soldat, unser Herr Rittmeister: marschiert vorwärts und denkt dabei schon an den Rückzug!«

Der Lehrer suchte den herzlosen Freund irgendwo in einem dunklen Winkel zu stellen, krallte sich bebend an seinem schmierigen Mantel fest und schaute ihm, sich die trockenen Lippen leckend, mit einem unsagbar tragischen Blick ins Gesicht.

»Kannst es nicht mehr aushalten?« fragte der Rittmeister mürrisch.

Der Lehrer bestätigte seine Vermutung durch ein Kopfnicken.

»Halt noch einen Tag durch – vielleicht vergeht's«, meinte Kuwalda.

Der Lehrer schüttelte den Kopf. Aristid Kuwalda sah, daß der hagere Körper des Freundes vor Begierde nach dem geliebten Gift förmlich zuckte, und er langte das Geld aus der Tasche. »In den meisten Fällen«, pflegte er dabei, sich gleichsam vor irgendeinem unsichtbaren Ankläger rechtfertigend, zu sagen, »ist es vergeblich, gegen das Schicksal anzukämpfen.«

Übrigens vertrank der Lehrer nicht alles, was er verdiente; wenigstens die Hälfte davon wandte er den Kindern der »Offenen Gasse« zu. Das arme Volk, das hier hauste, war mit Nachwuchs reich gesegnet; vom frühen Morgen bis zum späten Abend wälzten sich ganze Schwärme schmutziger, halbverhungerter und halbnackter Kinder im Staub der Straße umher. Man nennt die Kinder »lebendige Blumen« der Erde – hier aber, in dieser elenden Gasse, waren diese Blumen vor der Zeit verwelkt.

Dieses kleine Volk versammelte der Lehrer häufig um sich, und nachdem er Semmeln, Eier, Äpfel und Nüsse eingekauft, ging er mit ihnen aufs Feld hinaus, an den Fluß. Dort verzehrten sie erst gierig alles, was er für sie mitgebracht hatte, vergnügten sich dann mit allerhand Spielen, wobei sie die Luft in weitem Umkreis mit ihrem Lärmen und Lachen erfüllten. Die hagere Gestalt des

Trunkenbolds schrumpfte gleichsam zusammen unter diesen kleinen Menschlein, die sich gegen ihn wie gegen einen Altersgenossen benahmen. Sie nannten ihn einfach »Philipp«, ohne jemals das Wort »Onkel« zu erwähnen. Wie die Aalquappen schwärmten sie um ihn herum; sie stießen ihn, sprangen ihm auf den Rücken, klopften ihm auf die Glatze, griffen nach seiner Nase. Das alles mußte ihm wohl gefallen, denn er protestierte keineswegs gegen die Freiheiten, die sie sich herausnahmen. Er sprach nur wenig mit ihnen, und wenn er es tat, geschah es in einer behutsamen, ja schüchternen Weise, als fürchte er, seine Worte könnten sie beschmutzen oder ihnen irgendwie schaden. So brachte er, als ihr Spielzeug und Spielgefährte, ein paar Stunden unter ihnen zu, mit traurigem, düsterem Blick ihre lebhaft erregten, munteren Gesichter betrachtend, und verließ sie dann, um nachdenklich nach Wawilows Schenke zu steuern, wo er sich schweigend bis zur Bewußtlosigkeit betrank.

Fast alle Tage brachte der Lehrer von seinen Reportergängen eine Zeitung mit, und sogleich versammelten sich um ihn alle die »verlorenen Menschen«, die in der Herberge hausten. Alle kamen sie auf ihn zu, die einen betrunken, die andern vom Katzenjammer geplagt, jeder auf seine Art zerzaust und zerlumpt, doch alle gleich jämmerlich und schmutzig. Da kam Alexej Maximowitsch Simzow, ein ehemaliger Förster, der jetzt mit Zündhölzern, Tinte und Schuhwichse hausierte. Er war ein rüstiger Sechziger, angetan mit einem Zwilchmantel und einem breiten Hut, dessen zerdrückte Krempe sein fleischiges, rotes, von einem dichten weißen Vollbart umrahmtes Gesicht beschattete, aus dem eine kleine hochrote Nase und ein paar freche Triefaugen hervorlugten. Man hatte dem Förster den Spitznamen »Brummkreisel« beigelegt, ein Wort, das seine kugelrunde Gestalt und die summende Sprechweise treffend kennzeichnete.

Aus irgendeiner Ecke tauchte der ehemalige Gefängnisaufseher Luka Antonowitsch Martjanow, genannt »Spitzchen«, auf – ein finsterer, schweigsamer, schwarzhaariger Säufer, der vom »Dreiblatt«, »Riemchen«, »Vabanque« und ähnlichen, ebenso spitzfindigen wie bei der Polizei übelvermerkten Spielen und Künsten lebte. Er ließ seinen mächtigen, so manches Mal schon arg verdroschenen Körper neben den Lehrer ins Gras sinken, blinzelte mit den schwarzen Augen und streckte seine Hand nach der Flasche irgendeines Kameraden aus, wobei er in heiserem Baß fragte:

»Darf ich?«

Auch der Mechaniker Pawel Solnzew, ein schwindsüchtiger Mensch von etwa dreißig Jahren, erschien auf der Bildfläche. Die linke Seite hatte man ihm bei einer Prügelei lahm geschlagen. Das gelbe, spitze Fuchsgesicht war von einem boshaften Lächeln verzerrt. Zwischen den dünnen Lippen sah man zwei Reihen schwarzer, von der Krankheit zernagter Zähne, die zerfetzten Lumpen hingen an seinen schmalen, knochigen Schultern wie an einem Kleiderrechen. Er wurde von seinen Kameraden der »Angeknabberte« genannt. Seinen Unterhalt erwarb er durch den Handel mit selbstverfertigten Kleiderbürsten aus Lindenbast und Rasteln aus irgendeinem besonderen, spröden Gras.

Es kam ferner ein hochgewachsener, knochiger Mensch, ein schweigsamer, schüchterner Bursche, mit einem verstörten Ausdruck in den großen, runden Augen. Er hatte bereits dreimal wegen Diebstahls gesessen. Sein Familienname war Kisselnikow, doch nannte man ihn in der Herberge nur den »Anderthalb-Taras«, da er genau um die Hälfte größer war als sein unzertrennlicher Freund, der Exdiakon Taras, der wegen Trunksucht und ausschweifenden Lebenswandels seines geistlichen Amtes entkleidet worden war. Dieser Diakon war ein kleiner, vierschrötiger Mensch mit breiter Brust und rundem, zottigem Kopf. Er war ein trefflicher Tänzer und ein noch trefflicherer Zotenreißer. Seinen Unterhalt erwarb er, indem er, gemeinsam mit »Anderthalb-Taras«, am Flußufer Holz sägte. In seinen Mußestunden erzählte Taras dem Freund und jedem, der sonst zuhören wollte, seine »Historien eigner Erfindung«, wie er sich ausdrückte. Beim Anhören dieser »Historien«, deren Helden stets Heilige, Könige, Priester und Generale waren, spuckten selbst die Besucher der Kuwaldaschen Nachtherberge voller Ekel aus, starr vor Staunen über die geile Phantasie des Expriesters, der mit zusammengekniffenen Augen Geschichten von unglaublicher Schamlosigkeit zum besten gab. Die Einbildungskraft dieses Menschen war unerschöpflich, er konnte den ganzen Tag erfinden und erzählen, ohne sich auch nur einmal zu wiederholen. Vielleicht war an ihm ein großer Dichter, zumindest aber ein talentvoller Erzähler verlorengegangen, der alles zu beleben verstand und mit seiner zwar zotigen, aber doch bilderreichen und kernigen Sprache selbst den Steinen eine Seele einhauchte.

Da war noch ein plumper junger Bursche, dem Kuwalda den Spitznamen »Meteor« gegeben hatte. Er hatte sich eines Abends eingefunden, um die Nacht in der Herberge zuzubringen, und war dann, zu nicht geringer Verwunderung der andern, Stammgast geworden. Anfangs bemerkte man ihn gar nicht, er ging, wie alle andern, am Tage seinem Erwerb nach. Am Abend jedoch hielt er sich immer in der Nähe jenes engeren Freundeskreises auf, den der Rittmeister um sich geschart hatte, bis er endlich von diesem bemerkt wurde.

»Sag mal, Junge, was stellst du denn eigentlich vor auf dieser Welt?« fragte ihn Aristid Kuwalda.

»Ich bin ein Barfüßler«, antwortete kurz und bündig der Junge.

Der Rittmeister musterte ihn mit kritischem Blick. Der Bursche hatte ein einfältiges Gesicht mit stark vorspringenden Backenknochen und einer Stupsnase; das Haar trug er ziemlich lang. Er trug einen blauen Kittel ohne Gürtel, auf seinem Kopf saß der Rest eines Strohhuts. Er ging barfuß.

»Ein Dummkopf bist du«, entschied Aristid Kuwalda. »Was machst du dir bloß hier um uns herum zu schaffen?... Trinkst du Schnaps? Nein... Kannst du stehlen? Auch nicht. Geh also, lerne es und komm wieder, wenn du ein ganzer Kerl geworden bist...«

Der Bursche lachte.

»Nein, ich will lieber bei euch bleiben...«

»Warum?«

»Na, so...«

»Ach, du... du Meteor!« rief der Rittmeister.

»Ich will ihm mal gleich eins in die Fresse hauen...«, erbot sich Martjanow.

»Wieso denn?« erkundigte sich der Bursche.

»Na, so...«

»Und ich nehm einen Stein und schlag Ihnen damit den Brägen ein«, entgegnete der Bursche ehrerbietigen Tones.

Martjanow hätte ihn am liebsten gleich beim Wickel genommen, doch legte sich Kuwalda ins Mittel.

»Laß ihn«, sagte er, »schließlich ist doch so was wie eine Verwandtschaft zwischen ihm und dir oder auch uns allen. Du willst ihm, ohne dafür einen triftigen Grund angeben zu können, in die Fresse hauen, und er will, auch ohne triftigen Grund, hier mit uns leben, genauso wie du. Hol ihn der Teufel... wir alle können ja den Grund nicht angeben, weshalb wir so und nicht anders leben.«

»Sie sollten sich doch lieber von uns fernhalten, junger Mensch«, riet ihm der Lehrer, indem er den Barfüßler mit seinen schwermütigen Augen ansah.

Der junge Mensch antwortete nicht und blieb. Nach und nach gewöhnten sich die andern an ihn und bemerkten ihn schließlich gar nicht mehr. Er aber lebte unter ihnen und beobachtete alles.

Die hier aufgezählten Personen bildeten sozusagen den Stab des Rittmeisters; er nannte sie in gutmütigem Spott »verlorene Menschen«. Außer ihnen gehörten zu den Stammgästen der Kuwaldaschen Herberge fünf oder sechs gewöhnliche Barfüßler, die sich keiner so bewegten Vergangenheit rühmen konnten wie die »Verlorenen«. Obschon sie im übrigen die Launen des Schicksals ebenso bitter zu spüren bekommen hatten wie jene, waren sie doch im Kern ihres Wesens weniger verändert, weniger geknickt. Es waren fast durchweg »verlorene Bauern«. Es mag ja sein, daß ein anständiger Mensch aus kultivierten Kreisen höher steht als ein anständiger Bauer. Stets aber ist der entartete Städter ungleich verdorbener und schmutziger als sein entgleister Leidensgefährte vom Lande.

Zur Kategorie der verlorenen Bauern gehörte zunächst ein alter Lumpensammler, Tjapa genannt. Er war ungewöhnlich lang und mager und hielt den Kopf so, daß sein Kinn gegen die Brust stieß, was seinem Schatten das Aussehen eines Schürhakens gab. Von vorn konnte man überhaupt nichts von seinem Gesicht sehen, und im Profil sah man nur die mächtige Höckernase, die hängende Unterlippe und die buschigen weißen Brauen. Er verkehrte am längsten von allen Stammgästen in der Herberge, und es hieß von ihm, daß er irgendwo viel Geld versteckt habe. Eben dieses Geldes wegen war ihm vor zwei Jahren jemand mit dem Messer über die Gurgel gefahren, und von der Zeit an hatte der Kopf des Alten eine seltsame Haltung angenommen. Er leugnete es, Geld zu haben, behauptete, man habe ihm »nur so, bei einer Prügelei« die Gurgel angeschnitten, und erzählte, daß ihm seither das Sammeln von Lumpen und Knochen sehr leicht falle, da sein Kopf beständig zur Erde geneigt sei. Wenn er zuweilen, ohne Stock und Lumpensack, schwankenden, unsicheren Ganges, gleichsam in tiefes Nachdenken versunken, daherkam, sagte der Rittmeister, mit dem Finger nach ihm weisend:

»Seht, dort sucht das entflohene Gewissen des Kaufmanns Juda Petunnikow sich einen Zufluchtsort! Seht doch bloß, wie zottig, wie garstig und schmutzig es aussieht!«

Tjapa sprach mit röchelnder Stimme, so daß man seine Rede kaum verstand; daher kam es wohl, daß er überhaupt nur wenig sprach und gern allein war. Jedesmal jedoch, wenn in der Herberge irgendein neuer Gast, den die Not aus dem Dorfe vertrieben hatte, sich einfand, geriet Tjapa in Zorn und lebhafte Unruhe. Er verfolgte den Unglücklichen mit bissigen Spottreden, die wie boshaftes Gekrächz mühsam aus seiner Kehle drangen, hetzte ihm irgend jemand auf den Hals, drohte dem armen Burschen schließlich, daß er ihn in der Nacht mit eigener Hand zuschanden prügeln werde, und erreichte fast immer, daß der eingeschüchterte Dorftrottel aus der Herberge verschwand und sich nie wieder dort zeigte.

Dann erst beruhigte sich Tjapa und verkroch sich in irgendeinen Winkel, wo er seine Lumpen flickte oder in einer Bibel las, die ebenso alt, schmutzig und zerrissen aussah wie er selber. Aus seinem Winkel kam er erst hervor, wenn der Lehrer die Zeitung mitbrachte und daraus vorlas. Gewöhnlich hörte Tjapa schweigend an, was vorgelesen wurde, seufzte dann und wann tief, stellte aber keine Fragen. Sobald jedoch der Lehrer mit dem Vorlesen fertig war und die Zeitung zusammenfaltete, streckte Tjapa seine knochige Hand hin und sagte:

»Gib mal her...!«

»Was willst du damit?«

»Gib nur her... vielleicht steht von uns was drin...«

»Von euch? Von wem denn?«

»Na, von den Bauern...!«

Man lachte über ihn und warf ihm die Zeitung hin. Er nahm sie und las die darin verstreuten Notizen, wie in der und der Gemeinde alles Getreide vom Hagel vernichtet worden, wie in einer anderen Gemeinde dreißig Gehöfte niedergebrannt seien, in einer dritten eine Bäuerin ihren Mann vergiftet habe, kurz, alle die knappen Mitteilungen, die gewohntermaßen über das Leben der Bauern gebracht werden und geeignet sind, sie als unglücklich, boshaft und dumm hinzustellen. Tjapa las das alles und brummte dabei vor sich hin; es war schwer zu sagen, ob er bei seiner Lektüre Mitleid mit den Betroffenen oder Schadenfreude empfand.

Am Sonntag ging Tjapa niemals seinem Gewerbe nach, er verbrachte diesen Tag zum größten Teil mit dem Lesen der Bibel. Das Buch hielt er dabei gegen die Brust gestützt, und er konnte recht böse werden, wenn zufällig jemand es streifte oder ihn sonst irgendwie störte.

»Heda, du Schwarzkünstler«, sprach Kuwalda zu ihm, »laß doch die Scharteke! Verstehst ja doch nicht, was du liest!«

»Und was verstehst du denn?«

»Ich sag ja nicht, daß ich was davon verstehe – ich lese aber auch keine Bücher!«

»Na, und ich lese welche...«

»Und bleibst trotzdem ein Dummkopf«, entschied der Rittmeister. »Hast im Kopf noch nicht Unruhe genug von den Läusen, mußt auch noch Gedanken drin rumkrabbeln lassen! Wie willst du denn das aushalten, alter Frosch?«

»Na, ich hab ja nicht mehr lange zu leben«, versetzte Tjapa ruhig. Eines Tages fragte ihn der Lehrer, wo er denn eigentlich lesen gelernt habe.

»Im Gefängnis«, antwortete Tjapa kurz.

»Hast du denn gesessen?«

»Das hab ich...«

»Wofür?«

»Na... ich hab mich eben vergangen... Wie ich herauskam, bekam ich die Bibel mit... eine Dame hat sie mir geschenkt... Oh, im Gefängnis ist gut leben, Bruder...«

»Was du sagst! Wieso denn?«

»Es bringt einen zur Vernunft... Lesen hab ich dort gelernt... und das Buch da bekommen... Alles umsonst!«

Als der Lehrer in der Herberge auftauchte, gehörte Tjapa längst zu ihren Insassen. Er beobachtete den Neuling lange Zeit – wenn er jemand ins Gesicht sehen wollte, mußte er den Oberkörper ganz auf die Seite biegen – und hörte aufmerksam auf seine Reden. Eines Tages setzte er sich wie von ungefähr neben ihn.

»So einer bist du also... ein Gelehrter... Hast auch die Bibel gelesen?«

«Hab ich schon...«

»So, so... hast noch was davon im Kopf?«

»Gewiß...«

Der Alte bog seinen Rumpf auf die Seite und schaute dem Lehrer mit seinen harten grauen Augen mißtrauisch ins Gesicht.

»Na, dann weißt du auch, dort ist von den Amalekitern die Rede...«

»Na – und?«

»Wo sind die jetzt?«

»Die sind vom Erdboden verschwunden... ausgestorben...«

Der Alte schwieg eine Weile und fragte dann: »Und die Philister?«

»Auch die gibt's nicht mehr, Tjapa...«

»Alle ausgestorben?«

»Ja... alle...«

»Hm... Und wir werden auch aussterben?«

»Kommt die Zeit, werden auch wir aussterben«, weissagte der Lehrer gleichmütig.

»Und von welchem der zwölf Stämme Israels stammen wir ab?«

Der Lehrer sah ihn an, dachte einen Augenblick nach und begann dann von Kimmeriern, Skythen, Hunnen, Slawen zu reden...

Der Alte legte sich noch mehr auf die Seite und schaute ihn mit verstörten Augen an.

»Das hast du alles gelogen!« krächzte er, als der Lehrer ausgeredet hatte.

»Wieso denn gelogen?« fragte dieser erstaunt.

»Was für Völker hast du da genannt? Die gibt's nicht in der Bibel!«

Tjapa stand auf und ging fort, tief gekränkt und ärgerlich knurrend.

»Mit deinem Verstand geht's abwärts, Tjapa«, rief der Lehrer hinter ihm her.

Da wandte sich Tjapa nach ihm um und drohte ihm mit seinem gekrümmten, schmutzigen Finger.

»Von Gott stammt Adam ab, von Adam – die Juden, und von den Juden alle anderen Völker, also auch wir...«

»Na – und?«

»Die Tataren stammen von Ismael ab, Ismael aber stammt von einem Juden...«

»Ja, was willst du denn eigentlich?«

»Nichts! Aber warum lügst du?«

Er ließ seinen Gesprächspartner stehen und ging in seinen Winkel. Ein paar Tage darauf setzte er sich wieder neben ihn. »Warst mal ein Gelehrter... Na, dann mußt du auch wissen: wer sind wir?«

»Wir sind Slawen, Tjapa«, antwortete der Lehrer.

»Sprich nach der Bibel«, sagte Tjapa, »dort gibt's keine solchen. Wer sind wir – Babylonier oder Edomiter?«

Der Lehrer begann, an der Bibel Kritik zu üben. Der Alte hörte eine Zeitlang aufmerksam zu und unterbrach ihn dann:

»Wart einmal, du! Also unter den Völkern, die Gott kennt, sind die Russen nicht? Wir sind also dem Herrgott unbekannt? Meinst du das wirklich? Denn die in der Bibel verzeichnet sind, die kannte doch Gott der Herr! Er hat sie mit Feuer und Schwert gezüchtigt, hat ihre Städte und Dörfer zerstört – aber er hat ihnen auch Propheten geschickt, die sie belehrten... hat also Erbarmen mit ihnen gehabt. Die Juden und Tataren hat er in alle Welt zerstreut – aber er hat sie doch bewahrt... Und wir – wie steht's mit uns? Warum gibt's bei uns keine Propheten?«

»Das weiß ich wirklich nicht«, versetzte der Lehrer, der sich ehrlich mühte, den Alten zu verstehen. Tjapa legte ihm die Hand auf die Schulter, begann ihn sanft hin und her zu schütteln und sagte darauf mit stockender Stimme, wie wenn er etwas hinunterschluckte:

»Das hättest du gleich sagen müssen...! Redest doch sonst so viel, als ob du alles wüßtest! Es ist mir zuwider, dich anzuhören... du wühlst mir die Seele auf... Solltest lieber schweigen!... Wer sind wir! Das ist die Frage! Und warum gibt's bei uns keine Propheten, he?... Und wo waren wir, da Christus auf Erden wandelte? Das sag mir – ach, du!... Und da schwindelt er noch! Kann denn ein ganzes Volk aussterben? Das russische Volk kann nicht aussterben – da lügst du... Es ist auch in der Bibel genannt, nur weiß man nicht, unter welchem Namen... Kennst du denn überhaupt das Volk? Weißt du, wie es ist? Gewaltig ist's... Wieviel Dörfer gibt's doch in der weiten Welt!... Und überall lebt das Volk... das wahre, große Volk. Und du sagst, es wird aussterben!... Ein Mensch kann wohl sterben, nicht aber ein Volk... Denn

Gott braucht das Volk... weil es auf Erden alles aufbaut. Die Amalekiter sind nicht ausgestorben, sind jetzt Deutsche oder Franzosen... und du... ach, du!... Sag doch einmal, warum hat Gott uns übergangen? Warum schickt er uns keine Strafen, keine Propheten? Wer soll uns lehren?«

Es lag viel Kraft in Tjapas Rede – Spott, Vorwurf und inniger Glaube klangen daraus. Er hatte lange gesprochen, und dem Lehrer, der, wie gewöhnlich, angetrunken war und keine Lust zum Streiten hatte, wurde es schließlich peinlich, dem Alten zuzuhören. Es war ihm zumute, als sägte Tjapa mit einer Holzsäge an ihm herum. Er betrachtete die verkrüppelte Gestalt des Lumpensammlers, verspürte die seltsame, niederschmetternde Gewalt seiner naiven Worte und empfand auf einmal schmerzliches Mitleid mit sich selbst. Er hätte Tjapa gerne antworten mögen, ebenso kraftvoll und überzeugt, wie jener selbst gesprochen, damit der Alte nicht mehr in diesem vorwurfsvoll strengen Ton, sondern sanft, väterlich-freundlich mit ihm rede. Und er fühlte, wie in seiner Brust sich etwas regte, hochstieg und ihm in der Kehle würgte.

»Bist ja nichts wert«, fuhr Tjapa fort, »zerrissen ist deine Seele... und führst hier doch allerhand Reden, als ob du was wüßtest... Solltest lieber schweigen...«

»Hast recht, Tjapa«, versetzte der Lehrer wehmütig. »Das Volk ist groß... und ich, ich bin ihm fremd... und das ist das Unglück meines Lebens... Aber laß gut sein, ich will leiden... Auch Propheten gibt es nicht... nein! Und daß ich viel unnützes Zeug rede – auch das ist wahr... Das nützt niemand was... Ich will lieber von jetzt an schweigen... Sprich aber nicht mehr so mit mir!... Ach, du weißt ja nicht, Alter... kannst es nicht wissen... nicht begreifen...«

Und er begann zu weinen. Reichlich und ungehemmt flossen seine Tränen, und es wurde ihm davon so wohl, so leicht ums Herz.

»Solltest aufs Dorf gehen, unter die Bauern«, krächzte Tjapa rauh. »Such dir eine Stelle als Lehrer oder als Schreiber... hättest dein Auskommen, würdest dich gründlich auslüften... Und hier, was hast du hier? Nichts als Qual...«

Der Lehrer antwortete nicht – er weinte immer noch, schwelgte förmlich in seinen Tränen.

Von dieser Zeit an wurden die beiden Freunde, und wenn die andern sie zusammen sahen, meinten sie:

»Seht doch, wie der Schulmeister sich an Tjapa anbiedert... hat's auf sein Geld abgesehen, der Schlaukopf!«

»Da steckt Kuwalda dahinter... der möchte gern wissen, wo der Alte seine Kapitalien versteckt hat...«

Wahrscheinlich dachten sie anders, als sie sprachen. Diesen Leuten war ein seltsamer Zug eigen: Sie liebten es, sich schlechter zu machen, als sie tatsächlich waren. Wenn der Mensch nichts Gutes in sich fühlt, verfällt er bisweilen darauf, mit seiner Schlechtigkeit aufzutrumpfen.

Wenn alle diese Menschen um den Lehrer versammelt waren, fing dieser an vorzulesen.

»Na, wovon schwafelt denn heut das Käseblatt?« fragte der Rittmeister. »Ist ein Feuilleton da?«

»Nein«, antwortete der Lehrer.

»Ist doch ein alter Geizkragen, euer Verleger... Und wie steht's mit dem Leitartikel?«

»Den hab ich hier. Von Guljajew, glaub ich.«

»Aha – lies vor!... Der Kerl schreibt schneidig, trifft den Nagel auf den Kopf!«

»›Die Katastrierung der Immobilien‹«, liest der Lehrer laut, »›die vor mehr als fünfzehn Jahren stattgefunden hat, fährt auch heute noch fort, als Grundlage der Gemeindebesteuerung zu dienen...‹«

»Das ist ja Blech«, unterbricht ihn der Rittmeister. »›Fährt fort zu dienen‹ – lächerlich! Den Herren von der

Kaufmannschaft, die in der Stadt schalten und walten, paßt es eben, daß sie ›fortfährt zu dienen‹ – na, und so dient sie eben dazu...«

»Das ist's ja gerade, wovon der Artikel handelt!« entgegnet der Schulmeister.

»Wirklich? Aber das ist doch eher ein Stoff für ein Feuilleton... Das müßte scharf gepfeffert werden...«

Ein Wortstreit entspinnt sich. Da vorläufig erst eine Flasche Branntwein geleert ist, folgt das Auditorium ihm mit gespannter Aufmerksamkeit. Nach dem Leitartikel kommen die Lokalnachrichten an die Reihe, dann der »Gerichtssaal«. Wenn in einer kriminellen Affäre ein Kaufmann als Angeklagter fungiert oder irgendwie geschädigt erscheint, frohlockt der Rittmeister. Man hat einen Kaufmann bestohlen – ganz famos! Nur schade, daß man ihm so wenig gestohlen hat. Einem andern sind die Pferde durchgegangen, er hat schwere Verletzungen erlitten – geschieht ihm recht, nur schade, daß er mit dem Leben davongekommen ist. Ein Kaufmann hat einen Prozeß verloren – ausgezeichnet, aber man hätte ihn zur Zahlung der doppelten Gerichtskosten verurteilen müssen.

»Das wäre ungesetzlich«, wirft der Lehrer dagegen ein.

»Ungesetzlich?« fährt Kuwalda heftig auf. »Aber ist denn der Kaufmann selber gesetzlich? Was ist überhaupt ein Kaufmann? Sehn wir uns doch mal diese brutale, abgeschmackte Erscheinung etwas näher an. Erstens ist jeder Kaufmann ein Bauer. Er kommt vom Dorf in die Stadt, und nach einiger Zeit nennt er sich Kaufmann. Um Kaufmann zu werden, muß er natürlich Geld haben. Wo kann aber ein Bauer das Geld herhaben? Mit ehrlicher Arbeit lassen sich bekanntlich keine Reichtümer ansammeln – er muß sich also auf Spitzbübereien verlegen. Ein Kaufmann ist somit ein spitzbübischer Bauer!«

»Das hat er gut gegeben!« rufen die Zuhörer beifällig zu den Ausführungen des Redners.

Nur Tjapa reibt sich die Brust und brummt – ganz so, wie wenn er nach einem Katzenjammer wieder das erste Glas Branntwein trinkt. Der Rittmeister strahlt. Man liest die verschiedenen Korrespondenzen – hier ist er, wie er sich ausdrückt, »in seinem Element«. Überall sieht er den verderblichen Einfluß des Kaufmanns, der das Leben des Volkes verpfuscht und vergiftet. Er ergeht sich in vernichtenden Schmähreden wider den Kaufmann, und mit Wohlgefallen lauschen die Zuhörer seinen saftigen Schimpfworten.

»Wenn ich bloß in den Zeitungen schriebe«, ruft er aus, »oh, dann würde ich der Welt den Kaufmann in seiner wahren Gestalt zeigen! Ich würde nachweisen, daß er in Wirklichkeit ein Tier ist, das nur gelegentlich als Mensch auftritt. Er ist roh, dumm, ohne Lebensart, ohne Begriff vom Vaterland und kennt nichts Erhabeneres als die Kopeke...«

Der »Angeknabberte«, der die schwache Seite des Rittmeisters kannte und ein Vergnügen daran fand, die Leute zu ärgern, versetzte boshaft:

»Es gibt eben keine Menschen mehr auf der Welt, seit die Adligen heruntergekommen sind und massenhaft verhungern...«

»Hast recht, du Bastard von Frosch und Spinne«, rief der Rittmeister, »seit es mit dem Adel abwärtsgeht, gibt's keine Menschen mehr! Es gibt nur noch Kaufleute – – und *die* sind mir in der Seele zuwider.«

»Kann ich schon begreifen, Bruder – haben dich ja auch in den Staub getrampelt...«

»Mich haben sie in den Staub getrampelt? Ich bin an der Liebe zum Leben zugrunde gegangen... du Dummkopf! Ich hab das Leben geliebt... Der Kaufmann aber, der plündert, verwüstet es. Darum verabscheue ich ihn... nicht, weil ich als Adliger mich für was Besseres halte. Übrigens, daß du's weißt: Ich bin gar kein Adliger, sondern einfach ein ›Verlorener‹. Ich pfeife jetzt auf alle und alles... Für mich ist das Leben eine Geliebte, die mich verraten hat und die ich dafür mit Verachtung strafe!«

»Da lügst du!« sagt der »Angeknabberte«.

»Was? Ich lüge?« brüllt Aristid Kuwalda, puterrot vor Zorn.

»Schrei doch nicht«, sagt Martjanow mit seinem kalten, tiefen Baß. »Was soll das Streiten? Ob Kaufmann oder Adliger... was gehn sie uns an?«

»Für uns Habenichtse ist das doch Jacke wie Hose...«, wirft der Diakon Taras ein.

»Du, ›Angeknabberter‹, hör lieber auf«, spricht der Lehrer beschwichtigend. »Wer wird einen Salzhering noch salzen?«

Er ist ein geschworener Feind von allem Zank und Lärm. Wenn rings um ihn die Leidenschaften toben, verzieht sein Mund sich schmerzlich, und er bemüht sich, die Parteien in vernünftiger, ruhiger Weise zu versöhnen. Gelingt es ihm nicht, so verläßt er die Gesellschaft. Der Rittmeister weiß das sehr wohl, und wenn er nicht gerade ein Glas über den Durst getrunken hat, beherrscht er sich, um im Lehrer nicht seinen besten Zuhörer zu verlieren.

»Ich wiederhole«, fährt er etwas ruhiger fort, »daß ich das Leben den Feinden ausgeliefert sehe – nicht nur den Feinden des Adels, sondern alles Edleren überhaupt. Ich sehe es in den Händen unersättlicher Menschen, die nicht imstande sind, ihm irgendwelchen Glanz zu verleihen...«

»Und doch, Bruder«, hält der Lehrer ihm entgegen, »sind es Kaufleute, die Genua, Venedig, Holland gegründet haben, die Kaufleute Englands haben Indien erobert, und unsere Stroganows...«

»Red ich denn von solchen Kaufleuten? Ich meine doch die Kerle vom Schlage des Juda Petunnikow...«

»Was haben sie dir getan?« fragt der Lehrer ruhig.

»Was sie mir getan haben? Leb ich etwa nicht mehr? Ich lebe doch! Und da muß ich mich über die Schufte entrüsten, die das Leben zuschanden machen und in Fesseln schlagen...«

»Und sich über die edle Entrüstung des Herrn Rittmeisters und Menschen außer Dienst nur lustig machen«, spottet der »Angeknabberte«.

»Schön – ich gebe zu, daß das dumm ist. Als »verlorener Mensch‹ muß ich alle Gefühle und Anschauungen, die ich ehedem hatte, einfach auslöschen. Das mag stimmen, meinetwegen... Aber was in aller Welt soll dann mir und euch allen – was soll uns, frage ich, Ersatz bieten für das, was wir von uns streifen?«

»Siehst du, jetzt sprichst du schon vernünftiger«, sagt der Lehrer beifällig.

»Wir bedürfen dann eben anderer Anschauungen vom Leben, anderer Gefühle. Wir brauchen etwas... etwas Neues, wie wir selbst ja im Leben etwas Neues sind...«

»Ganz gewiß brauchen wir das«, pflichtet der Lehrer ihm bei.

»Wozu denn?« fragt »Spitzchen«. »Ist's nicht ganz egal, was man spricht und denkt? Wir haben nicht mehr lange zu leben... ich bin vierzig, du fünfzig... jünger als dreißig ist keiner von uns. Und selbst wenn du mit zwanzig anfängst, machst du nicht lange, bei dem Leben.«

»Möcht wissen, wieso wir denn etwas Neues sind?« höhnt der »Angeknabberte«. »Gesindel hat's immer gegeben.«

»Gesindel waren auch die Leute, die Rom gegründet haben«, sagt der Lehrer.

»Ganz recht«, ruft der Rittmeister begeistert. »Waren Romulus und Remus nicht auch scharfe Jungens wie wir? Auch wir werden, ist erst unsere Zeit gekommen, etwas schaffen, das...«

»...nichts weiter sein wird als eine sträfliche Störung der öffentlichen Ruhe und Ordnung!« unterbricht ihn der »Angeknabberte« und läßt sein selbstzufriedenes, häßliches, zermürbendes Lachen hören. Simzow, der Diakon und dessen Kamerad »Anderthalb-Taras« stimmen in dieses Lachen ein. In »Meteors« naiven Augen flammt ein helles Feuer, seine Backen sind gerötet.

»Ist ja alles Quatsch... Dummheiten... Träumereien«, ruft »Spitzchen« laut, und seine Worte fallen wie Keulenschläge auf die Köpfe der Zuhörer nieder.

Gar merkwürdig war's anzuhören, wie diese zerlumpten, von Branntwein, Bosheit, Hohn und Schmutz durchtränkten, aus dem Leben verstoßenen Menschen ihr Urteil abgaben über dieses Leben.

Für den Rittmeister waren Dispute dieser Art geradezu Festtage der Seele. Er sprach mehr als alle andern, und das gab ihm die Möglichkeit, sich für etwas Besseres zu halten als die andern. Wir tief der Mensch auch gesunken sein mag – nie wird er auf den Genuß verzichten, sich für stärker, klüger oder auch nur satter zu halten als seinen Nächsten. Aristid Kuwalda trieb mit diesem Genuß schon einigen Mißbrauch, ohne sich je davon übersättigt zu fühlen – zum großen Ärger »Brummkreisels«, des »Angeknabberten« und der übrigen Kumpane, die sich für ähnliche Fragen wenig interessierten.

Dafür war aber die Politik ein allgemein beliebtes Thema. Fragen wie die Notwendigkeit, Indien zu erobern oder England zu demütigen, konnten eine endlose Diskussion entfesseln. Nicht minder leidenschaftlich wurde über die verschiedenen Methoden einer radikalen Ausrottung der Juden vom Erdboden verhandelt. Auf diesem Gebiet war der »Angeknabberte«, der zu besagtem Zweck Projekte von raffiniertester Grausamkeit ersann, unbestritten die erste Autorität, weshalb Kuwalda, der überall den Vorrang beanspruchte, dieses Thema mied. Sehr gern, sehr viel und sehr wegwerfend sprach man über die Weiber, nur der Lehrer trat stets für sie ein. Er konnte ernstlich böse werden, wenn die Kumpane in ihren Ausfällen gar zu weit gingen, und sie gaben ihm nach, da sie ihn alle für einen bedeutenden Mann hielten und sonnabends, wenn er sein Zeitungshonorar in Empfang genommen hatte, bei ihm kleine Anleihen zu machen pflegten.

Der Lehrer genoß überhaupt verschiedene Privilegien; so wurde er zum Beispiel nicht geprügelt, wenn, was nicht selten geschah, der Disput mit einer allgemeinen Holzerei endete. Er war auch der einzige, der Weiber in die Herberge mitbringen durfte – allen andern hatte der Rittmeister es ausdrücklich untersagt.

»Nur keine Weiber ins Haus!« pflegte er zu sagen. »Die Weiber, die Kaufleute und die Philosophie sind die drei Ursachen meiner Fehlschläge. Ich schlag jeden krumm und lahm, der mir mit einem Frauenzimmer ankommt... auch den Frauenzimmern zerbrech ich die Knochen im Leibe... Und wer mir gar philosophiert – dem reiß ich den Kopf ab...«

Er war tatsächlich Manns genug, jemand den Kopf abzureißen; seine Körperkraft war für sein Alter erstaunlich. Überdies kämpfte, wenn es zum Handgemenge kam, Martjanow stets an seiner Seite. Finster und schweigsam wie ein Grabdenkmal, stellte er sich jedesmal, sobald die Prügelei losging, mit dem Rücken gegen den Rücken des Rittmeisters, so daß sie vereint einer unüberwindlichen, alles ringsum niederwerfenden Maschine gleich wirkten.

Eines Tages war Simzow, der gerade schwer geladen hatte, ohne alle Ursache dem Lehrer in die spärlichen Haare gefahren und hatte ihm ein ganzes Büschel davon ausgerissen. Kuwalda streckte ihn mit einem Faustschlag gegen die Brust nieder, daß er eine halbe Stunde bewußtlos dalag, und zwang ihn, als er zu sich kam, die ausgerissenen Haare aufzuessen. Und Simzow würgte sie hinunter, da er fürchtete, Kuwalda würde ihn sonst totschlagen.

Neben der Zeitungslektüre, den Gesprächen und Prügeleien war auch das Kartenspiel ein beliebter Zeitvertreib. Martjanow durfte nie mitspielen, da es ihm ganz unmöglich war, ehrlich zu spielen, was er, nachdem man ihn ein paarmal beim Falschspiel ertappt hatte, ganz offen zugab.

»Ich kann nun mal das Mogeln nicht lassen«, meinte er, »ich bin es eben so gewohnt...«

»Das will ich gern glauben«, pflichtete ihm Taras, der Diakon, bei. »Wenn man etwas gewohnt ist, kann man nicht davon lassen. So hatte ich mich daran gewöhnt, meine Frau jeden Sonntag nach dem Mittagessen durchzuwalken, und wie sie mir gestorben ist, wurde mir des Sonntags so schwer ums Herz, nicht zu sagen war's... Den ersten und zweiten Sonntag ertrug ich's, so gut es ging. Am dritten versetzte ich der Köchin eins, die nahm es aber sehr übel... ›Beim Friedensrichter‹, sagte sie, ›will ich Sie anzeigen.‹ Stellt euch meine Lage vor! Am vierten Sonntag verdrosch ich sie ganz gehörig, wie wenn sie mein Ehegespons wäre, und bezahlte ihr dafür zehn Rubel. Und bei dieser Ordnung der Dinge blieb es dann auch – bis ich mich wieder verheiratete...«

»Du flunkerst ja, Diakon«, fiel ihm der »Angeknabberte« ins Wort. »Wieso durftest du denn zum zweitenmal heiraten?«

»Wieso? Na, so... sie war eigentlich nur meine Wirtschafterin...«

»Hatten Sie Kinder?« fragte ihn der Lehrer.

»Fünf Stück. Ein Sohn ist ertrunken... Der älteste war's, ein gar spaßiger Junge... Zwei sind an Diphtherie gestorben... eine Tochter hat einen Studenten geheiratet und ist mit ihm nach Sibirien gegangen, in die Verbannung... Die andere wollte studieren und ist in Petersburg gestorben... an der Schwindsucht, hieß es. Ja... fünf Stück! Wir von der Geistlichkeit sind ein fruchtbares Volk...«

Er begann die Gründe für den Kinderreichtum der Geistlichkeit ausführlich darzulegen und entfesselte mit seinen Ausführungen schallendes Gelächter. Als dieses verstummt war, erinnerte sich Alexej Maximowitsch Simzow des Umstandes, daß auch er eine Tochter hatte.

»Lidka hieß sie... so ein hübsches dickes Mädelchen...«

Er sah seine Zuhörer an, lächelte schuldbewußt und sprach nicht weiter. Er wußte sich wohl an nichts mehr zu erinnern.

Von ihrer Vergangenheit sprachen diese Leute überhaupt recht selten und auch dann nur wenig. Kam einmal die Rede darauf, so drückten sie sich sehr unbestimmt aus, dazu stets in spöttelndem Ton. Vielleicht war's klug von ihnen, ihre Vergangenheit so zu behandeln. Denn bei den meisten Leuten schwächt die Erinnerung an die Vergangenheit die Energie im Kampf um die Gegenwart und die Hoffnung auf die Zukunft.

Bei Regenwetter und in den feuchten, kalten Tagen des Spätherbstes versammelten sich alle diese »verlorenen Leute« in Wawilows Schenke. Man kannte sie dort, fürchtete sich ein wenig vor ihnen als vor Dieben und Raufbolden, verachtete sie ein wenig als unverbesserliche Trinker, hielt sie aber doch für gescheite Kerle, schätzte sie und hörte ihnen gerne zu. Wawilows Schenke war für die »Offene Gasse« eine Art Klub, in dem Kuwaldas Leute die Intelligenz bildeten.

Sonnabendabends und sonntags vom frühen Morgen bis in die Nacht hinein war die Schenke ständig voll. Die »Verlorenen« waren da gerngesehene Gäste. Sie brachten unter die von Armut und Elend bedrückten Einwohner der Gasse etwas von ihrem Geist, was diesen vergrämten, von der Jagd nach dem kargen täglichen Brot abgehetzten Menschen das Leben leichter erscheinen ließ. Dem Schnapsteufel opferten die einen wie die andern, und aus der Stadt waren sie alle miteinander verstoßen. Aber die Stammgäste von Kuwaldas Herberge hatten ihre eigene Art, über alles zu reden und alles zu bespötteln, und die Offenheit ihrer Meinungen, die Keckheit ihrer Redeweise, ihre Furchtlosigkeit gegenüber all den Gewalten, die die Gasse fürchtete, das ganze draufgängerische, trotzige Gebaren dieser Burschen mußte der Gasse wohl gefallen. Zudem verfügten die meisten von ihnen über einige Kenntnis der Gesetze; sie konnten einen guten Rat erteilen, eine Eingabe schreiben oder einen Fingerzeig zu irgendeinem straflosen kleinen Betrug geben. Für alles das ließen sie sich mit Branntwein bezahlen – und mit schmeichelhaften Lobsprüchen auf ihre Talente.

Ihren Sympathien nach teilte sich die Gasse in zwei fast gleich große Parteien. Die eine hielt mehr zum Rittmeister, den sie für einen »echten Krieger von großer Tapferkeit und großem Verstand« hielt, der dem Lehrer weit überlegen sei. Die andere Partei war überzeugt, daß der Lehrer den Rittmeister in jeder Beziehung überrage. Die Anhänger des Rittmeisters setzten sich zumeist aus notorischen Trunkenbolden, Spitzbuben und Galgenstricken zusammen, die früher oder später unumgänglich an den Bettelstab oder ins Gefängnis kommen würden. Zum Lehrer hielten mehr die gesetzten Elemente, die noch auf irgend etwas hofften, irgend etwas erwarteten, ewig mit irgendwelchen Plänen beschäftigt und dabei selten satt waren.

Besonders bezeichnend für das Verhältnis der Gasse zu Kuwalda und zum Lehrer war folgender Vorfall. Eines Tages wurde bei Wawilow eifrig über den Beschluß des

Magistrats diskutiert, wonach die Bewohner der »Offenen Gasse« unverzüglich die Löcher und Rinnen in der Straße zuschütten sollten, zu welchem Zweck sie jedoch, wie ausdrücklich betont wurde, weder Dünger noch die Kadaver von Haustieren, sondern ausschließlich Mauerschutt und sonstige Bauabfälle verwenden durften.

»Woher soll ich Bauabfälle nehmen, wenn ich in meinem Leben nur ein einziges Mal die Absicht hatte zu bauen, und zwar einen Starkasten, den ich übrigens bis heute noch nicht gebaut habe!« klagt Mokej Anissimow, ein Kuchenhändler aus der Gasse.

Der Rittmeister hielt es auch für angebracht, sich zu dieser Frage zu äußern, und schlug, um die Aufmerksamkeit auf sich zu lenken, mit der Faust auf den Tisch.

»Woher ihr Schutt und Bauabfälle nehmen sollt? So marschiert doch mal in hellen Haufen in die Stadt, Kinder, und reißt ihnen das Rathaus ein! Mehr verdient die wacklige alte Bude doch nicht! Damit werdet ihr auf zweifache Art zur Verschönerung der Stadt beitragen: Erstens bekommt die ›Offene Gasse‹ ein anständiges Aussehen, und zweitens zwingt ihr den Magistrat, ein neues Rathaus zu bauen. Die Pferde zum Anfahren des Schuttes nehmt ihr beim Bürgermeister, und seine drei Töchter könnt ihr auch anspannen – geben ein ganz famoses Gespann ab, die Mädels! Oder ihr könnt auch das Haus des Kaufmanns Juda Petunnikow einreißen und das Holz zur Reparatur des Straßendamms verwenden. Übrigens, Mokej, ich weiß, womit deine Frau heute den Ofen zum Kuchenbakken geheizt hat: mit den Fensterläden vom dritten Fenster rechts und zwei Treppenstufen von Judas Haus.«

Als die Vorschläge des Rittmeisters genügend belacht waren, fragte der Gärtner Pawljugin, ein Mann von strengen und gemäßigten Grundsätzen:

»Scherz beiseite, Euer Wohlgeboren, wie sollen wir's nun eigentlich halten?«

»Wie ihr's halten sollt? Nicht Hand noch Fuß dürft ihr regen. Mag der Regen dreist die ganze Gasse fortspülen!«

»Aber manche Häuser sind schon dem Einsturz nahe...«

»Laßt sie ruhig einstürzen, stört sie nicht! Stürzen sie ein – bombardiert ihr die Stadt mit Unterstützungsgesuchen! Zahlt sie nicht – strengt ihr eine Klage gegen sie an! Woher kommt das Regenwasser? Aus der Stadt! Wer ist also schuld an dem Einsturz der Häuser? Einzig und allein die Stadt...«

»Das Regenwasser ist dran schuld, werden sie uns antworten...«

»So! Wie kommt's denn aber, daß in der Stadt die Häuser vom Regen nicht einstürzen – he? Steuern können sie von euch rausschinden, aber wenn's drauf ankommt, eure Rechte wahrzunehmen, dürft ihr nicht mitreden! Sie machen euer Leben und euer Eigentum zuschanden und wollen euch zwingen, den Schaden selber gutzumachen! Von vorn und hinten gehn sie euch zu Leibe!«

Die halbe Gasse beschloß nun, von Kuwaldas radikalen Reden mitgerissen, abzuwarten, bis die aus der Stadt niederströmenden Regenbäche ihre elenden Buden fortspülen würden.

Die gemäßigteren Elemente dagegen zogen es vor, sich an den Lehrer zu halten, der ihnen eine überzeugende Eingabe an die städtischen Behörden abfaßte. In dieser Eingabe waren die Gründe, weshalb die Bewohner der Gasse die Ausführung der angeordneten Reparaturen verweigerten, so vortrefflich dargelegt, daß der Magistrat ein Einsehen hatte und der Gasse nicht nur die vom Kasernenbau übriggebliebenen Materialien zur Benutzung anwies, sondern ihr auch fünf Pferde aus dem Feuerwehrdepot zur Abfuhr überließ.

Ja noch mehr: Es wurde für notwendig befunden, mit der Zeit ein Abflußrohr durch die Gasse zu legen.

Dieser Erfolg, wie auch noch mancher andere, machte den Lehrer in der Gasse ungemein beliebt. Er schrieb Gesuche, erteilte Ratschläge, brachte Notizen in die Zeitung. So hatten einmal Wawilows Gäste die Entdeckung gemacht, daß die Heringe und sonstigen Speisen in ihrer Stammkneipe keineswegs von einwandfreier Beschaffenheit waren. Zwei Tage darauf stand Wawilow, ein Zeitungsblatt in der Hand, hinter der Theke und tat öffentlich Buße:

»Es stimmt schon, dagegen läßt sich nichts sagen. Die Heringe hatten schon einen kleinen Stich, als ich sie kaufte, und der Kohl – na, ich will's zugeben, er ist wohl ein bißchen muffig... Ihr wißt ja, jeder will so viel Fünfer wie nur möglich zusammenkratzen. Was kommt aber dabei heraus? Grade umgekehrt ist's gekommen: Ich hab mich vergangen, und ein gescheiter Mensch hat mich um meiner Habgier willen der Schande preisgegeben!... Nun sind wir quitt!«

Dieses Schuldbekenntnis machte auf das Publikum einen sehr guten Eindruck und gab Wawilow Gelegenheit, seine Heringe und seinen Kohl bis auf den letzten Rest an den Mann zu bringen. Das Publikum verzehrte das verdorbene Zeug, ohne weiter darauf zu achten, da ihm der starke Eindruck der eben gehörten Beichte als Würze diente.

Dieser bemerkenswerte Vorfall erhöhte nicht nur das Prestige des Lehrers ganz bedeutend, er gab den Einwohnern der Gasse auch eine Vorstellung von der Macht der Presse. Es kam auch vor, daß der Lehrer in der Gasse eine Vorlesung über praktische Moral hielt, die ungefähr folgendermaßen verlief:

»Hör mal, Jaschka«, sagte er eines Tages zu dem Anstreicher Jakow Tjurin, »ich hab gestern gesehen, wie du deine Frau geprügelt hast...«

Jaschka hat sich bereits am frühen Morgen mit zwei

großen Gläsern Branntwein »in Stimmung gebracht« und ist in unternehmend fideler Laune. Aller Augen sind auf ihn gerichtet – man erwartet jeden Augenblick, daß er eine feine Nummer zum besten geben wird. Es wird mäuschenstill in der Schenke.

»Hast's gesehen? Na, hat's dir gefallen?« fragt Jaschka.

Das Publikum lacht, jedoch mit einiger Zurückhaltung.

»Nein, es hat mir nicht gefallen«, entgegnet der Lehrer. Er spricht in so ernstem, eindringlichem Ton, daß alle schweigen.

»Na, ich hab mir jedenfalls Mühe gegeben«, brüstet sich Jaschka, in der dunklen Ahnung, daß der Lehrer etwas mit ihm vorhat. »Mein Weib war ganz zufrieden ... ist heut noch nicht aus dem Bett gekrochen ...«

Der Lehrer zeichnet mit dem Finger allerhand Figuren auf den Tisch, betrachtet dann sinnend die Tischplatte und sagt:

»Ich will's dir sagen, Jaschka, warum mir die Sache nicht gefallen hat ... Wollen wir mal von Grund aus untersuchen, was du eigentlich getan hast und was dabei herauskommen wird. Deine Frau ist schwanger – und du hast sie auf den Leib und auf die Lenden geschlagen! Hast also nicht nur sie, sondern auch das Kind geschlagen! Hättest es töten können – dann wäre deine Frau bei der Entbindung gestorben oder schwer erkrankt. Nun denk mal, was da alles nötig wird: die Laufereien, der Arzt, die Medizin ... die Kosten! Und wenn du das Kind nicht getötet hast – wie leicht kannst du es verletzt haben! Es kann verkrüppelt zur Welt kommen – schief oder bucklig. Du willst doch, es soll mal arbeiten, Geld verdienen ... Wie kann es das, wenn es als Krüppel zur Welt kommt, oder meinetwegen auch nur krank, so daß es die Mutter von der Arbeit abhält und immerzu vom Arzt behandelt werden muß. Siehst du wohl, was du dir möglicherweise eingebrockt hast? Leute, die von ihrer Hände Arbeit leben, müssen gesund sein und gesunde Kinder zur Welt bringen... Hab ich recht?«

»Hast ganz recht!« bestätigen die Zuhörer, an die er seine Frage richtet.

»Na, das wird wohl alles nicht passieren«, meint Jaschka, ein wenig eingeschüchtert durch die Aussichten, die der Lehrer ihm eröffnet. »Meine Alte ist gesund und dick... wohl bis zum Kinde ist's nicht durchgedrungen. Sie ist ja ein wahrer Satan, Bruder, eine richtige Hexe!« ruft er voll Erbitterung aus. »Sie frißt an mir wie der Rost am Eisen...«

»Daß du mit ihr nicht auskommen kannst, ohne ihr mal eins auszuwischen, das will ich schon glauben, Jaschka!« läßt sich die ruhige, eindringliche Stimme des Lehrers von neuem vernehmen. »Grund genug magst du dazu haben... Aber nicht der Charakter deiner Frau ist dran schuld, daß du sie so unbedacht schlägst, sondern dein ganzes düsteres, trauriges Leben...«

»Da hast du recht«, fällt Jakow lebhaft ein, »wir leben wirklich im Finstern, wie in einem Rauchfang...«

»Du bist zornig über dein Leben, siehst du... und läßt es deine Frau entgelten, das menschliche Wesen, das dir am nächsten steht und das schuldlos alles von dir erdulden muß, weil du eben der Stärkere bist. Sie ist immer bei der Hand, fortgehn kann sie nicht von dir, wo sollte sie bleiben? Mußt selbst einsehen, wie... sinnlos das ist!«

»Das stimmt schon... Hol sie der Teufel! Aber was soll ich schließlich tun? Ich bin doch auch ein Mensch!«

»Gewiß bist du das! Also hör mal: Wenn's nun mal nicht anders geht, dann prügle sie behutsam – immer denke daran, daß du ihrer Gesundheit oder ihrem Kinde schaden kannst. Schwangere Frauen soll man jedenfalls nie auf den Leib schlagen oder auf die Brust oder auf die Lenden... Gib ihr meinetwegen eine Kopfnuß, oder brenn ihr eins mit dem Strick auf... über die weichen Teile...«

Er ist mit seinen Ausführungen zu Ende, und seine tiefliegenden dunklen Augen schweifen über die Zuhörer hin, als ob er sich vor ihnen entschuldigen wollte. Eine lebhafte Bewegung geht durch das Publikum – für diese Moral des »verlorenen Menschen«, eine Moral der Schenke und des Unglücks, haben sie offenbar Verständnis.

»Na, Jaschka, hast du verstanden, Bruderherz?«

»Die Sache liegt wirklich so, wie er sagt!«

Jakow hat das eine begriffen, daß es für ihn nicht vorteilhaft ist, sein Weib unbedacht zu prügeln. Er schweigt und hat nur ein verlegenes Lächeln als Antwort auf die Späße der Freunde.

»Schließlich – was ist eigentlich die Frau?« philosophiert der Kuchenhändler Mokej Anissimow. »Wenn wir der Sache auf den Grund gehen, so ist die Frau uns doch ein Freund! Sie ist fürs ganze Leben an dich wie mit einer Kette gefesselt... wie zwei Sträflinge gehn beide, Mann und Weib, nebeneinander her. Sieh zu, daß du mit ihr im Takt marschierst... sonst kriegst du die Kette zu spüren...«

»Sag mal, Bruder«, unterbricht ihn Jakow, »du prügelst deine Frau doch auch...?«

»Hab ich etwa ›nein‹ gesagt? Gewiß prügle ich sie... ohnedem geht es ja nicht. Soll ich vielleicht mit den Fäusten gegen die Wand schlagen, wenn mir mal die Geduld reißt?«

»Na, siehst du – ganz mein Fall...!« entgegnet Jakow.

»Ach, wie eng und beschränkt ist doch unser Leben! Nirgends kann man ordentlich ausholen!«

»Selbst wenn man sein Weib verhaut, heißt es: ja recht vorsichtig!« spöttelt jemand bitter.

Und so plaudern sie bis in die späte Nacht hinein oder

bis die Diskussion unter dem Einfluß der von ihr aufgelösten Stimmung und des Rausches in eine Prügelei ausartet.

Gegen die Fenster der Schenke trommelt der Regen, ein kalter Wind heult in der Gasse. In der Schenke ist es stickig und rauchig, aber doch wenigstens warm; draußen auf der Straße ist's feucht, kalt und finster. Der Wind rüttelt frech an den Fenstern, als ob er alle die Leute da drinnen aus dem schützenden Raum hinausjagen und wie Staub über den Erdboden zerstreuen wollte. Zuweilen tönt aus seinem Geheul ein unterdrücktes, verzweifeltes Stöhnen, gleich darauf vernimmt man ein kaltes, hartes Lachen. Diese Musik bringt auf traurige Gedanken – an die Nähe des Winters, an die verdammten kurzen Tage ohne Sonne und die langen Nächte, an die Notwendigkeit, sich warm zu kleiden und mehr zu essen als im Sommer. Man schläft so schlecht in diesen endlosen Winternächten, wenn der Magen leer ist. Der Winter naht... Kommt immer näher... Wie soll man da leben?

Diese trüben Gedanken trugen das Ihre dazu bei, den Durst der Bewohner der »Offenen Gasse« zu steigern. In den Gesprächen der »Verlorenen« wurden die Seufzer immer häufiger, auf ihren Gesichtern die Runzeln immer zahlreicher, die Stimmen tönten hohler, ihr Verhalten untereinander wurde immer gleichgültiger, stumpfer. Und da kam es vor, daß sich ihrer plötzlich eine bestialische Bosheit bemächtigte und die ganze Erbitterung dieser abgehetzten, von ihrem harten Schicksal zerquälten Menschen zum Durchbruch kam.

Dann schlugen sie aufeinander ein; sie schlugen blindlings, in bestialischer Wut drauflos, und wenn sie sich wieder versöhnt hatten, tranken sie von neuem und vertranken alles, was der wenig wählerische Schankwirt als Pfand annahm. Und in dieser stumpfsinnigen Wut, diesem herzbeklemmenden Kummer, diesem Unvermögen, einen Ausweg aus ihrem jammervollen Dasein zu finden, brachten sie die Tage des Herbstes zu, vor den noch schlimmeren Tagen des Winters bangend.

In solchen Zeiten suchte Kuwalda sie mit seiner Philosophie zu trösten:

»Nur nicht verzagen, Brüder! Alles nimmt schließlich ein Ende – das ist noch das Beste am ganzen Leben! Der Winter vergeht – und der Frühling ist wieder da!... Die herrliche Zeit, in der auch der Sperling sein Bier trinkt, wie das Sprichwort sagt.«

Aber seine Worte verfingen nicht – ein Schluck Wasser, und wenn es noch so rein ist, vermag den Hungrigen nicht zu sättigen.

Auch der Diakon Taras tat das Seinige, die Stimmung der Kameraden zu heben, indem er seine zotigen Lieder und Geschichten zum besten gab. Er hatte mehr Erfolg damit als der Rittmeister. Seine Bemühungen bewirkten zuweilen sogar, daß plötzlich eine wilde, ausgelassene Fröhlichkeit sich der in der Schenke Hockenden bemächtigte: Man sang, tanzte, lachte, und für ein paar Stunden glich Wawilows Schenke einem richtigen Narrenhaus.

Dann aber verfielen sie wieder in ihre dumpfe Verzweiflung und saßen stumpf brütend an den Tischen, in Lampendunst und Tabaksqualm, finster, zerlumpt, in trägem Gespräch, auf das Geheul des Sturmes horchend und nur darauf sinnend, wie sie recht viel Branntwein trinken, sich bis zur Bewußtlosigkeit volltrinken könnten.

Und jeder einzelne war von Ekel und Widerwillen gegen alle andern erfüllt, jeder trug sinnlosen Haß gegen alle andern im Herzen.

II

Alles in dieser Welt ist relativ, und es gibt keine noch so schlimme Lage für den Menschen, die nicht durch eine noch schlimmere abgelöst werden könnte.

An einem schönen, klaren Septembertag saß Rittmeister Aristid Kuwalda seiner Gewohnheit nach in dem Backsteinsessel neben dem Eingang der Herberge, schaute nach dem massiven Gebäude hinüber, das der Kaufmann Petunnikow neben Wawilows Schenke errichtet hatte, und hing seinen Gedanken nach. Das Gebäude, das noch verschalt dastand, sollte eine Lichtzieherei werden; mit seinen langen Reihen von öden, dunklen Fensterhöhlen und dem riesigen Spinngewebe von Gerüsten, das es vom Fundament bis zum Dach hinauf umzog, war es dem Rittmeister längst ein Dorn im Auge. Rot, wie mit Blut angestrichen, glich es einer ungeheuren, grausamen Maschine, die zwar noch nicht in Tätigkeit war, jedoch schon eine ganze Reihe weit aufgerissener, gieriger Schlünde aufwies, die irgend etwas zu zermalmen und zu verzehren bereit schienen. Die altersgraue Holzbaracke der Wawilowschen Schenke lehnte sich mit ihrem moosbewachsenen, schiefen Dach an die eine der Backsteinmauern des Fabrikgebäudes und sah aus wie ein großes Insekt, das sich an ihr festgesaugt hatte.

Der Rittmeister sagte sich, daß man nun auch an Stelle des alten Petunnikowschen Hauses bald einen Neubau errichten werde. Man wird auch die Nachtherberge niederreißen. Er wird sich notgedrungen nach einem neuen Quartier umsehen müssen, und so etwas Bequemes und Billiges wird sich wohl kaum finden lassen. Es ist immer schmerzlich, einen Ort zu verlassen, an dem man heimisch geworden ist. Und weshalb wird man ihn verlassen müssen? Weil's irgendeinem Kaufmann beliebt, Lichte und Seife zu fabrizieren! Der Rittmeister spürte, daß er, wenn es ihm vergönnt sein sollte, diesem Widersacher auch nur für einige Zeit das Leben zu vergällen, dies mit wahrer Wollust tun würde.

Gestern war der Kaufmann Iwan Andrejewitsch Petunnikow – oder Juda Petunnikow, wie Kuwalda ihn nannte – mit seinem Sohn und einem Architekten auf dem Hof der Herberge gewesen. Sie hatten den Hof ausgemessen und überall kleine Pflöcke in die Erde gesteckt, die der Rittmeister, kaum daß sie gegangen waren, von »Meteor« herausreißen und fortwerfen ließ.

Vor den Augen des Rittmeisters stand dieser Kaufmann – eine kleine, dürre Gestalt, in langschößigem Rock, blankgewichsten hohen Stiefeln und einer Samtmütze. Ein mageres Gesicht mit vorspringenden Backenknochen, einem eisgrauen, keilförmigen Bärtchen, einer hohen, von Falten durchfurchten Stirn und blinzelnden, kleinen grauen Augen darunter, die immer zusammengekniffen waren, als ob sie nach irgend etwas ausspähten... Eine spitze, knorplige Nase und ein auffallend kleiner Mund mit schmalen Lippen... Die ganze Erscheinung machte den Eindruck frömmelnder Raubgier und ehrbarer Boshaftigkeit...

»Ein ganz verfluchter Bastard von Fuchs und Schwein!« schimpfte der Rittmeister vor sich hin und erinnerte sich seiner ersten Begegnung mit Petunnikow.

Der Kaufmann war mit einem Mitglied des Magistrats gekommen, um das Haus zu kaufen, und als er den Rittmeister erblickte, fragte er in seinem Kostromaer Dialekt: »Ist wohl euer Mieter, der Galgenvogel da?«

Von diesem Tage an wetteiferten sie seit bald anderthalb Jahren in der Kunst, einander zu beleidigen.

Auch gestern hatte eine kleine »Schimpfübung«, wie der Rittmeister seine Unterhaltungen mit dem Kaufmann zu nennen pflegte, zwischen ihnen stattgefunden. Als Petunnikow den Architekten bis ans Tor geleitet hatte, ging er auf Kuwalda zu.

»Na, sitzt noch immer so beschaulich da?« fragte er, an dem Schild seiner Mütze rückend, jedoch so, daß es unklar blieb, ob er grüßen oder ob er sie nur zurechtschieben wollte.

»Na, plagst dich noch immer mit lauter Geschäften?« gab der Rittmeister im gleichen Ton zurück und bewegte dabei die untere Kinnlade mit dem mächtigen Bart, was ein bescheidener Mensch immerhin als einen Gruß hinnehmen konnte, wenn auch der Rittmeister vielleicht nur seine Pfeife aus dem einen Mundwinkel in den andern schieben wollte.

»Hab Geld wie Heu – muß mich also plagen! Geld will immer im Rollen sein – also laß ich's rollen...«, neckte der Kaufmann den Rittmeister, wobei er seine kleinen Augen spöttisch zusammenkniff.

»Nicht dir, scheint es, dient der Rubel, sondern du dienst ihm«, kommentierte Kuwalda, der gegen den Wunsch ankämpfte, dem Kaufmann einen Tritt in den Bauch zu versetzen.

»Kommt das nicht auf eins 'raus? Jedenfalls ist mit Geld gut leben... Ohne Geld dagegen...«

Er sieht den Rittmeister mit geheucheltem Mitleid an. Bei dem beginnt die Oberlippe zu zucken, daß seine großen Wolfszähne sichtbar werden.

»Wer ein Gewissen besitzt und Verstand dazu, kann auch ohne Geld leben... Für gewöhnlich findet sich das Geld erst ein, wenn das Gewissen einzutrocknen beginnt. Je mehr Geld, desto weniger Gewissen...«

»Das stimmt... Es gibt aber Leute, die weder Geld noch Gewissen haben...«

»So bist du wohl in deiner Jugend gewesen?« fragt Kuwalda höhnisch. Jetzt beginnt Petunnikows Nase zu zucken. Er seufzt, kneift die Augen zusammen und spricht:

»Ich habe schwer kämpfen müssen von Jugend auf...«

»Glaub's schon...«

»Geschunden hab ich mich – und wie!«

»Hast aber andere Menschen wohl noch mehr geschunden?«

»Solche wie du? Edelleute? Es macht sich... so manchen zu unserem Herrn Jesu beten gelehrt...«

»Hast sie nicht gerade ermordert, aber doch ausgeraubt?« stichelt der Rittmeister. Petunnikow ist grün vor Ärger und hält es für geboten, das Gesprächsthema zu wechseln.

»Sag mal, du bist doch ein Grobian: selber sitzt du und läßt deinen Gast stehen!...«

»So mag er sich doch setzen«, gestattet Kuwalda herablassend.

»Aber wohin denn?... Es ist ja nichts da...«

»Setz dich auf die Erde, die nimmt allen Dreck auf...«

»Das seh ich an dir... Ich will doch lieber fortgehn von dir, du Lästermaul!« sagt Petunnikow scheinbar ruhig, während seine Augen ihr kaltes Gift gegen den Rittmeister sprühen lassen.

Petunnikow ging seiner Wege, Kuwalda aber schwelgte in dem wohltuenden Bewußtsein, daß der Kaufmann ihn fürchte. Wäre dies nicht der Fall, so hätte er ihn ja längst aus seinem Quartier verjagt! Wenn er ihn auch weiter duldet, so geschieht das doch nicht um der fünf Rubel Miete willen! Er folgt ihm mit dem Blick und sieht, wie er sich drüben am Neubau zu schaffen macht, auf dem Gerüst auf und nieder klettert. Er möchte gar zu gern, daß der Kaufmann von dort oben abstürze und sich alle Knochen im Leibe zerbreche. Wie viele scharfsinnige Kombinationen hat er sich für diesen Fall schon ausgeklügelt, wie viele Arten von Verstümmelungen sich vorzustellen gesucht, wenn er ihn da so auf dem Gebälk herumkriechen sieht wie eine Spinne in ihrem Netz! Gestern war's ihm sogar vorgekommen, als hätte ein Brett unter den Füßen des Kaufmanns geschwankt, und er war ganz erregt von seinem Platz aufgesprungen. Doch es war nichts geschehen...

Und auch heute ragt, wie immer, vor Kuwaldas Augen dieses rote Gebäude empor, so vierschrötig und massig, so festgekrallt an die Erde, als ob es alle Säfte aus ihr saugen wollte. Es scheint den Rittmeister aus den gähnenden Löchern in seinem Gemäuer kalt und heimtückisch anzugrinsen. Die Sonne aber läßt ihre herbstlichen Strahlen ebenso freigebig darüber hinfluten wie über die elenden Häuschen der »Offenen Gasse«.

»Halt!« fuhr der Rittmeister plötzlich aus seinem Sinnen auf, indem er mit den Augen die Wand des Fabrikgebäudes abmaß. »Teufel noch mal... wenn es wirklich... das wäre ja herrlich...« –

Und tief erregt durch den jäh in ihm aufgeblitzten Gedanken, sprang Aristid Kuwalda von seinem Platz auf und begab sich hastigen Schrittes, lächelnd etwas vor sich hin murmelnd, nach Wawilows Schenke.

Wawilow empfing ihn, hinter der Theke stehend, mit freundschaftlichem Gruß:

»Wünsche Euer Wohlgeboren Glück und Gesundheit!«

Wawilow war ein Mann von mittlerem Wuchs, kahlköpfig bis auf einen Kranz lockiger grauer Haare, mit glattrasierten Wangen und gesträubtem Schnurrbart. Er trug eine Lederjoppe und verriet mit jeder Bewegung wie auch durch seine stramme Haltung den ehemaligen Unteroffizier.

»Hör, Jegor, hast du noch die Kaufurkunde und den Plan zu deinem Haus?« fragte Kuwalda mit wichtiger Miene.

»Ja, freilich...«

Wawilow kniff seine schlauen Augen mißtrauisch zusammen und richtete sie forschend auf Kuwaldas Gesicht, dessen ungewöhnlichen Ausdruck er wohl bemerkte.

»Zeig mal her!« rief der Rittmeister laut, indem er die Faust auf die Theke knallte und auf einem Schemel Platz nahm.

»Wozu?« fragte Wawilow, der es angesichts der Erregung des Rittmeisters für geboten hielt, auf der Hut zu sein.

»Bring sie rasch her, du Tölpel!« schimpfte der Rittmeister.

Wawilow runzelte die Stirn und hob die Augen nachdenklich zur Decke empor.

»Wo hab ich sie eigentlich, die Papiere?« sprach er vor sich hin.

Auf der Decke schien sich kein Fingerzeig zur Beantwortung dieser Frage zu finden. Wawilow richtete daher die Augen auf seinen Bauch und begann mit den Fingern auf der Theke herumzutrommeln.

»So verstell dich doch nicht!« schrie der Rittmeister, der den Schankwirt nicht besonders liebte. Er fand diesen Beruf für einen ehemaligen Soldaten wenig ehrenhaft. Da war Stehlen doch was anderes – da war wenigstens Schneid drin!

»Jetzt weiß ich's, Aristid Fomitsch: Im Bezirksgericht sind sie geblieben, soviel ich weiß. Wie ich damals hier das Haus bezog...«

»Laß doch das Schwindeln, Jegorka! Zeig mir sofort den Plan des Grundstücks, die Kaufurkunde und was du sonst noch hast! Es handelt sich um deinen Vorteil... kannst so manchen Hunderter dabei gewinnen... verstanden?«

Wawilow verstand zwar noch nichts, aber der Rittmeister sprach so eindringlich und mit so ernster Miene, daß die Augen des Unteroffiziers in brennender Neugier aufflammten und er sogleich in der Tür hinter dem Büfett verschwand, um, wie er sagte, mal nachzusehen, ob die Papiere nicht doch in seiner Truhe lägen.

Zwei Minuten später kehrte er zurück, die Akten in der Hand und den Ausdruck höchsten Erstaunens im Gesicht.

»Da hab ich sie ja doch zu Hause, die Luder...«

»Ach du... Possenreißer! Und bist Soldat gewesen...«, schalt ihn Kuwalda. Dann nahm er ihm die Mappe mit den Aktenstücken aus der Hand. Er breitete die Papiere vor sich aus und begann sie mit angestrengter Aufmerksamkeit zu prüfen, wobei er bedeutungsvoll vor sich hin brummte. Endlich erhob er sich, ließ die Schriftstücke auf der Theke liegen und schritt mit entschlossener Miene zur Tür.

»Wart noch – laß die Papiere noch da...«, rief er im Hinausgehen Wawilow zu.

Dieser kehrte sich nicht an seine Rede, sondern legte die Schriftstücke in die Schublade der Theke, die er sorgfältig verschloß. Dann trat er, nachdenklich an seiner Glatze kratzend, auf die Vortreppe hinaus. Hier sah er den Rittmeister, der langsam die Fassade der Schenke abschritt, dann vergnügt mit den Fingern schnippte und darauf die Prozedur des Messens mit größter Sorgfalt noch einmal vornahm.

Wawilows Gesicht verzog sich zu einer seltsamen Grimasse, um gleich darauf in freudiger Erregung aufzuleuchten.

»Aristid Fomitsch... ist's möglich?« rief er erregt, als der Rittmeister in seine Nähe kam.

»Natürlich ist's möglich... ist sogar Tatsache. Mehr als ein Arschin ist von deinem Grundstück abgeschnitten. Das war die Fassade... und jetzt wollen wir einmal sehen, wie's mit der Tiefe steht...«

»Mit der Tiefe? Die beträgt zehn Faden und zwei Arschin!«

»Aha, jetzt merkst du, was gespielt wird, du schlauer Kerl!«

»Gewiß doch, Aristid Fomitsch! Was für Luchsaugen Sie aber haben, Ihnen entgeht aber auch nichts!« schmeichelte Wawilow in seinem Entzücken dem Rittmeister.

Ein paar Minuten später saßen sie in Wawilows Zimmer einander gegenüber, und der Rittmeister erläuterte, während er mit kräftigen Zügen sein Bier vertilgte, dem Schankwirt seinen Plan.

»Die ganze Fabrikmauer steht also auf deinem Grund und Boden«, sagte er. »Geh ohne Schonung gegen den Alten vor! Sobald der Lehrer kommt, schreiben wir eine Eingabe ans Bezirksgericht. Den Schadenersatzanspruch setzen wir ganz bescheiden an, wegen der hohen Stempelgebühren, dafür strengen wir aber eine Klage auf Abbruch an. Das heißt ja Verletzung der Grenzen fremden Grundbesitzes, mein lieber Dummkopf! Eine sehr erfreuliche Affäre für dich... fort mit der Mauer, wird es heißen! Aber so eine Mauer abbrechen und wieder aufrichten, das ist ein teurer Spaß. Na, schließlich wird's ja zum Vergleich kommen – dann wird der Juda klein beigeben müssen! Wir berechnen haargenau, was der Abbruch kosten muß, die zerschlagenen Backsteine, das neu zu grabende Fundament... alles rechnen wir aus! Sogar Zinsen muß er blechen! Mit Verlaub, Herr Juda, legen Sie gefälligst zweitausend Rubel hin!«

»Ach, so viel zahlt er im Leben nicht!« rief Wawilow, dessen Augen vor Habgier funkelten.

»Unsinn! Er wird's schon zahlen! Denk doch einmal nach – er muß ja zahlen. Soll er etwa die Mauer abbrechen? Aber hör mal, Jegorka: daß du ja nichts abläßt! Er wird's versuchen, dich zu kaufen... verkauf dich nicht zu billig! Ins Bockshorn wird er dich jagen wollen... laß dich nicht einschüchtern! Verlaß dich ganz auf uns...«

Die Augen des Rittmeisters glühten in wilder Freude,

und sein vor Aufregung gerötetes Gesicht zuckte krampfhaft. Er stachelte die Begehrlichkeit des Schankwirts aufs höchste an, bestimmte ihn, so schnell wie nur möglich vorzugehen, und ging triumphierend, im Gefühl unerbittlichen Ingrimms schwelgend, von dannen.

Am Abend erfuhren alle »Verlorenen«, welch wichtige Entdeckung der Rittmeister gemacht hatte. Man stritt leidenschaftlich darüber, was wohl Petunnikow in der Angelegenheit tun werde. Alle wetteiferten darin, in den lebhaftesten Farben das Erstaunen und die Wut des Kaufmanns auszumalen, wenn der Gerichtsbote ihm die Abschrift der Klage einhändigen würde. Der Rittmeister fühlte sich als Held. Er war glücklich, und auch alle die andern waren zufrieden. Der ganze große Haufe dieser düsteren, in Lumpen gekleideten Gestalten lagerte auf dem Hof, lärmend und jauchzend, angenehm erregt von dem großen Ereignis. Alle kannten sie den Kaufmann Petunnikow. Wenn er sie sah, kniff er jedesmal verächtlich die Augen zusammen und betrachtete sie ebenso geringschätzig wie all den übrigen Kehricht der Straße. Seine Erscheinung strahlte eine satte Selbstzufriedenheit aus, die sie reizte, sogar seine glänzenden Stiefel schienen sie zu verhöhnen. Und nun hatte einer der Ihrigen diesem Kaufmann einen Hieb versetzt, der seine Tasche wie seinen Hochmut empfindlich treffen mußte. War das nicht herrlich?

Das Böse hatte in den Augen dieser Menschen sehr viel Anziehendes. Es war die einzige Waffe, die ihnen zu Gebote stand, die einzige, die sie zu handhaben wußten. Jeder von ihnen trug schon längst ein unklares, ihm nur halb bewußtes Gefühl der Feindschaft gegen alle satten und nicht zerlumpten Menschen in sich, ein Gefühl, das bei dem einen mehr, bei dem andern weniger ausgeprägt war.

Zwei Wochen lang lebte die Herberge in der Erwartung neuer Ereignisse, und während dieser ganzen Zeit erschien Petunnikow nicht ein einziges Mal auf dem Bau. Man hatte erfahren, daß er nicht in der Stadt sei und daß er die Klage noch nicht bekommen habe. Kuwalda schimpfte schon auf die Langsamkeit der Gerichtsbehörden. Niemals wohl war Petunnikow von irgend jemand mit solcher Ungeduld erwartet worden, mit der ihn jetzt die »Barfüßler« erwarteten.

»Er kommt, er kommt ja nicht, mein Heißgeliebter!!
Ich seh es schon – er liebet mich, er liebet mich nicht mehr...«,

sang der immer fidele Diakon Taras, indem er, um Trauer zu markieren, das Gesicht in die Hand stützte und mit schmerzlichem Blick zum Himmel aufsah.

Da erschien der Langersehnte eines Tages, gegen Abend, endlich auf dem Plan. Er kam in einem hübschen Wägelchen, das sein Sohn lenkte – ein rotbäckiger junger Mann in einem langen, karierten Paletot, mit dunkler Brille. Sie banden das Pferd ans Gerüst, dann zog der Sohn ein Bandmaß aus der Tasche, reichte das eine Ende dem Vater und begann das Grundstück auszumessen. Beide waren schweigsam und ernst.

»Aha!« rief triumphierend der Rittmeister.

Alle, die in der Herberge anwesend waren, stürzten nach dem Tor und gafften, wobei sie ihre Meinung über den Vorgang laut kundgaben.

»Da sieht man, wohin die Gewohnheit des Stehlens führt!« höhnte Kuwalda. »Der Mensch stiehlt, ohne es zu wollen, und riskiert dabei, mehr zu verlieren, als das Gestohlene wert ist!«

Seine Spießgesellen brachen in ein schallendes Gelächter aus und sekundierten ihm mit ähnlichen spitzen Redensarten.

»Hör mal, mein Junge«, rief endlich Petunnikow, dessen Geduld durch die Sticheleien erschöpft war, »paß auf, daß ich dich nicht wegen deiner Reden zum Friedensrichter schleife!«

»Hast keine Zeugen, kannst nichts machen. Der eigene Sohn darf nicht zugunsten des Vaters zeugen«, versetzte der Rittmeister selbstsicher.

»Das wollen wir erst mal sehen! Bist ein tapferer Ataman, wirst aber doch deinen Meister finden!«

Und Petunnikow drohte ihm mit dem Finger. Sein Sohn ging ruhig hin und her, war ganz in seine Berechnungen vertieft und schenkte diesem Haufen abgerissener Menschen, die den Vater aufs Korn genommen hatten, keine Beachtung. Nicht eines Blickes würdigte er sie.

»Die junge Spinne scheint scharf gedrillt zu sein!« meinte der »Angeknabberte«, der jede Bewegung des jungen Petunnikow genau beobachtete.

Als die Vermessungen beendet waren, setzte sich der ältere Petunnikow in den Wagen und fuhr, ohne auch nur ein Wort zu sagen, davon, während sein Sohn mit festen Schritten auf Wawilows Schenke zuging und in ihr verschwand.

»Oho«, rief Kuwalda, »ein resolutes Bürschchen, dieser junge Spitzbube!... Was wird jetzt weiter werden?«

»Was weiter werden wird? Der junge Petunnikow wird Jegor Wawilow kaufen...«, sagte in überzeugtem Ton der »Angeknabberte« und schmatzte zufrieden mit den Lippen.

»Das freut dich am Ende gar – was?« fuhr Kuwalda ihn barsch an.

»Es macht mir nur Spaß, zu sehen, wie die schönsten menschlichen Berechnungen ins Wasser fallen«, meinte der »Angeknabberte«, mit den Augen blinzelnd und sich vergnügt die Hände reibend.

Der Rittmeister spuckte wütend aus und schwieg. Sie standen alle miteinander am Tor des halbverfallenen Anwesens und blickten wortlos nach der Tür der Schenke. Mehr als eine Stunde verging so in schweigsamer Erwartung. Dann wurde die Tür der Schenke geöffnet, und Petunnikow junior verließ sie ebenso ruhig, wie er eingetreten war. Er blieb einen Augenblick stehen, räusperte sich, schlug seinen Paletotkragen hoch, streifte die Leute, die ihn beobachteten, mit einem flüchtigen Blick und schritt die Gasse hinauf.

Der Rittmeister folgte ihm mit den Augen und sagte dann, gallig lachend, zum »Angeknabberten«: »Hast wahrhaftig recht, Sohn des Skorpions und der Kellerassel... Hast ein' famosen Riecher für alles Gemeine... ja! Schon an der Visage konnte man's dem Bürschchen ansehen, daß er sein Ziel erreicht hat... Wieviel mag Jegorka ihnen abgeknöpft haben? Denn Geld hat er sicher bekommen – er ist aus gleichem Holz geschnitzt wie sie! Geld hat er gekriegt, da will ich Gift drauf nehmen!... Und das Geschäft hab ich ihm eingefädelt – wie konnte ich nur so dumm sein! Ach ja, meine lieben Brüder Habenichtse, alles hat sich gegen uns verschworen! Nicht mal in die Fresse spucken kann man seinem Nächsten... die Spucke fliegt einem gleich ins eigene Auge zurück...«

Ein klein wenig getröstet durch die Sentenz, musterte der ehrenwerte Rittmeister sein Gefolge. Alle waren enttäuscht, da sie fühlten, daß Wawilow und der junge Petunnikow handelseins geworden waren. Das Bewußtsein, andern nichts Böses antun zu können, ist für den Menschen kränkender als das Bewußtsein, ihm nicht wohltun zu können; ist es doch so einfach und leicht, Böses zu tun...

»Was stehn wir hier also noch rum?« sprach Kuwalda, indem er finster nach der Schenke hinüberstarrte. »Das einzige, was uns noch blüht... ist, daß Jegorka uns was spendiert... Dafür will ich schon sorgen... Aber mit dem üppigen Leben hier unter Judas Dach ist's für immer zu Ende... Juda wird uns hinauspfeffern... was ich als oberster Chef im Ressort der Sansculotten euch hiermit verkünde...«

»Spitzchen« lachte trüb vor sich hin.

»Was wirst du anfangen, Kerkermeister?« fragte ihn Kuwalda.

»Wohin soll ich jetzt gehn?«

»Ja, liebe Seele, das ist eben die Frage... Das Schicksal wird sie dir schon beantworten, hab keine Bange!« versetzte nachdenklich der Rittmeister, während er auf die Herberge zuging. Mit lässigem Schritt folgten ihm die »Verlorenen«.

»Übrigens, kommt Zeit, kommt Rat«, fuhr der Rittmeister, zwischen ihnen her schreitend, fort. »Falls sie uns hier fortjagen, suchen wir uns eben eine neue Bleibe. Was sollen wir uns jetzt das Leben mit unnützen Gedanken verbittern?... In kritischen Momenten wird der Mensch schon von selbst energisch... Das ganze Leben müßte nur ein einziger kritischer Moment sein – jeden Augenblick sollte der Mensch für seinen Schädel zittern!... Bei Gott, dann ginge es viel lebhafter zu in der Welt, und die Menschen wären viel interessanter!«

»Das heißt, sie würden einander noch wütender als jetzt an die Kehle springen«, erklärte lächelnd der »Angeknabberte«.

»Na, und?... Was schadet's?« fuhr ihn der Rittmeister bissig an. Er liebte es nicht, daß man seine tiefsinnigen Aussprüche noch ausführlich erläuterte.

»Gar nichts schadet's... im Gegenteil, schön wär's! Will man rasch ans Ziel kommen, muß man den Pferden die Peitsche geben, die Maschine gehörig heizen.«

»Ganz recht! Mag alles zersplittern, vor die Hunde

gehen! Wär mir ganz angenehm, wenn die Erde plötzlich explodierte oder sonstwie in Scherben ginge... Nur möcht ich als letzter dabei draufgehn, damit ich noch sehe, wie die andern ins Gras beißen...«

»Bist doch ein grausamer Kerl!« lachte der »Angeknabberte«.

»Was tut's? Ich bin ein ›verlorener Mensch‹, ein Verstoßener... bin also frei von allen Fesseln und Banden, kann auf alle spucken... So wie mein Leben jetzt beschaffen ist, muß ich alles Alte von mir abwerfen... alle Manieren und Umgangsformen ändern im Verkehr mit den satten, feingekleideten Leuten, die mich verachten, weil ich in puncto Sattheit und Kleidung ihnen nachstehe... Einen ganz neuen Menschen muß ich anziehn – verstanden? Einen solchen, daß die Herren des Lebens, vom Schlage des Juda Petunnikow, bei meinem imposanten Anblick den Schüttelfrost im klappernden Gebein spüren...«

»Was du doch für eine tapfere Zunge hast!« spöttelte der »Angeknabberte«.

»Ach, du Jammerkerl!« rief Kuwalda und warf ihm einen verächtlichen Blick zu. »Was verstehst du! Was weißt du! Kannst du überhaupt denken? Ich habe viel nachgedacht... habe Bücher gelesen, in denen du auch nicht ein Wort verstehen würdest...«

»Will ich dir schon glauben... was versteht unsereins schon... Aber obwohl du so viel gelesen und gedacht hast, ich jedoch weder das eine noch das andere getan habe, haben wir beide es doch ungefähr gleich weit gebracht...«

»Ach was, scher dich zum Teufel!« schrie Kuwalda ihn an.

Seine Gespräche mit dem »Angeknabberten« endeten stets in solcher Weise. Überhaupt waren, wenn der Lehrer nicht anwesend war, seine geistreichen Reden zumeist in den Wind gesprochen, niemand achtete auf sie, niemand verstand sie zu schätzen. Aber es war ihm ganz unmöglich, zu schweigen. Jetzt, nachdem er sich mit seinem Gesprächspartner verzankt hatte, fühlte er sich einsam unter seinen Leuten. Sprechen jedoch mußte er um jeden Preis, und so wandte er sich an Simzow mit der Frage:

»Na, und du, Alexej Maximowitsch, wo wirst du dein graues Haupt zur Ruhe legen?«

Der Alte lächelte gutmütig, rieb sich mit der Hand die Nase und sagte dann:

»Weiß noch nicht... Will mal sehen! Viele Sorgen mach ich mir nicht darum: Hat man seine richtige Ladung, schläft man sich überall aus.«

»Eine ebenso achtbare wie einfache Auffassung!« belobte ihn der Rittmeister.

Simzow schwieg ein Weilchen und meinte dann, daß er eher als alle andern untergebracht sein werde, daß ihm die Weiber sehr zugetan seien. Und der Alte log nicht: Er hatte stets zwei, drei Geliebte unter den Straßenmädchen, die ihn von ihrem kargen Verdienst abwechselnd ein paar Tage lang aushielten. Sie prügelten ihn häufig, doch ertrug er es mit stoischem Gleichmut, zumal sie es, vielleicht aus Mitleid mit ihm, nie sehr arg machten. Er war ein leidenschaftlicher Schürzenjäger und behauptete steif und fest, die Weiber seien die Ursache allen Unglücks gewesen, das ihn im Leben betroffen. Von seinen Beziehungen zum andern Geschlecht wie auch von der Art dieser Beziehungen zeugten gewisse Erkrankungen, an denen er häufig litt. Auch seine Kleider, die stets sorgfältig ausgebessert und sauberer gehalten waren als die seiner Genossen, verrieten den Don Juan. Jetzt saß er inmitten der Kameraden, dicht am Eingang der Herberge auf der Erde und begann ruhmredig zu erzählen, daß ihm Rjedka schon längst den Vorschlag gemacht habe, zu ihr zu ziehen, er wolle aber nicht, er wolle die »Kompanie« nicht verlassen.

Man hörte ihm mit Interesse und nicht ohne Neid zu. Rjedka war ihnen allen bekannt – sie wohnte nicht weit von ihnen, am Fuß des Berges, und man wußte, daß sie erst kürzlich wegen wiederholten Diebstahls ein paar Monate abgesessen hatte. Sie war eine ehemalige Amme, eine große, korpulente Bäuerin mit pockennarbigem Gesicht und sehr schönen, wenn auch stets trunkenen Augen.

»Seht doch den alten Teufel!« schimpfte der »Angeknabberte«, indem er den selbstzufriedenen Simzow mit bösen Blicken maß.

»Und weshalb sie mich so lieben? Weil ich's verstehe, die rechte Saite in ihrem Herzen anzuschlagen...«

»Wieso denn?« fragte Kuwalda.

»Ich weiß sie dahin zu bringen, daß sie mich bedauern. Wenn ein Weib erst jemand bedauert, ist's imstande, ihm aus Mitleid die Gurgel abzuschneiden. Weine vor ihr, bitte sie, sie möchte dich töten – gleich hat sie Erbarmen mit dir und murkst dich ab...«

»Möcht auch mal jemand abmurksen«, versetzte Martjanow nachdrücklich, mit seinem gewohnten finsteren Lächeln.

»Wen denn?« fragte der »Angeknabberte«, von ihm abrückend.

»Ganz gleich... den Petunnikow... oder Jegorka... meinetwegen auch dich!«

»Weshalb?« forschte Kuwalda mit lebhaftem Interesse.

»Nach Sibirien möcht ich... Bin's überdrüssig, dieses hundsgemeine Leben... Dort wird sich's schon finden, wie man leben soll...«

»Gewiß, dort werden sie dich alles ganz ausführlich lehren«, pflichtete der Rittmeister ihm melancholisch bei.

Von Petunnikow und der drohenden Ausquartierung wurde nicht mehr gesprochen. Alle waren davon überzeugt, daß die Ausquartierung ganz nahe, vielleicht bereits in zwei, drei Tagen bevorstehe, doch hielten sie es für überflüssig, durch eine weitere Diskussion dieses Themas sich das Leben schwerzumachen. Sie hatten sich im Kreise auf dem Gras gelagert, in träger Unterhaltung vom Hundertsten ins Tausendste überspringend, den Worten der andern mit genausoviel Aufmerksamkeit folgend, als nötig war, um den Faden des Gesprächs nicht abreißen zu lassen. Schweigen war langweilig, aber auch aufmerksam zuhören war langweilig. Die Geselligkeit dieser »Verlorenen« hatte einen großen Vorzug: Hier zwang sich keiner, besser zu scheinen, als er wirklich war, und keiner veranlaßte die andern, sich dazu zu zwingen.

Die Herbstsonne gab sich alle Mühe, die zerfetzten Kleider dieser Leute zu durchwärmen, die ihr die Rücken und die zottigen Köpfe zukehrten – eine chaotische Verquickung von Tier- und Pflanzenreich...

In den Ecken des Hofes wuchsen hohe, mit spitzen Kletten besäte Pestwurzstauden neben Steppengras und anderen überflüssigen Pflanzen, an deren Anblick diese ebenso überflüssigen Gesellen sich weideten...

In Wawilows Schenke hatte sich inzwischen die nachfolgende Szene abgespielt.

Petunnikow junior war mit vollkommen ruhiger, gleichgültiger Miene eingetreten. Er hatte sich umgesehen, das Gesicht verächtlich verzogen und, nachdem er langsam seinen grauen Hut gelüftet, an den ihm lächelnd, mit ehrerbietigem Gruß entgegentretenden Wirt die Frage gerichtet:

»Seid Ihr Jegor Terentjewitsch Wawilow?«

»Zu dienen!« antwortete Wawilow, indem er sich mit beiden Händen auf die Theke stützte, als wolle er sogleich darüber hinwegspringen.

»Ich habe mit Euch zu sprechen«, erklärte Petunnikow.

»Sehr angenehm... bitte, in mein Privatzimmer einzutreten!«

Sie gingen ins Wohnzimmer und setzten sich – der Gast auf das mit Wachstuch überzogene Sofa, vor dem ein runder Tisch stand, der Wirt auf einen Stuhl ihm gegenüber. In einer Zimmerecke brannte die Ewige Lampe vor einem großen, dreiteiligen Heiligenschrein, neben dem noch andere Heiligenbilder hingen. Ihre Metalleinfassungen waren blitzblank geputzt und glänzten wie neu. In dem mit Truhen und alten Möbeln vollgepfropften Raum roch es nach Sauerkraut, Tabak und Baumöl. Petunnikow sah sich um und verzog abermals das Gesicht. Wawilow blickte mit einem Seufzer nach den Heiligenbildern hinüber – dann sahen die beiden einander durchdringend an, und es schien, daß der Eindruck beiderseits ein günstiger war. Petunnikow fand an den pfiffigen Spitzbubenaugen Wawilows Gefallen, Wawilow an dem kalten, entschlossenen Gesicht Petunnikows mit den breiten, starken Backenknochen und dem kräftigen weißen Gebiß.

»Na, Ihr kennt mich ja und wißt wohl, wovon ich reden will«, begann Petunnikow.

»Von der Klage, wie ich vermute«, versetzte der Wirt höflich.

»Allerdings. Ich freue mich, zu sehen, daß Ihr keine Umschweife macht, sondern gerade aufs Ziel losgeht, als ein Mensch von aufrichtigem Herzen«, ermunterte Petunnikow seinen Partner.

»Ich bin Soldat gewesen...«, entgegnete dieser bescheiden.

»Das sieht man gleich. Wir werden also, ohne viel Umschweife zu machen, über die Angelegenheit verhandeln, um sie rasch zu Ende zu führen...«

»Ganz meine Meinung...«

»Schön... Eure Klage ist durchaus begründet, und Ihr werdet den Prozeß unbedingt gewinnen – das will ich vor allem vorausschicken...«

»Danke ergebenst«, sagte Wawilow und blinzelte, um seine Freude über Petunnikows Worte zu verbergen.

»Aber sagt mir, warum in aller Welt habt Ihr den Verkehr mit uns, Euren zukünftigen Nachbarn, in so schroffer Weise eingeleitet? Uns gleich mit dem Gericht zu kommen...«

Wawilow zuckte die Achseln und schwieg.

»Wär's nicht einfacher gewesen, uns aufzusuchen und alles im guten abzumachen... wie? Was meint Ihr?«

»Allerdings wäre das angenehmer. Aber sehen Sie... da ist ein Haken dabei... nicht aus eigenem Antrieb hab ich's getan... sondern auf fremde Anstiftung... Später wurde es mir ja klar, daß es so besser gewesen wäre... so, wie Sie sagen. Aber da war's zu spät.«

»So... vermutlich hat irgendein Advokat Euch die Sache eingeblasen?«

»So ähnlich war's...«

»Aha! Ihr möchtet also in Güte beilegen?«

»Mit dem größten Vergnügen«, rief der Soldat.

Petunnikow schwieg, sah ihn an und fragte dann sehr sachlich: »Und warum möchtet Ihr das?«

Wawilow hatte eine solche Frage nicht erwartet und fand nicht sogleich die Antwort darauf. Er hielt die Frage eigentlich für überflüssig und meinte schließlich überlegen lächelnd:

»Das liegt doch auf der Hand... man will mit den Menschen in Frieden leben...«

»Na, so ganz einfach ist die Sache doch nicht«, fiel ihm Petunnikow ins Wort. »Ihr seid Euch, wie ich sehe, nicht ganz klar darüber, weshalb Ihr Euch mit uns friedlich einigen wollt... Ich will's Euch sagen!«

Der Soldat war ein wenig verblüfft. Dieser Junge, der in seinem karierten Anzug ziemlich komisch aussah, sprach ja genauso wie sein ehemaliger Kompaniechef Rakschin, der ein sehr lockeres Handgelenk hatte und den Soldaten gewöhnlich drei Zähne auf einmal einschlug.

»Ihr wollt Euch darum mit uns einigen, weil unsere Nachbarschaft für Euch von großem Vorteil ist... In unserer Fabrik werden mindestens hundertundfünfzig Menschen beschäftigt sein – und wenn nur hundert von ihnen am Löhnungstag je ein Glas Branntwein bei Euch trinken, verkauft Ihr im Monat vierhunder Glas mehr als jetzt. Ich nehme dabei die kleinsten Zahlen an. Ihr habt ja auch eine Speisewirtschaft... nun, Ihr scheint ein ganz kluger, erfahrener Mensch zu sein – macht Euch einmal selber klar, wie vorteilhaft unsere Nachbarschaft für Euch ist...«

»Das stimmt schon«, sagte Wawilow kopfnickend, »und das wußte ich auch...«

»Na also! Was weiter?« rief der junge Kaufmann laut.

»Nichts weiter... wir wollen uns gütlich einigen!«

»Sehr angenehm, daß Ihr Euch so rasch entschließt. Ich hab da schon eine Eingabe ans Gericht aufgesetzt, in der Ihr auf Euren Anspruch an meinen Vater verzichtet. Lest es durch und unterschreibt!«

Wawilow erschrak und sah seinen Gast groß an. Er hatte das Gefühl, daß ihm etwas sehr Unangenehmes bevorstehe.

»Erlauben Sie... unterschreiben? Wieso denn?« fragte er.

»Ganz einfach, schreibt nur Euren Vor- und Familiennamen hierher... weiter nichts«, meinte Petunnikow und zeigte zuvorkommend mit dem Finger auf die Stelle, wo er die Unterschrift haben wollte.

»O nein... was ist denn das? So war's nicht gemeint... Ich möcht doch erst wissen, welche Entschädigung Sie mir für den Grund und Boden zahlen!«

»Aber Ihr braucht ihn doch gar nicht, diesen Grund und Boden!« sagte Petunnikow beschwichtigend.

»Er gehört aber doch mir!« rief der Soldat.

»Gewiß, gewiß – wieviel wollt Ihr denn dafür haben?«

»Na, so wie's in der Klage steht...«, versetzte Wawilow schüchtern.

»Sechshundert Rubel?« Petunnikow lächelte mitleidig: »Was für ein sonderbarer Kauz Ihr doch seid!«

»Aber ich hab ein Recht darauf... ich könnte sogar zweitausend fordern!... Ich kann darauf bestehn, daß Sie die Mauer abbrechen... und ich will's auch tun, hab auch so schon zuwenig gefordert in der Klage... Jawohl, ich werde den Abbruch verlangen...«

»Bitte, nur drauflos!... Vielleicht brechen wir die Mauer auch wirklich ab... nach drei Jahren, wenn Ihr genug Prozeßkosten gezahlt habt. Dann machen wir aber hier eine eigene Schenke mit warmer Küche auf – und dann seid Ihr geliefert, wie der Schwede bei Poltawa. Bankrott werdet Ihr machen, mein Lieber, dafür wollen wir schon sorgen!«

Wawilow biß die Zähne fest zusammen, sah den Besucher an und fühlte, daß sein Schicksal in dessen Händen lag. Er kam sich recht elend vor, angesichts dieses ruhigen, unerbittlich kühlen jungen Menschen in dem karierten Anzug.

»Wenn Ihr jetzt in so naher Nachbarschaft und in Freundschaft mit uns lebt, könnt Ihr ein schönes Stück Geld verdienen. Auch wir werden das Unsre tun. Ich würde Euch zum Beispiel raten, jetzt schon einen kleinen Handel anzufangen, mit Brot, Salzgurken, Tabak, Zündhölzern und so weiter. Das wird alles Absatz finden.«

Wawilow horchte auf; er kam zu der Überzeugung, daß es am Ende das beste sei, sich dem Feind auf Gnade und Ungnade zu ergeben. Das hätte er schon längst tun müssen. Um jedoch seinem Ärger Luft zu machen, begann er auf Kuwalda zu schimpfen.

»Der Trunkenbold, der verdammte...«

»Ihr meint den Advokaten, der Euch die Klage aufgesetzt hat?« fragte Petunnikow gleichgültig. »Er hätte Euch gehörig in die Tinte gesetzt... wenn wir nicht ein Einsehen gehabt hätten!«

»Eigentlich sind's ihrer zwei«, meinte der tiefgekränkte Jegorka. »Der eine hat's ausgetüftelt, der andre hat geschrieben... Dieser verfluchte Korrespondent...«

»Was für ein Korrespondent?«

»Für die Zeitung schreibt er... Leben beide bei Ihnen zur Miete... die Halunken! Werfen Sie sie hinaus, um Gottes willen! Die Räuber! Die ganze Gasse hetzen sie auf, verbittern einem auf jede Art das Leben. Ganz desperate Burschen sind's... eh man sich's versieht, plündern sie einen aus oder stecken einem das Haus über dem Kopf an...«

»Und wer ist denn dieser... dieser Korrespondent?« fragte Petunnikow neugierig.

»Der? Ein Trunkenbold ist's... ein fortgejagter Schullehrer, säuft wie ein Loch, bringt allerhand kleine Notizen in die Zeitung... Setzt Gesuche und Eingaben auf... Ein niederträchtiger Kerl....«

»So... Also der hat Ihnen das Gesuch aufgesetzt? Dann ist er's wohl auch, der über unsern Bau geschrieben hat... Die Gerüste sollen lebensgefährlich sein...«

»Natürlich ist er's! Hat es selber hier vorgelesen, der Hund: ›Hört mal, wie ich's dem Petunnikow gegeben habe!‹ hat er sich dabei gerühmt.«

»So... hm. Na, also Sie wollen sich mit uns einigen?«

»Ja... wie soll ich sagen...«

Jegorka ließ den Kopf hängen und dachte nach.

»Ach, es ist ein trauriges Leben, das wir führen«, sagte

er schließlich, sich mit gekränkter Miene im Nacken kratzend. »Immer tappen wir im finstern...«

»Ja, *lernen* muß der Mensch, dann vergeht die Finsternis!« meinte Petunnikow junior, sich eine Zigarette anzündend.

»Lernen?« versetzte Jegorka. »Nicht darauf kommt's hier an, mein Herr! Die Freiheit fehlt uns, das ist's! Ich zum Beispiel... Was für ein Leben führ ich? In ewigem Zittern leb ich... Immer muß ich nach links und rechts sehen, bin aller Freiheit der Bewegung beraubt. Und warum? Weil so ein Lümmel von einem Korrespondenten mich in der Zeitung schlechtmacht... Hetzt mir die Lebensmittelinspektion auf den Hals, Strafen muß ich zahlen... Räuber und Mörder sind's, Ihre Mieter da drüben... Was vermag ich gegen sie? Die Polizei fürchten sie nicht. Setzt man sie ins Loch, freuen sie sich sogar... Haben ja dort das Essen umsonst...«

»Wir werden sie schon wegbringen... vorausgesetzt, daß wir miteinander einig werden!« versprach ihm Petunnikow.

»Miteinander einig werden!« sagte Wawilow tief bekümmert. »Aber wie denn?«

»Na, sagt mal Eure Bedingungen!«

»Sie wissen doch schon... Geben Sie sechshundert Rubel, wie's in der Klage steht...«

»Hundert wollt Ihr nicht nehmen?« fragte in aller Ruhe der Kaufmann, sah den Schankwirt voll an und fügte lächelnd hinzu: »Keinen Rubel mehr geb ich Euch...«

Er nahm seine Brille ab und begann sie umständlich mit dem Taschentuch zu putzen. Wawilow sah ihn niedergeschlagen, doch zugleich voll Hochachtung an. In dem ruhigen Gesicht des jungen Petunnikow, in seinen großen grauen Augen, den starken Backenknochen und der ganzen kräftigen Gestalt lag viel selbstbewußte und durch einen scharfen Verstand wohldisziplinierte Kraft. Es gefiel Wawilow auch, wie Petunnikow mit ihm sprach – einfach, mit einer gewissen Vertraulichkeit, ohne jede Überhebung, ganz wie mit seinesgleichen, doch zugleich so, daß er, der ehemalige Soldat, den Abstand nicht vergaß. Jegorka betrachtete seinen Gast mit Wohlgefallen; schließlich konnte er vor Neugier nicht mehr an sich halten und fragte ehrerbietig:

»Wo haben Sie studiert, Herr, mit Verlaub?«

»Im Technologischen Institut. Warum...?«

»Bloß so... ich wollte nur wissen...« Er schwieg, senkte den Kopf, hob ihn rasch wieder hoch und rief mit einer Stimme, in der Neid und Bewunderung zugleich klangen: »Ja... das macht die Bildung. Es muß doch wirklich was dran sein. Und unsereins geht durch die Welt wie eine Eule, die die Sonne scheut... Ach, machen wir schon ein Ende, Euer Wohlgeboren...!«

Mit einer entschlossenen Bewegung streckte er Petunnikow die Hand hin und sagte: »Na... fünfhundert?«

»Nicht mehr als hundert Rubel, Jegor Terentjewitsch«, erwiderte Petunnikow mit bedauerndem Achselzucken, seine gepflegte, weiße Hand beschwichtigend auf den dichtbehaarten Handrücken des Soldaten legend.

Die Sache war bald abgemacht, denn Wawilow kam in großen Sprüngen dem Angebot Petunnikows entgegen, der unerschütterlich blieb. Endlich ergab er sich; als er jedoch die hundert Rubel in Empfang genommen und das Papier unterschrieben hatte, warf er wütend die Feder auf den Tisch und rief:

»Jetzt bekomm ich's mit der Rasselbande da drüben zu tun. Wie werden sie mich auslachen, mich verhöhnen, die Satanskerle!«

»So sagt ihnen doch, daß ich die ganze Summe bezahlt habe, die Ihr verlangtet!« riet ihm Petunnikow, den Rauchwölkchen nachschauend, die er in die Luft blies.

»Werden sie's denn glauben? Die sind auch schlaue Gauner, nicht dümmer als...«

Über seine eigenen Worte erschrocken, brach Wawilow ab und blickte scheu zu dem Gast hinüber. Der tat, als hätte er die Anspielung des Schankwirts nicht gehört, und schien ganz von seiner Zigarette in Anspruch genommen. Er brach bald auf und versprach Wawilow beim Abschied, das unruhige Nest drüben auf dem Hof recht bald auszuheben.

Wawilow sah ihm nach und seufzte; er fühlte den lebhaften Wunsch, irgend etwas recht Boshaftes und Beleidigendes hinter dem Kaufmannssohn herzurufen, der jetzt festen Schrittes die holprige, schmutzige Gasse hinauf der Stadt zueilte.

Gegen Abend erschien der Rittmeister in der Schenke. Seine Stirn war umwölkt, die rechte Hand energisch zur Faust geballt. Wawilow begrüßte ihn mit schuldbewußtem Lächeln.

»N-na, du würdiger Nachkomme von Kain und Judas Ischariot, erzähl mal...«

»Wir haben uns geeinigt«, sagte Jegorka, indem er seufzend die Augen niederschlug.

»Ich zweifle nicht daran. Wieviel Silberlinge hast du bekommen?«

»Vierhundert Rubel...«

»Das ist sicher gelogen, mein Junge... doch um so besser für mich. Also – kurz und gut, Jegorka: Zehn Prozent bekomme ich für die Entdeckung, fünfundzwanzig Rubel kriegt der Lehrer fürs Aufsetzen der Klage, außerdem hast du für uns alle einen Eimer Branntwein nebst einem anständigen Imbiß zu liefern. Das Geld gib mir gleich... den Branntwein und das übrige schickst du um acht Uhr herüber!«

Wawilow erbleichte und starrte Kuwalda mit weit aufgerissenen Augen an.

»Das ist ja unverschämt! Das ist ja Raub! Gar nichts werd ich euch geben... Was fällt Ihnen ein, Aristid Fomitsch! Da müssen Sie sich Ihren Appetit schon bis zum nächsten Feiertag aufsparen! Seht doch den Schlauberger! Nein, mein Lieber, jetzt brauchen wir Sie nicht mehr zu fürchten. Jetzt können wir...«

»Ich gebe dir«, unterbrach ihn Kuwalda, nach der Wanduhr sehend, »zehn Minuten Zeit zum Schwatzen. Dann heißt es zahlen, was ich verlange, und wenn du nicht willst – freß ich dich auf! Hast doch von dem großen Diebstahl bei Bassow gelesen, was? Hat dir nicht ›Spitzchen‹ neulich was verkauft?... Verstehst mich doch – he? Wirst nicht fortschaffen können. Wenn du aufmuckst, wirst du heute nacht... verstanden?«

»Aristid Fomitsch! Wofür das alles?« heulte der Schankwirt laut auf.

»Keinen Ton mehr! Hast du verstanden oder nicht?«

Hoch aufgerichtet, mit finsterer Miene stand Kuwalda vor dem Schankwirt, und sein heiserer Baß dröhnte unheilverkündend durch die leere Schenke. Wawilow hatte ihn immer ein wenig gefürchtet, als ehemaligen Offizier wie auch als einen Menschen, der nichts zu verlieren hatte. Jetzt sah er mit einemmal Kuwalda in einer neuen Rolle: Er war nicht redselig und spaßig wie sonst, sondern sprach im scharfen Tone des Befehlshabers, der an Gehorsam gewöhnt ist. Die Drohung, die in seinen Worten lag, klang durchaus nicht scherzhaft. Wawilow wußte, daß der Rittmeister ihn vernichten konnte, wenn er wollte, und daß er es, wenn's darauf ankam, mit Vergnügen tun würde. Er mußte der Gewalt weichen. Verhaltenen Ingrimm im Herzen, versuchte er aber noch einmal, sich der Strafe zu entziehen.

»Mit Recht sagt das Sprichwort: ›Lügen haben kurze Beine‹«, begann er in unterwürfigem Ton. »Ich habe Ihnen was vorgeschwindelt, Aristid Fomitsch... wollte schlauer scheinen, als ich wirklich bin!... Hundert Rubel nur hab ich bekommen...«

»Red weiter!«

»Hundert, nicht vierhundert, wie ich Ihnen sagte... das heißt mit anderen Worten...«

»Gar nichts heißt es. Ich kann nicht wissen, wann du gelogen hat – ob vorhin oder jetzt. Ich habe von dir fünfundsechzig Rubel zu bekommen. Das ist doch bescheiden, was?«

»Ach du mein Gott! Ich war gegen Euer Wohlgeboren jederzeit gefällig – wo ich nur konnte...«

«Laß jetzt die Worte, Jegorka, du Urenkel des Judas!«

»Schön, ich bezahl's... aber Gott wird Sie dafür strafen!«

»Halt's Maul, du Auswurf des Menschengeschlechts!« brüllte der Rittmeister unter wildem Augenrollen. »Bin schon dadurch hart genug bestraft, daß ich mit einem Kerl, wie du einer bist, zu tun habe... Wie eine Fliege zerquetsch ich dich, auf der Stelle!«

Er schüttelte die geballte Faust vor Wawilows Nase und wies ihm die knirschenden Zähne.

Als er fort war, verzerrte sich Wawilows Gesicht zu einem schiefen Lächeln. Er begann mit den Augen zu zwinkern, und zwei große trübe Tränen rollten über seine Backen. Sie rannen über seinen Schnurrbart, ihnen folgten zwei andere. Dann ging Wawilow in sein Wohnzimmer, trat vor die Heiligenbilder hin und stand dort lange, lange – ohne zu beten, ohne sich zu bewegen, ohne auch nur die Tränen abzuwischen, die seine runzligen braunen Backen netzten.

... Der Diakon Taras, der von jeher ein Freund der Wälder und Auen gewesen, hatte den Kameraden vorgeschlagen, nach einer nahen Schlucht zu wandern und dort, im Schoße der Natur, den von Wawilow spendierten Branntwein zu vertilgen. Der Rittmeister jedoch und die übrigen ließen auf den Diakon mitsamt der Natur einen Hagel von Schimpfworten niederprasseln und beschlossen, die Kneiperei zu Hause, auf dem Hof der Herberge, zu veranstalten.

»Eins, zwei, drei, vier...«, zählte Aristid Kuwalda. »Wir sind zusammen dreizehn Mann, der Lehrer ist nicht da... Ein paar Kunden werden sich einfinden – sagen wir im ganzen zwanzig Personen. Pro Kopf dritthalb Gurken und ein Pfund Brot mit Fleisch... gar nicht übel! Schnaps gibt's für jeden eine Flasche. Dann gibt's auch noch Sauerkraut und Äpfel und drei Wassermelonen... möcht wissen, was ihr sonst noch wünscht, meine werten Herren Galgenvögel! Los denn, laßt uns jetzt Jegorka Wawilow verspeisen – denn alles, was ihr da seht, ist sein Fleisch und Blut!«

Sie bedeckten den Boden mit allerhand alten Kleiderfetzen, breiteten Speisen und Getränke darauf aus und setzten sich schweigsam und manierlich im Kreise hin. Aller Augen funkelten vor Begierde, die durstigen Kehlen mit dem feurigen Trank zu letzen.

Der Abend war hereingebrochen. Seine Schatten senkten sich auf den zertretenen, von Unkraut und Kehricht bedeckten Hof der Herberge; nur das Dach des halbverfallenen Hauses war noch von den letzten Strahlen der Sonne erleuchtet. Es war still und kühl.

»Laßt uns anfangen, Brüder!« kommandierte der Rittmeister. »Wieviel Gläser haben wir? Sechs... und wir sind dreizehn... ›Brummkreisel‹, schenk ein! Fertig? Vorwärts denn – erste Korrporralschaft... Feuer!«

Sie tranken, räusperten sich und begannen zu essen.

»Und unser Lehrer ist nicht da«, sagte Kuwalda, »schon der dritte Tag ist's, daß ich ihn nicht gesehen habe. Weiß keiner, wo er stecken kann?«

Niemand wußte es.

»Das liegt durchaus nicht in seiner Art. Na, ganz

gleich... laßt uns noch mal trinken! Auf das Wohl des Rittmeisters Aristid Kuwalda, meines einzigen Freundes, der mich mein ganzes Leben lang nicht eine Sekunde allein gelassen hat. Obschon ich, weiß der Teufel, vielleicht gar nichts verlieren würde, wenn er mich einmal für einige Zeit von seiner Gesellschaft befreien wollte.«

»Sehr witzig gesagt«, bemerkte der »Angeknabberte« und verschluckte sich.

Der Rittmeister ließ im Gefühl seiner Überlegenheit den Blick über die Genossen schweifen, sagte jedoch nichts, da er große Bissen hinunterschlang.

Nach dem zweiten Glas wurde die Gesellschaft lebendig. »Anderthalb-Taras« äußerte schüchtern den Wunsch, eine »Geschichte« zu hören, doch war der Diakon gerade durch einen lebhaften Streit mit »Brummkreisel« in Anspruch genommen. Die beiden disputierten über die Vorzüge der mageren Weiber vor den fetten, wobei der Diakon heftig und überzeugt, mit größter Beredsamkeit für die mageren eintrat. »Meteor« lag neben ihnen auf dem Bauch, und sein Gesicht drückte das ganze naive Entzükken aus, mit dem er den saftigen Worten des Diakons lauschte. Martjanow hockte schweigend da, hielt seine Knie mit den langen, schwarzbehaarten Armen umschlungen und starrte, während er die Spitze seines Schnurrbarts mit den Zähnen zu erhaschen suchte, düster nach der Branntweinflasche.

»Und ich weiß doch, alter Hexenmeister, wo du dein Geld versteckt hast«, neckte der »Angeknabberte« den Lumpensammler Tjapa.

»Meinetwegen...«, krächzte Tjapa.

»Wirst sehen, ich nehm dir's fort, Bruder!«

»Immer nimm's!«

Kuwalda langweilte sich – in der ganzen Gesellschaft war kein Mensch, der seine witzigen Reden gebührend gewürdigt und verstanden hätte.

»Wo der Lehrer nur bleiben mag?« sagte er halblaut.

Martjanow, der seine Frage gehört hatte, meinte: »Er wird schon kommen...«

»Das weiß ich, daß er kommen wird – in einem Wagen wird ihn niemand herbringen... Laß uns trinken, du zukünftiger sibirischer Sträfling... auf dein Wohlergehen! Solltest du einen reichen Kerl totschlagen, dann teilst du doch mit mir, was?... Ich geh alsdann nach Amerika, in die... wie heißen sie doch?... Lampas oder Pampas, und schwindle mich dort zum Präsidenten der Vereinigten Staaten hinauf. Dann erklär ich ganz Europa den Krieg, kauf mir eine Armee – in Europa natürlich, lauter Franzosen, Deutsche, Türken – und hau damit eben diese Nationen in die Pfanne, wie Ilja Muromez die Tataren durch die Tataren schlug. Hat man Geld, kann man sogar den Ilja spielen und Europa vernichten und Juda Petunnikow als Lakaien dingen... Er würde den Posten schon annehmen... für hundert Rubel monatlich macht er's! Nur daß er ein schlechter Lakai sein wird, denn er maust...!«

»...Und dann ist ein mageres Weibsbild auch besser als ein fettes, weil's billiger zu stehen kommt«, ließ sich die laute Stimme des Diakons vernehmen, der immer noch beim alten Thema war. »Meine erste Frau Diakonin brauchte zum Kleid zwölf Arschin, meine zweite dagegen nur zehn... Auch das Essen kostet weniger...«

»Anderthalb-Taras« lächelte verlegen, wandte den Kopf dem Diakon zu und sagte leise:

»Ich hatte auch mal ein Weib...«

»Das kann jedem Menschen passieren«, warf der Rittmeister ein. »Flunkre nur weiter...«

»Mager war sie«, fuhr »Anderthalb-Taras« fort, »aber gegessen hat sie viel... ist auch daran gestorben...«

»Hör mal, hast du sie nicht vergiftet?« fragte der »Angeknabberte« mit scharfer Betonung.

»Nein – bei Gott nicht! Sie hat zu viel Stör gegessen...«

»Und ich behaupte: du hast sie vergiftet!« setzte der »Angeknabberte« ihm hartnäckig zu.

Es war seine Art, irgendeine unsinnige Behauptung in kindlich-schmollendem Ton aufzustellen und sie dann, ohne irgendwelche Beweise, so oft zu wiederholen, bis er förmlich in Wut geriet.

Der Diakon kam seinem Freund zu Hilfe:

»Er hätte sie ja gar nicht vergiften können... hatte gar keinen Grund dazu...«

»Und ich bleib dabei: er hat sie vergiftet!« kreischte der »Angeknabberte«.

»Maul halten!« rief drohend der Rittmeister. Die Langeweile steigerte sich bei ihm nach und nach zu grimmiger Wut. Er warf seinen Zechgenossen zornige Blicke zu; da er jedoch in ihren halbtrunkenen Gesichtern nichts fand, was seiner Wut neue Nahrung gegeben hätte, ließ er den Kopf auf die Brust sinken, verharrte ein paar Minuten in dieser Stellung und streckte sich dann, mit dem Gesicht nach oben, auf der Erde aus. »Meteor« hielt sich an die Gurken – er biß mit seinen großen gelben Zähnen hinein, daß der Saft umherspritzte. Offenbar tat er es mehr zum Zeitvertreib als aus Hunger. Martjanow saß unbeweglich, wie eine Bildsäule da, in derselben Stellung, die er gleich anfangs eingenommen; er starrte immer noch finster nach der riesigen, einen halben Eimer fassenden Flasche, die bereits zur Hälfte geleert war. Tjapa sah zu Boden und bearbeitete laut schmatzend ein Stück Fleisch, mit dem seine alten Zähne nicht recht fertig wurden. Der »Angeknabberte« lag auf dem Bauch und hustete heftig, wobei sein schmächtiger Körper sich förmlich krümmte. Die übrigen, lauter schweigsame, finstere Gestalten, saßen und lagen in den verschiedensten Stellungen umher, und dieser ganze Haufe mit Lumpen bekleideter, in abendliches Dunkel getauchter Menschen glich einem Rudel mißgestalteter Tiere, die eine brutale, mit ausschweifender Phantasie bedachte Naturgewalt geschaffen haben konnte, um den Menschen zu verhöhnen...

»... Lebte einst vor langer Zeit
ein Bojarenweib,
das spürte einen schlimmen Krampf
mal in seinem Leib –«,

sang halblaut der Diakon, wobei er den ihn selig anlächelnden »Brummkreisel« umarmte. »Anderthalb-Taras« ließ ein lüsternes Kichern vernehmen.

Die Nacht kam näher und näher. Am Himmel funkelten die Sterne, und oben auf dem Berge, in der Stadt, blitzten die Laternen auf. Vom Fluß her vernahm man das langgezogene, eintönige Pfeifen der Dampfer. Kreischend und klirrend öffnete sich die Tür von Wawilows Schenke. Zwei dunkle Gestalten betraten den Hof und näherten sich der um die Flasche gelagerten Gruppe.

»Na, sauft ihr?« fragte eine rauhe Stimme, und über den Kopf des Diakons hinweg griff ein Arm nach der Flasche. Man hörte den charakteristischen, glucksenden Ton, den der Branntwein beim Umgießen aus der Flasche ins Glas hervorbringt. Dann räusperte sich jemand laut.

»Mir ist's so weh ums Herz!« rief der Diakon. »Laß uns der alten Zeiten gedenken, Taras, laß uns singen: ›An den Wassern von Babylon...‹«

»Kann der denn singen?« fragte Simzow.

»Der?... Der war Solist im erzbischöflichen Kirchenchor, mein Lieber! Na, los, Einäugiger: ›A-a-an den Wassern...‹«

Die Stimme des Diakons klang rauh, heiser, brüchig, während sein Freund in quiekendem Falsett sang.

In der abendlichen Dunkelheit schien das ausgestorbene Vorderhaus an Umfang erweitert oder auch mit seinem vermorschten Holzwerk näher an die Gruppe der Zecher herangerückt, deren wüster Gesang ein dumpfes Echo in seinen Räumen weckte. Am Himmel, gerade über dem Haus, schwebte eine mächtige, schwarze Wolke dahin. Einer der »Verlorenen« schnarchte bereits, die anderen waren noch nicht ganz voll und tranken entweder schweigend weiter, oder sie unterhielten sich halblaut, mit langen Pausen. Selber empfanden sie diese gedrückte Stimmung bei einem Gelage, an dem Speise und Trank im Überfluß vorhanden waren, als etwas Seltsames, Ungewohntes. Die ungestüme Fröhlichkeit, die sonst ihr Zusammensein bei der Flasche kennzeichnete, wollte heute nicht recht aufkommen.

»Still da, ihr Hunde!... Hört auf mit eurem Gejaule!« fuhr der Rittmeister plötzlich die beiden Sänger an, während er den Kopf vom Boden hob und horchte. »Hört ihr nicht? Ein Wagen kommt... eine Droschke.«

Eine Droschke in der »Offenen Gasse«, noch dazu um diese Stunde, mußte notwendig allgemeine Aufmerksamkeit erregen. Wer wagte jetzt, zur Nachtzeit, eine Fahrt durch die mit Löchern und Rissen reichgesegnete Vorstadtgasse? Was hatte er hier zu suchen? Alle reckten die Köpfe hoch und lauschten. In der nächtlichen Stille hörte man deutlich das Geräusch der Räder, die sich an den Seiten der Droschke rieben. Immer näher kam dieses Geräusch. Jetzt vernahm man eine grobe Stimme:

»Na, wo ist's denn eigentlich?«

Und gleich darauf erfolgte die Antwort:

»Drüben in jenem Haus wird's wohl sein...«

»Weiter fahr ich ganz bestimmt nicht...«

»Die wollen zu uns!« rief der Rittmeister.

»Das ist die Polizei!« ließ sich eine ängstliche Stimme aus der Mitte der Zecher vernehmen.

»In einer Droschke – die Polizei? Dummkopf!« sagte Martjanow mürrisch.

Kuwalda stand auf und schritt auf das Tor zu. Der »Angeknabberte« neigte den Kopf nach der gleichen Richtung und horchte.

»Ist das hier die Nachtherberge?« fragte jemand mit rasselnder Stimme.

»Ja«, antwortete der mürrische Baß des Rittmeisters.

»Bei Ihnen wohnt doch ein Reporter Titow?«

»Aha – bringen Sie ihn?«

»Ja...«

»Er ist wohl betrunken?«

»Nein – krank ist er.«

»Also schwer betrunken. Heda, Schulmeister! Na, so steh doch auf!«

»Warten Sie... ich werde Ihnen helfen. Er ist schwer krank. Zwei Tage lang hat er bei mir gelegen. Fassen Sie ihn unter die Achseln... Der Arzt war da. Es steht sehr schlimm mit ihm.«

Tjapa erhob sich und ging langsam nach dem Tor, während der »Angeknabberte« lachte und sich mit einem Schluck Branntwein stärkte.

»Heda! Macht mal Licht!« rief der Rittmeister.

»Meteor« ging in die Herberge und zündete die Lampe an. Aus der Tür der Herberge fiel ein breiter Lichtstreifen in den Hof, und der Rittmeister führte nun den Kranken unter dem Beistand des Fremden, eines schmächtigen kleinen Menschen, in die Herberge. Der Kopf des Lehrers hing kraftlos auf die Brust herab, die Beine schleiften auf der Erde nach, und die Arme baumelten schlaff, wie geknickt, an den Seiten. Mit Tjapas Hilfe legten sie den Kranken auf eine Pritsche, und unter leisem Stöhnen streckte er sich, am ganzen Leibe zuckend, auf dem harten Lager aus.

»Wir haben zusammen an der Zeitung gearbeitet«, erzählte jetzt der Fremde. »Er war sehr unglücklich. Ich sagte zu ihm, wie er krank wurde: ›Bitte, bleiben Sie ruhig bei mir liegen. Sie stören mich durchaus nicht‹... Er aber bat und bat: ›Bringen Sie mich heim!‹ Er war so aufgeregt dabei, und weil ich dachte, es könnte ihm schaden, hab ich ihn hergebracht!... Das ist doch hier... nicht wahr?«

»Ja – meinen Sie, er hätte noch ein anderes Heim?« fragte Kuwalda grob, während er den Kranken unverwandt betrachtete. »Hol kaltes Wasser, Tjapa – rasch!«

»So bin ich wohl... hier überflüssig?« fragte verlegen der Fremde. »Er wird mich jetzt wohl nicht mehr brauchen, denk ich.«

»Sie?«

Der Rittmeister musterte ihn mit kritischem Blick. Der Fremde trug einen schäbigen, bis ans Kinn zugeknöpften Rock. Seine Beinkleider waren ausgefranst, der Hut ganz verschossen vom Alter und ebenso zerknittert wie sein mageres, ausgemergeltes Gesicht.

»Nein, er wird Sie nicht mehr brauchen... solche, wie Sie einer sind, gibt's hier genug«, versetzte der Rittmeister und wandte sich von dem Fremden ab.

»Auf Wiedersehen also!«

Der kleine Kerl wandte sich nach der Tür und bat von dort aus leise:

»Wenn etwas passiert... melden Sie mir's doch bitte nach der Redaktion... Mein Name ist Ryshow. Ich möchte gerne einen kurzen Nachruf schreiben... er war doch immerhin, sozusagen, von der Presse...«

»Einen Nachruf, sagen Sie? Hm... zwanzig Zeilen – macht vierzig Kopeken! Wissen Sie, ich mach's noch besser: Wenn er stirbt, schneid ich ihm ein Bein ab und schick's unter Ihrer Adresse an die Redaktion. Das ist für Sie noch vorteilhafter als ein Nachruf... wenigstens für drei Tage reicht's, denn er hat dicke Beine. Ihr habt ihn doch bei lebendigem Leibe zernagt und zerfleischt...«

Der Fremde ließ ein unwilliges Schnauben hören und

verschwand. Kuwalda setzte sich auf die Pritsche neben den Kranken, befühlte seine Stirn, seine Brust und rief seinen Namen: »Philipp!«

Sein Ruf hallte in dumpfem Echo von den schmutzigen Wänden der Herberge wider.

»Das ist recht dumm von dir, Bruder«, sagte der Rittmeister leise, während seine Hand das zerzauste Haar des regungslos daliegenden Lehrers streichelte. Dann horchte er auf den heißen, röchelnden Atem des Kranken und schaute lange in sein eingefallenes, erdfahles Gesicht. Er seufzte tief, runzelte die Brauen und ließ seinen Blick durch den dürftig erleuchteten Raum schweifen, auf dessen Wänden, im Widerschein der unruhig flackernden Funzel, schwarze Schatten umhertanzten. In dumpfem Brüten sah der Rittmeister ihrem stummen Spiel zu und strich sich durch den Bart.

Tjapa kam mit einem Eimer Wasser und stellte ihn auf die Pritsche neben den Kopf des Kranken, dessen Hand er hochhob und in der seinen hielt, als ob er ihr Gewicht feststellen wollte.

»Er braucht kein Wasser mehr«, meinte der Rittmeister mit einer Handbewegung, die besagen sollte, daß es mit dem Lehrer aus sei.

»Den Popen braucht er«, sprach der alte Lumpensammler überzeugt.

»Gar nichts braucht er«, entschied der Rittmeister.

Schweigend sahen sie nach dem Lehrer hin.

»Komm, laß uns ein Gläschen verdrücken, alter Satan!« forderte Kuwalda auf.

»Und er?«

»Kannst du ihm helfen?«

Tjapa wandte dem Lehrer den Rücken zu, und sie gingen beide auf den Hof hinaus.

»Was ist da drinnen los?« fragte der »Angeknabberte«, sein spitzes Gesicht dem Rittmeister zuwendend.

»Nichts Besonderes... ein Mensch stirbt...«, sagte der Rittmeister kurz.

»Den haben sie wohl irgendwo verhauen?« forschte der »Angeknabberte« weiter.

Der Rittmeister leerte gerade ein Glas Branntwein und blieb die Antwort schuldig.

»Als ob er's gerochen hätte, daß wir ihm heut ein Totenmahl ausrichten können!« witzelte der »Angeknabberte«, sich eine Zigarette anzündend.

Einer der Zechbrüder lachte, ein anderer seufzte schwer. Der Diakon verstieg sich zu einer Kundgebung seines Schmerzes: Er fuhr sich über die Stirn, verzog die Lippen und stimmte laut und grölend einen Trauergesang an:

»Herr, gib dem Gere-echten die ewi-ge Ru-he...!«

»Da! – Was brüllst du denn?« zischte der »Angeknabberte«.

»Hau ihm doch eine ins Maul!« rief der Rittmeister.

»So ein Dummkopf!« ließ sich Tjapa krächzend vernehmen. »Wenn ein Mensch stirbt, muß es still sein!«

Es war ja auch still genug: am Himmel sowohl, der von regenschweren Wolken bedeckt war, wie auf der von den dunklen Schatten der Spätsommernacht umhüllten Erde. Ab und zu nur hörte man das Schnarchen der Schläfer, das Glucksen der Branntweinflasche und das Schmatzen der Kauenden. Die Wolken zogen so niedrig dahin, daß sie jeden Augenblick gegen das Dach des Hauses zu stoßen und die alte Baracke den Schmausenden auf den Schädel zu werfen drohten.

»Es ist einem doch eklig zumute, wenn ein Freund stirbt«, sprach der Rittmeister mit schleppender Stimme und neigte den Kopf auf die Brust. Niemand antwortete ihm.

»Er war der Beste von euch allen... der Klügste, der Anständigste... Wirklich leid kann er mir tun...«

»Mi-it den Heiligen laß ihn wa-andeln... Heda, Taras, du Schelm, sing mit!« brüllte der Diakon, seinen neben ihm eingeschlafenen Freund in die Rippen stoßend.

»Halt doch endlich das Maul!« zischte der »Angeknabberte« wütend auf.

»Gleich hau ich ihm eins über den Schädel«, drohte Martjanow, den Kopf vom Boden aufhebend.

»Wie, du schläfst nicht?« sagte Aristid Kuwalda mit auffallend sanfter Stimme. »Hast du gehört? Der Lehrer ist...«

Martjanow warf sich schwerfällig herum, erhob sich dann, sah den Lichtschein, der von der Tür und den Fenstern der Herberge auf den Hof fiel, schüttelte den vom Rausch benommenen Kopf und nahm schweigend neben dem Rittmeister Platz.

»Heben wir einen!« schlug er vor.

Sie griffen tastend nach den Gläsern und tranken.

»Will mal gehn und nachsehn«, sagte Tjapa, »vielleicht braucht er was...«

»Einen Sarg braucht er«, sagte der Rittmeister mit trübem Lächeln.

»Redet nicht mehr davon«, bat der »Angeknabberte« leise.

Nach Tjapa ging auch »Meteor«. Der Diakon wollte auch aufstehn, fiel aber gleich wieder hin und begann laut zu schimpfen. Als Tjapa fort war, klopfte der Rittmeister Martjanow auf die Schulter und sagte halblaut:

»Ja, ja, so geht's, Martjanow... Tut dir unser Philipp leid?«

»Nein«, erwiderte nach einer Weile der ehemalige Gefängnisaufseher. »Ich kenne solche Gefühle nicht, Bruder, hab das alles verlernt. Ekelhaft ist's, so zu leben... ich schlag wirklich noch mal einen tot – Tatsache!«

»So? Na, meinetwegen... Laß uns noch einen trinken!« schlug der Rittmeister vor.

»Sind wir nicht bescheidene Leutchen?
Trinken immer nur ein Gläschen!...«

sang Simzow, der eben erwacht war, ganz vergnügt und fuhr dann fort:

»Brüder! Seid ihr da? Schenkt doch einem alten Mann ein Gläschen ein!«

Man reichte ihm ein gefülltes Glas, und er trank. Dann sank er wieder zurück, wobei der mit dem Kopf jemand in die Seite stieß.

Ein paar Minuten lang herrschte dumpfes, düsteres Schweigen. Dann ließen sich in der nächtlichen Stille flüsternde Stimmen vernehmen:

»Er war doch ein Prachtkerl...!«

»Und was für ein Kopf... und so still!«

»Auch Geld hat er immer gehabt... und geizte damit nicht, wenn's galt, den Brüdern zu helfen...«

Abermals wurde es still.

»Er stirbt!« krächzte plötzlich Tjapa über dem Kopf des Rittmeisters.

Aristid Kuwalda stand auf und ging schweren, schleppenden Schrittes nach der Herberge.

»Was willst du dort?« suchte Tjapa ihn zurückzuhalten. »Geh nicht hin, du bist betrunken, es gehört sich nicht...«

Der Rittmeister blieb stehen und dachte nach.

»Ach was, gehört sich nicht! Als ob auf Erden alles so wäre, wie sich's gehört! Scher dich zum Teufel!« entschied er und ging, den Alten zur Seite stoßend, weiter.

An den Wänden der Herberge tanzten noch immer die schwarzen Schatten, als kämpften sie miteinander. Auf der Pritsche lag der Lehrer lang hingestreckt und röchelte. Seine Augen waren weit geöffnet, die entblößte Brust hob und senkte sich krampfhaft, Schaum stand ihm in den Mundwinkeln, und auf seinem Gesicht lag ein

Ausdruck höchster Spannung und Anstrengung, als ob er irgend etwas Schweres, Gewaltiges sagen wolle, es jedoch nicht hervorzubringen vermöchte und im Bewußtsein dieses Unvermögens maßlos leide.

Der Rittmeister blieb vor ihm stehen, verschränkte die Arme auf dem Rücken und sah ihn minutenlang schweigend an. Dann begann er halblaut, mit schmerzlichem Stirnrunzeln:

»Philipp! Sag mir doch nur ein einziges Wort... ein Wort des Trostes dem Freunde!... Hörst du nicht?... Ich hab dich ja so gern, Bruderherz... Alle anderen sind Viecher, du aber warst für mich ein Mensch! Wenn du dabei auch ein Säufer warst... ach, wie hast du gesoffen, Philipp! Das hat dich wohl auch zugrunde gerichtet... Sag, war das nötig? Hättest dich beherrschen, hättest auf mich hören sollen!... Hab ich's dir nicht oft genug gesagt?«

Die geheimnisvolle, alles vernichtende Macht, die man den Tod nennt, schien beleidigt durch die Anwesenheit eines Betrunkenen bei dem feierlich-düsteren Akt ihres Kampfes mit dem Leben – und beschloß daher, ihr fühllos-grausiges Werk möglichst abzukürzen: Die keuchende Brust schöpfte noch einmal tief Atem, dann folgte ein leises Stöhnen, ein Zucken und Zittern... Der Lehrer streckte sich aus und war tot.

Kuwalda schwankte bedenklich hin und her, als er in seiner Rede fortfuhr:

»Soll ich dir Branntwein bringen, Philipp... was? Nein, Philipp, trink lieber nicht... Sei enthaltsam, überwinde dich... Oder auch, wenn du willst: trink! Warum soll man sich überwinden, möcht ich gern wissen!... Wozu das alles?... Was, Philipp? Nicht wahr...?«

Er faßte ihn am Bein und zog ihn näher zu sich heran.

»Ah – du bist eingeschlafen, Philipp? Na, so schlaf, schlaf... gute Nacht!... morgen will ich dir alles auseinandersetzen... wirst mir vollkommen recht geben, daß der Mensch sich nichts versagen soll... Aber jetzt schlaf... wenn du nicht tot bist...«

Er ging zur Tür hinaus... hinter ihm blieb alles still. Als er zu den Kameraden hintrat, meldete er ihnen:

»Er schläft... oder er ist tot... Ich weiß es nicht... Es scheint, ich bin nicht mehr ganz n-nüchtern...«

Tjapa ließ seinen Kopf noch tiefer auf die Brust sinken und schlug ein Kreuz... Martjanow sank schweigend zusammen und legte sich nieder.

Der »Angeknabberte« warf sich unruhig am Boden hin und her und schimpfte halblaut:

»Hol euch alle der Teufel!... Er ist gestorben... was ist denn dabei? Was brauch ich das zu wissen? Warum erzählt ihr mir das? Kommt die Zeit – muß auch ich sterben... ebensogut wie er... und wie alle andern...«

»Das stimmt!« sagte laut der Rittmeister, der sich schwer auf die Erde niedersinken ließ. »Kommt die Zeit heran, müssen wir alle sterben, genauso wie die andern... haha! Wie wir leben, darauf kommt's nicht an. Aber sterben werden wir – wie die andern. Das ist das Ziel alles Lebens, glaub mir's! Denn der Mensch lebt nur, um zu sterben... und er stirbt... Und wenn die Sache so liegt... ist's nicht gleich, wie er gelebt hat? Hab ich nicht recht, Martjanow? Laß uns noch eins trinken... und noch eins... solange wir leben...«

Ein feiner Regen rieselte nieder. Dichte, drückende Finsternis umhüllte die menschlichen Gestalten, die dort, vom Rausch oder Schlaf gebändigt, am Boden lagen. Der Lichtschein, der von der Herberge ausging, wurde immer matter, zuckte jäh auf und verlöschte. Ein Windstoß mochte die Lampe ausgeblasen haben – oder das Petroleum war ausgebrannt. Schüchtern, unentschlossen fielen die Regentropfen auf das blecherne Dach der Herberge. Vom Berge her, aus der Stadt, tönten vereinzelt langgetragene, dumpfe Glockenschläge. Es waren die Kirchenwächter, die da anschlugen.

Der metallene Klang schwebte leise durch das nächtliche Dunkel und erstarb in ihm, aber noch bevor der letzte, zitternde Ton verhallt war, erdröhnte ein neuer Schlag, und abermals klang durch die Stille der Nacht das melancholische Seufzen des Metalls...

Tjapa war der erste, der des Morgens erwachte.

Er legte sich auf den Rücken und blickte empor – nur so vermochte er, infolge der Verstümmelung am Halse, emporzuschauen.

Ein gleichförmiges Grau bedeckte den Himmel. Es war, als hätte die feuchte, kühle Dämmerung sich dort in der Höhe verdichtet. Sie hatte die Sonne ausgelöscht, das unermeßliche Blau des Himmels verdeckt und sandte traurige Langeweile zur Erde hinab. Tjapa bekreuzigte sich, stützte den Kopf auf den Ellbogen und spähte aus, ob nicht irgendwo Branntwein übriggeblieben sei. Die Flasche stand da, aber sie war leer. Er stelzte über die schlafenden Kameraden hinweg und untersuchte die Gläser, aus denen sie getrunken hatten. Richtig, da war eins fast ganz voll! Er trank es aus, wischte sich die Lippen mit dem Ärmel und begann, den Rittmeister an der Schulter zu rütteln.

»Heda, steh auf... hörst du?«

Kuwalda hob den Kopf und sah ihn aus trüben Augen an.

»Man muß Meldung machen... auf der Polizei... Na, so steh doch auf!«

»Was ist denn los?« fragte der Rittmeister ärgerlich, noch schlaftrunken.

»Daß er gestorben ist... melden muß man's.«

»Daß wer gestorben ist?«

»Na, unser Gelehrter...«

»Der Philipp? Ach ja...«

»Hast du's denn vergessen?... Ach, du!« sagte Tjapa vorwurfsvoll.

Der Rittmeister erhob sich, gähnte laut und streckte sich, daß seine Knochen in den Gelenken knackten. »Na, dann geh, melde es...«

»Ich geh nicht hin... Hab nicht gern mit ihnen zu tun«, sagte Tjapa mürrisch.

»Dann weck den Diakon... mag er gehn... Und ich... ich will ihn mir mal ansehn.«

Der Rittmeister betrat das Haus und blieb zu Füßen des Toten stehen. Dieser lag starr und steif da, den linken Arm auf der Brust, den rechten von sich gestreckt, wie wenn er zum Schlage ausholte. Kuwalda setzte sich auf die Pritsche, zu Füßen des Freundes, mit dem er an die drei Jahre zusammen gehaust hatte, und versank in stilles Brüten. Tjapa kam herein, mit eingezogenem Kopf, wie ein Bock, der stoßen will. Er setzte sich an die andere Seite des Toten, sah in sein fahles Gesicht, das mit den fest geschlossenen Lippen so unheimlich ernst und still war, und sagte mit seiner heiseren Stimme:

»Ja... nun ist er tot... Auch ich werde bald sterben...«

»Für dich ist's Zeit«, bemerkte der Rittmeister düster.

»Ach ja, es ist Zeit«, pflichtete Tjapa ihm bei. »Auch du solltest lieber sterben... immer besser als so...«

»Oder vielleicht schlimmer! Woher weißt du, daß es besser ist?«

»Schlimmer kann's nicht sein. Stirbst du, so hast du's mit Gott zu tun... und hier ärgerst du dich mit den Menschen herum! Was sind sie, die Menschen...?!«

»Na, laß schon, quarre nicht...«, unterbrach ihn Kuwalda ärgerlich.

Beide wurden still. Lange saßen sie in dem Dämmerlicht, das den öden Raum erfüllte, zu Füßen des toten

Kameraden. Von Zeit zu Zeit warfen sie ihm einen Blick zu, dann versanken sie wieder in ihr stilles Sinnen. Endlich fragte Tjapa:

»Wirst du ihn auf deine Kosten begraben lassen?«

»Ich? Nein! Das ist Sache der Polizei...«

»Laß du ihn lieber begraben... hast doch von Wawilow sein Geld für das Gesuch bekommen! Wenn's nicht langt, leg ich zu...«

»Sein Geld hab ich wohl... aber auf meine Kosten laß ich ihn doch nicht begraben!«

»Das ist nicht schön von dir. Einen Toten beraubst du! Ich sag's allen Leuten, daß du sein Geld für dich behalten willst...«, drohte Tjapa.

»Dumm bist du, alter Satan«, sagte Kuwalda verächtlich.

»Das nicht... aber das, was du tust, ist nicht schön, nicht freundschaftlich...«

»Schon gut, Alter... Hör auf davon!«

»Da sieh nur einer! Wieviel ist's denn?«

»Ein Fünfundzwanziger...«, sagte Kuwalda zerstreut.

»Das läßt sich hören... Könntest mir was davon abgeben, einen Fünfer wenigstens...«

»Was bist du für ein geriebener Spitzbube, Alter!« schimpfte der Rittmeister, dem Lumpensammler voll ins Gesicht blickend.

»Wieso denn? Im Ernst, gib was ab...!«

»Scher dich zum Teufel... Ich laß ihm für das Geld ein Denkmal setzen.«

»Was soll ihm ein Denkmal?«

»Einen Mühlstein kauf ich und einen Anker. Den Mühlstein leg ich aufs Grab, und den Anker laß ich mit einer Kette daran festschmieden... das wird dann recht schwer sein...«

»Wozu denn das? Unsinn schwatzt du...«

»Was geht dich eigentlich das alles an?«

»So? Wirst sehn, ich sag's...!« drohte Tjapa von neuem.

Aristid Kuwalda warf ihm einen gleichgültigen Blick zu und schwieg.

»Horch... sie kommen!« sagte plötzlich Tjapa, stand auf und verließ die Herberge.

In der Tür erschienen bereits der Revierwachtmeister, der Untersuchungsrichter und der Arzt. Sie traten, einer nach dem andern, an das Lager des Lehrers, betrachteten ihn aufmerksam und begaben sich dann wieder auf den Hof. Den Rittmeister, der ihnen nicht die geringste Beachtung schenkte, musterten sie mit höchst mißtrauischen Blicken.

»Woran ist er gestorben?« fragte ihn der Wachtmeister, mit dem Kopf nach dem Toten hinweisend.

»Fragt ihn selber... Ich vermute, aus Mangel an Widerstandskraft...«

»Was?« fragte der Untersuchungsrichter.

»Ich sage, er starb aus Mangel an Widerstandskraft gegen die Krankheit, die ihn befallen hatte...«

»Hm... so! Und war er lange krank?«

»Man kann da drinnen gar nichts sehen«, fiel der Arzt ihm ins Wort. »Es wäre besser, ihn in den Hof zu tragen... Vielleicht lassen sich am Körper irgendwelche Spuren...«

»Heda, lassen Sie ihn mal hinaustragen! Rufen Sie Leute her!« fuhr der Wachtmeister den Aristid Kuwalda barsch an.

»Rufen Sie selber... mit ist er hier nicht im Wege«, erwiderte Kuwalda gleichmütig.

»Nanu!« schrie der Polizeibeamte mit wutverzerrtem Gesicht.

»Huhu!« entgegnete Kuwalda, ohne sich vom Fleck zu rühren, und wies dem Beamten höhnisch grinsend die Zähne.

»Teufel noch mal«, brüllte dieser, ganz rot vor Ärger, »das will ich Ihnen eintränken! Ich...«

»Einen schönen guten Morgen den werten Herren!« ließ sich die sanfte Stimme des Kaufmanns Petunnikow vernehmen, der plötzlich in der Tür erschien.

Sofort übersah sein scharfer Blick die Situation. Er zuckte zusammen, trat einen Schritt zurück, nahm die Mütze ab und bekreuzigte sich fromm. Dann flog ein triumphierendes Lächeln über sein Gesicht, und während er den Rittmeister mit boshafter Schadenfreude musterte, fragte er ehrerbietig:

»Was ist hier geschehen, meine Herren? Es scheint, die Kerle haben einen Menschen totgeschlagen!?«

»Etwas der Art scheint vorzuliegen«, antwortete ihm der Untersuchungsrichter.

Petunnikow seufzte schwer, bekreuzigte sich nochmals und sagte im Ton tiefster Betrübnis: »Ach du lieber Gott! Wie hab ich doch immer gefürchtet, daß es so kommen würde! Wie oft bin ich hergekommen, um nach dem Rechten zu sehen... oh, oh, oh! Und wie oft hatte ich, wenn ich zu Hause war, eine böse Ahnung... Bewahre einen jeden, o Herr, vor so schrecklichen Dingen!... Wie oft war ich im Begriff, jenem Herrn da... dem Oberbefehlshaber dieser ›goldenen Rotte‹... die Wohnung zu kündigen... Aber ich lebte in ewiger Angst, wissen Sie... Das ist ja solch ein Volk... Lieber nachgeben, sagte ich mir immer, sonst kann das Schlimmste passieren...«

Er machte eine weit ausholende Geste, fuhr sich mit der Hand über das Gesicht, ließ dann den Kinnbart durch die Finger gleiten und seufzte abermals.

»Höchst gefährliche Menschen!« fuhr er fort. »Und dieser Herr ist sozusagen ihr Anführer... ein rechter Räuberhauptmann!«

»Wir werden ihm schon auf den Zahn fühlen!« sagte der Wachtmeister verheißungsvollen Tones, Kuwalda rachsüchtige Blicke zuwerfend. »Ich kenne ihn ganz genau...«

»Natürlich, Bruderherz, wir sind doch alte Bekannte!« bestätigte der Rittmeister gutmütig. »Wie oft habe ich dir und deinen Helfershelfern die Hände schmieren müssen, damit ihr schweigt...«

»Sie haben's gehört, eine Herren!« rief der Wachtmeister ganz außer sich. »Bitte, wollen sie sich's merken... Das laß ich ihm nicht durchgehn! Na wart, mein Lieber, du sollst an mich denken! Oh! Dich will ich schon kleinkriegen, alter Freund...!«

»Triumphiere nicht zu früh...«, sagte gelassen Aristid Kuwalda.

Der Doktor, ein junger bebrillter Mensch, betrachtete den Rittmeister mit Neugier, der Untersuchungsrichter mit unheilverkündender Aufmerksamkeit, während Petunnikow seinen Triumph unverhohlen zur Schau trug und der Wachtmeister schreiend und zappelnd um Kuwalda herumsprang.

In der Tür der Herberge erschien jetzt die finstere Gestalt Martjanows. Er trat leise heran und blieb dicht hinter Petunnikow stehen, so daß er mit dem Kinn fast seinen Scheitel berührte. Hinter ihm guckte von der Seite der Diakon hervor, mit den kleinen, verschwollenen und entzündeten Augen blinzelnd.

»Ja, meine Herren, lassen Sie uns doch irgendwas unternehmen!« schlug der Arzt vor.

Martjanow schnitt eine gräßliche Fratze und nieste plötzlich heftig, gerade auf Petunnikows Kopf. Der schrie auf, duckte sich und sprang zur Seite, wobei er um ein Haar den Wachtmeister umgerissen hätte, der ihn in seinen Armen auffing.

»Sehen Sie, meine Herren«, zeterte der Kaufmann, auf Martjanow hinweisend, »so treiben's diese Leute! Oh!«

Kuwalda lachte hell auf, und auch der Arzt und der

Untersuchungsrichter mußten lachen. Immer neue Gestalten schoben sich unterdes nach der Tür der Herberge. Die verquollenen und verschlafenen Gesichter mit den roten, entzündeten Augen und dem zerzausten Haar starrten unverfroren nach den drei Amtspersonen.

»Heda – wohin wollt ihr denn?« fuhr der Polizist, der mit jenen gekommen und an der Herbergstür postiert war, sie barsch an. Er zerrte an ihren Lumpen, um sie zurückzuhalten, aber er war nur einer gegen viele, und sie drängten sich, ohne auf ihn zu achten, immer weiter vor – unheimlich, schweigsam, nach Fusel riechend. Den Vertretern der Staatsgewalt wurde angesichts der Menge dieses zweifelhaften Publikums doch ein wenig unbehaglich zumute.

»Hier meine Mietsleute und Freunde«, sagte Kuwalda mit höhnischem Lachen, »wollen Sie ihre Bekanntschaft machen, meine Herren? Früher oder später bekommen Sie doch von Amts wegen mit ihnen zu tun...«

Der Arzt unterdrückte ein Lächeln. Der Untersuchungsrichter biß die Zähne fest zusammen, während der Wachtmeister, in der Meinung, daß endlich der Augenblick zum Handeln gekommen sei, dem Polizisten auf dem Hof laut zurief:

»Sidorow! He, pfeif mal und sag, daß eine Fuhre kommen soll...«

»Na, ich will jetzt gehen, meine Herren«, sagte Petunnikow, der aus irgendeinem Winkel hervorkroch. Und zu Kuwalda gewandt, fügte er hinzu: »Die Bude hier wird mir heute geräumt, mein Herr... ich lasse sie abbrechen! Daß mir alles in Ordnung kommt – sonst geh ich zur Polizei!«

Auf dem Hof trillerte schrill die Pfeife des Polizisten, während vor der Tür der Herberge, gähnend und sich kratzend, in dichtem Haufen Kuwaldas Freunde standen.

»Also, Sie wünschen die Bekanntschaft nicht? Das ist nicht gerade höflich von Ihnen!« spottete der Rittmeister.

Petunnikow zog seinen Geldbeutel aus der Tasche, wühlte eine Weile darin, nahm zwei Fünfer heraus und legte sie zu Füßen des Toten nieder.

»Der Herr sei mir gnädig... Zur Bestattung des sündigen Staubes...«

»Wa-as?« brüllte Aristid Kuwalda. »Was erfrechst du dich... zur Bestattung! Nimm's sofort weg, wegnehmen sollst du's, Schurke! Wagt der Kerl seine ergaunerten Groschen anzubieten... zur Bestattung eines ehrlichen Menschen! Die Knochen zerbrech ich dir!«

»Euer Wohlgeboren, so hören Sie doch!« quiekte der Kaufmann ganz entsetzt, sich an den rechten Arm des Wachtmeisters klammernd. Der Arzt und der Richter sprangen auf den Hof hinaus, der Wachtmeister schrie:

»Sidorow – hierher, he!«

Die »Verlorenen« standen Kopf an Kopf gedrängt in der Tür der Herberge und beobachteten mit einer Neugier, die ihre schlaffen zerknitterten Gesichter anspannte, was dort vorging. Kuwalda schwang die Faust über Petunnikows Kopf, tobte, raste und ließ die blutunterlaufenen Augen rollen. »Halunke! Dieb!« rief er. »Nimm sofort dein Geld, du ekles Geschmeiß! Nimm's, sag ich... sonst stoße ich dir deine Kupfermünzen in die Augen...«

Petunnikow nahm mit zitternder Hand seine fromme Gabe von der Pritsche und sagte, mit dem andern Arm sich gegen Kuwaldas Fäuste schützend:

»Sie sind Zeuge, Herr Wachtmeister... und auch ihr, meine guten Leute...«

»Wir sind böse Leute, Kaufmann«, ließ sich die knarrende Stimme des »Angeknabberten« vernehmen.

Der Wachtmeister blies die Backen wie eine Schweinsblase auf und pfiff ganz verzweifelt, während er seine Hand schützend über den Kopf Petunnikows hielt, der sich vor ihm drehte und wand, als ob er ihm in den Bauch hineinkriechen wollte.

»Soll ich dich mal die Füße des Toten küssen lassen, du Giftnatter, du? Soll ich…?« brüllte Kuwalda. Und er faßte Petunnikow am Kragen und warf ihn wie eine junge Katze nach der Tür zu. Die Gruppe der »Verlorenen«, die hier stand, teilte sich rasch, damit der Kaufmann bequem fallen konnte. Er lag ausgestreckt zu ihren Füßen und heulte voller Wut und Schrecken:

»Hilfe! Er mordet mich! Hi-i-ilfe!«

Martjanow hob langsam den einen Fuß und zielte mit der Spitze nach dem Kopf des Kaufmanns, während der »Angeknabberte« ihm mit sichtlichem Behagen ins Gesicht spie. Der Kaufmann kauerte sich zu einem Knäuel zusammen und kroch, von schallendem Gelächter begleitet, auf allen vieren in den Hof hinaus. Hier hatten sich inzwischen noch zwei Polizisten eingefunden, denen der Wachtmeister, auf Kuwalda zeigend, zurief:

»Faßt ihn! Bindet ihn!«

»Fesselt ihn, meine Lieben!» flehte Petunnikow.

»Rührt mich nicht an!… Ich lauf euch nicht weg!« sagte Kuwalda zu den beiden Polizisten, die auf ihn zugetreten waren. »Ich werde selber mitkommen…«

Die »Verlorenen« verschwanden einer nach dem andern. Eine Fuhre kam auf den Hof, ein paar klägliche Gestalten machten sich daran, den Lehrer aus der Herberge zu schaffen.

»Dir will ich's besorgen, alter Freund… wart nur!« rief der Wachtmeister Kuwalda zu.

»Na, Ataman!« höhnte Petunnikow, der ganz munter und lustig geworden war, als er sah, wie man seinen Todfeind fesselte. »Bist in die Schlinge geraten, was? Wart, Bursche, du sollst noch was erleben…!«

Kuwalda schwieg. Er stand zwischen den beiden Polizisten, hoch aufgerichtet, mit gerunzelter Stirn, und sah zu, wie sie den Lehrer auf die Fuhre luden. Der Mann, der den Leichnam an den Schultern gefaßt hielt, war von kleinem Wuchs und hatte, als die Füße des Lehrers schon auf dem Gefährt lagen, den Oberkörper noch nicht hinauflegen können. Ein paar Minuten blieb der Tote so in der Schwebe, als ob er kopfüber herunterstürzen und sich in der Erde verbergen wollte vor all den bösen und dummen Menschen, die seine letzte Ruhe störten.

»Führt ihn ab!« kommandierte der Wachtmeister, auf Kuwalda zeigend.

Der Rittmeister widersetzte sich nicht. Schweigend, finster dreinblickend schritt er über den Hof. Als er an dem Toten vorbeikam, neigte er, ohne ihn anzusehen, den Kopf. Martjanow schritt mit seinem versteinerten Gesicht hinter ihm her. Das Anwesen des Kaufmanns Petunnikow wurde bald leer.

»Hüh, fahr los!« rief der Fuhrmann des Leichenkarrens seinem Gaul zu, die Zügel über dessen Rücken schwingend. Das Pferd zog an, und der Wagen fuhr knarrend über den unebenen Hof. Mit alten Lumpen bedeckt, lag der Lehrer lang ausgestreckt auf dem daherrumpelnden Gefährt; er schien mild und zufrieden zu lächeln, als wäre er darüber erfreut, daß er endlich doch die Herberge verlassen... auf immer verlassen durfte. Petunnikow sah ihm nach, bekreuzigte sich fromm und begann dann langsam mit der Mütze den Staub und Schmutz von seinen Kleidern abzuklopfen. Und in dem Maße, wie der Schmutz von seinem Schoßrock abfiel, nahm sein Gesicht den alten Ausdruck von Selbstzufriedenheit und Selbstvertrauen wieder an. Er konnte vom Hof aus sehen, wie der Rittmeister den Berg hinaufschritt, zwischen den beiden Polizisten, die Hände auf dem Rücken gefesselt, hoch emporgerichtet, auf dem Kopf die Mütze mit dem roten Rand, der wie ein Blutstreifen schimmerte...

Ein Siegeslächeln auf den Lippen, schritt Petunnikow dem Herbergshaus zu, blieb aber plötzlich wie erstarrt stehen. In der Tür, ihm gegenüber, erschien eine unheimliche Gestalt: ein langer, hagerer Greis mit einem mächtigen Stecken in der Hand und einem großen Sack auf dem Rücken, ganz in Lumpen gehüllt, die um seinen dürren Körper schlotterten, tief gebeugt unter seiner Last und den Kopf auf die Brust gesenkt, als ob er sich im nächsten Augenblick auf den Kaufmann stürzen wollte.

»Was bist... wer bist du?« schrie Petunnikow.

»Ich bin ein Mensch...«, ließ sich ein heiseres Krächzen vernehmen.

Dieses Krächzen gab Petunnikow seine Ruhe wieder, er lächelte sogar.

»Ein Mensch – ach du... Sehen denn Menschen so aus?« versuchte er zu scherzen.

Er trat zur Seite, um dem Alten den Weg freizugeben; der schritt gerade auf ihn los und sagte mit seiner leisen, knarrenden Stimme:

»Verschiedene Menschen gibt's... wie Gott sie zu schaffen beliebte!... Noch schlimmere gibt's, als ich einer bin... noch viel schlimmere... jawohl!«

Der umdüsterte Himmel sah schweigend auf den schmutzigen Hof herab und auf den sauber gekleideten Menschen mit dem grauen Kinnbärtchen und den pfiffigen Augen, der ruhigen Schrittes auf und ab ging und den Boden vermaß. Auf dem Dach des Vorderhauses saß eine Krähe, die ein triumphierendes »Krah! Krah!« ausstieß, wobei sie den Hals reckte und lebhaft hin und her wakkelte.

In dem grauen Gewölk, das den Himmel bedeckte, lag etwas Gespanntes, Unerbittliches, als ob es fest entschlossen wäre, durch den gewaltigen Regenguß, in dem es sich bald entladen würde, allen Unrat von dieser zerquälten, unruhigen traurigen Erde hinwegzuspülen.

Die Mordwinin

Wenn sonnabends von den sieben Kirchtürmen der Stadt zur Abendmesse geläutet wurde, antworteten vom Tale her heisere Fabriksirenen den hellen Glockentönen mit unheimlichem Geheul. Ein paar Minuten lang schwangen dann, einander bekämpfend, zwei seltsam verschiedene Tonwellen in der Luft: eine, die die Menschen freundlich zu sich rief, und eine, die sie nach getanem Tagwerk verdrossen von sich stieß. Und an jedem Sonnabend fühlte der Schlosser Pawel Makow, wenn er aus dem Farbriktor kam, trüben Zwiespalt und quälende Scham in seiner Seele. Er ging langsam nach Hause. Seine Arbeitskollegen überholten ihn. Beim Gehen zupfte er an seinem Spitzbart und schaute mit schuldbewußtem Blick zu dem grünen, mit üppigen Gärten bekränzten Berg auf. Hinter einem dunklen Wall von Obstbäumen wurden graue Dachfirste sichtbar, Bodenluken, Schornsteine. Starkästen ragten in den Himmel hinein; höher noch ragte der vom Blitz versengte schwarze Wipfel einer alten Fichte. Darunter steht das Haus des Schusters Wasjagin. Dort wird Pawel von Frau, Kind und Schwiegervater erwartet.

»Bim, bam! Bim, bam!« tönt es feierlich mahnend von oben.

Von unten aber, vom Fuße des Berges her, brüllt es zornig:

»Hu-u-u-uh...«

Pawel schiebt die Hände in die Hosentaschen und steigt, vornübergebeugt, langsam den mit Feldsteinen gepflasterten Fahrweg bergan. Seine Kollegen, die haben es eilig; sie springen wie schwarze Böcke auf den schmalen Pfaden durch die Gemüsegärten.

Der Gießer Serdjukow ruft von oben:

»Pawel, du kommst doch?«

»Weiß noch nicht. Vielleicht...«, antwortet Pawel.

Er bleibt stehen und sieht zu, wie die Arbeiter, häufig stolpernd, den steilen, schroff abfallenden Hang emporklimmen. Lachen und Pfeifen klingt durch die Luft; alle freuen sich auf den Feiertag. Die verrußten Gesichter glänzen, die weißen Zähne blitzen keck.

Lattenzäune knacken. Die Gärtnersfrau Iwanicha schickt den Fabrikburschen wie gewöhnlich wortreiches Geschimpfe nach. Die jenseits des Flusses, hinterm »Fürstenwald«, untergehende Sonne übergießt die Lumpen der bösen Alten mit purpurrotem Schein, ihre grauen Haare mit goldenem Glanz.

Von unten her kommt Brandgeruch. Es riecht nach Öl und Sumpfmoder. Der Berg aber duftet würzig nach Dill, nach jungen Gurken und schwarzen Johannisbeeren. Vom Dom her klingt fröhliches Wechselgeläut, und das Gespräch der Glocken übertönt das Gezeter der Alten.

›Ja...‹, denkt Pawel Makow bedrückt. ›Es ist wirklich eine Schande, so einen schwachen Charakter zu haben. Ja wirklich!‹

Oben auf dem Berge angelangt, blickt er ins Tal. Dort zeichnen sich, wie die gespreizten, schlammbedeckten Finger eines im Morast ertrunkenen Ungeheuers, fünf Fabrikschlote gegen den Himmel ab.

Der schmale, gewundene, von sumpfigen Inseln durchzogene Fluß ist in rötlichen Glanz getaucht. Auch in dem niederen Tannendickicht der Sümpfe drüben, am andern Ufer, glühen rote Flecken; die Abendsonne spiegelt sich zwischen den Mooshügeln im rostbraunen Wasser.

Schade um die Sonnenstrahlen! Der Sumpf wird durch sie nicht schöner, sie gehen spurlos unter in dem gärenden, fauligen Wasser.

›Ich muß gehen!‹ ermahnt sich Pawel.

Ein paar Minuten bleibt er aber doch stehen, in tiefes Schweigen versunken...

Vor seinem Haustor erwartet ihn der hagere kahlköpfige, schiefe Wasjagin. Um das häßliche Loch an der Stelle des rechten Auges zu verdecken, trägt er auf der Straße eine dunkle Schutzbrille. Die Vorstadt hat ihm daher den Spitznamen »Glotzauge« beigelegt. Unter seiner Hökkernase wachsen eisgraue Borsten, die er sonntags einem Schnurrbart ähnlich zu machen sucht, indem er sie mit irgendwas bekleistert. Dadurch ziehen sich seine Lippen zusammen und nehmen eine Form an, als puste der Schuhmacher ohne Unterlaß auf heißes Eisen.

Augenblicklich aber ist Waljoks Mund zu einem freundlichen Lächeln verzogen, und er flüstert dem Schwiegersohn zu:

»Bitt schön um die Festgabe!«

Pawel steckt ihm zwanzig Kopeken zu und betritt den kleinen, grasbewachsenen Hof. In einer Ecke, unter der alten Eberesche, ist der Tisch zum Abendbrot gedeckt. Unter dem Tisch beißt sich Tschurkin, der alte Köter, die Kletten aus dem Schwanz. Auf den Stufen der Vortreppe sitzt breitbeinig Pawels Frau. Das Töchterchen, die dreijährige Olja, wälzt sich in dem zertretenen Gras. Als sie den Vater kommen sieht, streckt sie, die Finger spreizend, ihre schmutzigen Pfötchen nach ihm aus und singt:

»Papa-pa! Papa-ada-a!«

»Warum kommst du so spät?« fragt die Frau mit argwöhnischem Blick. »Die andern sind alle längst vorbei...«

Er seufzt kaum hörbar. Alles ist so wie immer! Er schnippt der Kleinen mit dem Finger an die Nase und schielt schuldbewußt nach dem gewölbten Leib seiner Frau.

»Geh, wasch dich!« sagt sie.

Er geht. Ihm folgt ein Hagel mürrischer Worte:

»Hast du dem Vater wieder Geld für Schnaps gegeben? Tausendmal habe ich dich gebeten: Tu das nicht! Aber natürlich, was bedeuten meine Worte für dich! Ich bin ja keine von den Genossinnen! Ich treibe mich nicht nachts in Versammlungen herum, wie eure Huren...«

Pawel wäscht sich. Er reibt sich absichtlich möglichst viel Seifenschaum in die Ohren, um diese nur zu wohlbekannten Schimpfreden nicht zu hören. Sie umschwirren ihn aber, trocken raschelnd, wie Hobelspäne. Es ist ihm, als kratze seine Frau mit einem stumpfen Hobel an seinem Herzen herum.

Er denkt an die ersten Tage seiner Bekanntschaft mit ihr zurück: an nächtliche Spaziergänge durch die Straßen der Stadt, an kalte Mondnächte, an Rodelpartien, an die Abende im Theater, hoch oben auf der Galerie, an herrliche Augenblicke im Kino. Es saß sich so schön dort; eng aneinandergeschmiegt im Dunkeln; vor ihren Augen wogte, bald zu Tränen rührend, bald zu tollem Lachen reizend, das stumme Leben der Schatten. Es war eine schwere Zeit damals. Er war eben aus dem Gefängnis gekommen und mußte nun sehen, daß alles zertrümmert und zertreten war, daß gerade diejenigen, die früher am begeistertsten Beifall geklatscht hatten, jetzt voller Wut das auspfiffen, was damals ihre Begeisterung geweckt hatte...

Die kraushaarige, grauäugige Olgunka krabbelt auf dem Fußboden umher und trällert:

»Pa Olja liebha-ba, Pa Puppi kaufe, Hott-hott kaufe – molgen, molgen...«

Er spritzt der Kleinen mit den Fingern Wasser ins Gesicht. Sie lacht hell auf und rutscht weg. Dann bittet er seine Frau mit sanfter Stimme:

»Laß doch, Dascha! Brumm nicht!«

Olgunka hebt mühsam Tschurkins schweren alten Kopf hoch und befiehlt ihm:

»Tuck mal! Tuck mal her!«

Der Hund schüttelt verdrießlich den Kopf. Er hat genug geguckt im Leben. Dann reißt er den Rachen weit auf und stößt ein kurzes Geheul aus.

»Wenn der Mann so überklug ist, daß ihm die Kollegen mehr sind als seine Familie...«, hobelt die Frau eigensinnig weiter an seinem Herzen.

Pawel steht inmitten des Hofes und läßt den Blick durchs offene Tor in die unendliche dichtbewaldete Ferne schweifen. Einst hatte er mit Dascha da unten auf der Bank am Fahrweg gesessen, in diese Ferne hinausgeschaut und gesagt:

»Du, das soll ein Leben werden für uns beide...!«

›Es ist wohl nur, weil sie jetzt schwanger ist‹, sucht er sich zu trösten und nimmt die Tochter auf den Arm.

Er setzt sich stumm an den Tisch. Die Kleine ist ihm auf den Schoß geklettert. Mit ihren Fingerchen lockert sie das feuchte, krause Barthaar des Vaters und murmelt:

»Olja molgen Papa Mama weit – weit weg. In Doschke...«

»Sei endlich still, Olja! Du hast mir genug zugesetzt den Tag über«, herrscht die Mutter das Kind an.

Pawel möchte ihr am liebsten mit dem Löffel eins über den Kopf hauen, daß es laut über den ganzen Hof, auf die Straße hinaus knallt. Er bezwingt sich aber, runzelt die Stirn und ermahnt sich vorwurfsvoll:

›Du willst doch ein aufgeklärter Mensch sein...‹

Dann erschien der Schwiegervater. Er setzte sich an den Tisch, verzog die dünnen Lippen in dem knochigen Gesicht zu einem breiten Schmunzeln und holte eine Flasche Schnaps aus der Tasche.

»Es fängt schon an«, sagt Dascha und faucht wie eine

Katze. Pawel läßt den Kopf sinken, um ein Lächeln zu verbergen. Er weiß schon, was Waljok sagen wird:

›Aller Anfang ist schwer!‹

Alles kommt wie gewöhnlich. Komisch rollend beobachtet das einzige Auge des Alten, wie der Schnaps gluckert. Nachdem er getrunken, schnalzt er genießerisch mit der Zunge. Tschurkin sieht ihm zudringlich ins Gesicht, doch der Schuster sagt zum Hund:

»Dir geb ich nichts. Wenn du Schnaps trinkst, schimpfen sie dich aus.«

Auch diese Worte kennt Pawel längst. Alles hier im Hause kennt er längst.

Die Frau brummt:

»Den ganzen Tag plackt und quält man sich. Nähen, Kochen, Waschen, und das Dreckweib von nebenan macht immer Krach. Unsre Gurken stehlen sie...«

Dascha ist groß und füllig. Sie hat ein rundes Gesicht und eine prächtige, weiße, glatte Stirn. Ihre Ohren sind klein und spitz, sie wackeln so nett.

Augenblicklich aber sieht sie nicht allzu schön aus. Der wuschlige Kopf wirkt zu groß; wirre, von Schweiß und Staub verklebte Haarsträhnen fallen ihr über Stirn und Ohren; die Nasenflügel blähen sich, sie schnauft zornig; die dicken roten Lippen sehen geschwollen aus vor lauter Bosheit. Wenn ihr eine Haarsträhne in den Mund kommt, schiebt sie sie mit dem Löffelgriff zurück. Die schmierige Bluse ist unter dem Arm aufgeplatzt und steht vorne offen. Dunkle Schmutzstreifen verunzieren die rosigen, bis an die Ellbogen bloßen Arme. Und an dem festen Kinn hängt ein rötlicher Tropfen Kwaß.

›Kämmen und Waschen kostet doch wirklich nicht so viel Zeit!‹ geht es Pawel flüchtig durch den Kopf.

Morgen, nach dem Mittagessen, wird sie sich sorgfältig frisieren, wird die gestreifte, gelbgrüne Bluse anziehen und den lila Rock. Der wird sich über dem gewölbten

Leib spannen und hochziehen, so daß die Knopfstiefel zu sehen sein werden und auch ein Streifen von den schwarzen, gelbgesprenkelten Strümpfen. Das sind Daschas Lieblingsstrümpfe – sie hat sich so gefreut damals, als sie sie kaufte.

Am Abend wird sie, die Lippen streng aufeinanderpressend, die Brauen hochmütig runzelnd, an seiner Seite ihren schwangeren Leib durch die Hauptstraße tragen. Sie sieht dann aus wie eine Krämersfrau, und wenn sie Kollegen treffen, wird es Pawel scheinen, als blitzten in den Augen der Männer spöttische, kränkende Fünkchen auf.

Es überläuft ihn heiß, wie wenn irgendein unsichtbares Wesen ihn in widerwärtiger, stickiger, schwüler Umarmung gefangenhielte.

Er möchte an etwas anderes denken, laut denken.

»Heute in der Mittagspause hat der Kontorist Kuliga von den französischen Elektrotechnikern erzählt...«

Dascha beginnt hastiger zu essen, der Schwiegervater langsamer. Seine Lippen zucken, ein dunkles Lachen geht über sein Gesicht und seine Glatze.

»Das ist Organisation!« sagt Pawel träumerisch.

»Nun, und wie steht's in Deutschland?« fragt Waljok mit süßlicher Stimme, sein einziges Auge gen Himmel richtend.

»Da steht es gut. Der Parteiapparat arbeitet da wie eine Maschine...«

»Gott sei Lob und Dank«, sagt der Alte. »Und ich machte mir schon Sorgen, dachte schon: Ob bei den Deutschen alles in Ordnung sein mag?« Seine Stimme kreischt. Pawel ist verwirrt. Er kennt schon die Worte, die jetzt durch die dunklen, wackligen Zähne des Alten sickern werden. Der bläst die Backen auf, legt wie eine Krähe den Kopf auf die Seite und richtet sein Auge starr auf das Gesicht des Schwiegersohnes. Dann ertönt seine dünne, hohe Stimme; hämisch, in singendem Tonfall sagt er:

»Also in Deutschland sieht es gut aus? Und in eurem Beutel?«

Er lacht und hüpft auf seinem Stuhl hin und her. Die kleine Olgunka ist auch vergnügt. Sie klatscht in die Hände und läßt dabei ihren Löffel unter den Tisch fallen. Die Mutter gibt ihr einen Klaps und schreit:

»Heb's auf, du ungezogener Balg!«

Die Kleine weint leise, kläglich. Pawel preßt sie an sich und sieht sich um. Es dämmert schon; es ist die Stunde, wo Licht und Finsternis, einander begegnend, zu trübem Grau zusammenfließen. Irgendwo singen junge Burschen; das aufdringliche Kreischen einer Ziehharmonika läßt sich vernehmen. Wie Fledermäuse schwirren die Worte des Schwiegervaters um Pawel herum:

»Nein, nein, denkt lieber nicht an Deutschland, denkt gefälligst an euren Beutel! Wenn ihr geheiratet habt, müßt ihr schon an euren Beutel denken, ja-a! Wenn ihr euch Kinder angeschafft habt, müßt ihr ihnen auch ein starkes Vaterland schaffen, und das baut sich auf dem Beutel auf, auf einem vollen Beutel. Ja, ja!«

Pawel wiegt die schlaftrunkene Kleine in seinen Armen und denkt über den Schwiegervater nach. Vor vier Jahren hatte er ihn als einen ganz anderen Menschen gekannt. Er erinnert sich noch, wie der Schuster auf einer Versammlung im Ziegelschuppen, sich die Tränen aus den Augen wischend, gerufen hatte: »Genossen! Es ist mir leid um euch! Nun, einerlei! Immer geradezu! Macht nur mutig weiter! Seht, wir Alten haben uns seinerzeit schonen wollen, haben gelebt, wie's die hohe Obrigkeit vorschrieb. Wir haben viel um euretwillen gelitten. Jetzt ist die Reihe an euch, zu leiden, um eurer Kinder willen...«

Und eines Tages hatte der Schuster zu ihm, zu Pawel, gesagt:

»Wenn ich dich so ansehe, mein Lieber, und dich reden höre, dann gräme ich mich immer, daß ich keinen Sohn habe, sondern nur eine Tochter. Ach, wenn ich doch solch einen Sohn hätte...«

Später aber, nachdem die »vaterländisch«, reaktionär gesinnten Kleinbürger ihm ein Auge ausgeschlagen hatten, war im Alten eine jähe Umkehr vor sich gegangen. ›Er ist nicht der einzige, der kehrtgemacht hat‹, denkt Pawel betrübt. Dascha räumt mit heftigen Bewegungen das schmutzige Geschirr vom Tisch. Teller klappern, Löffel fallen, und sie fährt ihn an:

»So heb's doch auf! Du weißt ja, daß mir das Bücken schwerfällt!«

»Nein, nein, die Politik überlaßt den fremden Staaten! Beschäftigt euch lieber mit euren Familienangelegenheiten!«

Pawel trägt das Kind, das inzwischen eingeschlafen ist, ins Haus. Die Stufen der Vortreppe knarren. Im Takt dazu keift die Frau:

»Wenn ihr bloß nicht immer solche Dummheiten...«

»Ja, ja, ja«, hämmert die hölzerne Stimme des Schwiegervaters.

Hinter den schwarzen Bäumen steigt der rötlich schimmernde Mondball am Himmel empor. Pawel Makow sitzt auf den Stufen der Vortreppe neben seiner Frau. Er streichelt ihr Haar und sagt leise, fast flüsternd:

»Sollte man mich ins Gefängnis stecken, so werden dir die Kollegen helfen...«

»Ja, natürlich. Da kann ich lange warten!« faucht Dascha.

»Wir müssen unbedingt danach streben, uns zu organisieren.«

»Streb du nur immer! Dann hättest du aber nicht heiraten sollen!«

In Pawels Brust, in seinem Hirn zucken und flammen die Gedanken, die ihm teuer sind; er hört nicht auf Daschas grämliche Entgegnungen, und auch sie hört ihn nicht.

»Erzähl mir nicht immer den Quatsch! Früher hast du bis zu hundert Rubel im Monat verdient! Und jetzt!«

»Das ist nicht meine Schuld. Das liegt an den allgemeinen Verhältnissen...«

»Was gehen dich die Verhältnisse an? Kümmere dich nicht um die anderen und arbeite...«

Sie gibt sich Mühe, sanft und eindringlich zu sprechen. Aber ihr Tagewerk hat sie müde gemacht, sie möchte schlafen. Das vierte Jahr schon führen die beiden solche und ähnliche Gespräche, ohne daß sich dadurch etwas geändert hätte. Pawel tut der Frau leid, sie macht sich Sorgen um ihn. Ist er doch fast noch ebenso gutmütig und dumm, wie er früher war, und noch genauso eigensinnig. Sie weiß, daß sie diesen Eigensinn nie wird brechen können, und immer höher schäumt in ihrer Brust siedende Angst um sich selbst und um das Kind. Und auch das Mitleid mit ihrem Mann wird immer stärker, legt sich ihr beklemmend auf die Brust. Doch weil sie die richtigen Worte nicht finden kann, um ihm Ausdruck zu geben, kocht dieses Mitleid zu Wut über.

Pawel beobachtet, wie der Schatten der alten Eberesche über den Hof hin an seine Füße herankriecht. Zitternd vor Gier, strecken sich zahllose spitze Finger nach ihm aus. Und wieder in die Zukunft entrückt, teilt er seiner Frau geheimnisvoll mit: »Sieh mal – in Frankreich haben die Arbeiter schon...«

»So hör doch auf«, unterbricht sie ihn barsch. Dann wirft sie den Kopf hoch und ruft mit dumpfer, gequälter Stimme:

»Wir werden es ja doch nicht erleben... Und die Kinder...«

Er schweigt, von seinen fernen, lichten Höhen gewaltsam herabgestürzt in den kleinen Hof, in den engen Kreis windschiefer Häuschen.

Sie möchte am liebsten weinen, aber der Ärger trocknet ihre Tränen. In ihrer Kehle gluckst es, sie steht schwerfällig auf und sagt:

»Ich gehe schlafen. Du gehst wohl noch zu deinen Freunden?«

»Ja«, antwortet er nach einer Weile.

Sie wendet sich zum Gehen und brummt laut:

»Wenn sie euch Lumpenkerle nur bald einsperrten! Einmal kommt es ja doch! Vielleicht werdet ihr dann vernünftig...«

Der Mond steht bereits hoch, die Schatten sind kürzer geworden. Hunde schlagen an.

Irgendwo draußen in den Gemüsegärten grölt die liederliche Fenjka Lukowiza mit trunkener, schluchzender Stimme:

> »Mein Liebster fuhr die Wolga hinab,
> da fand der räudige Satan sein Grab...«

Manchmal nahmen diese Gespräche aber auch eine stürmische Wendung. Dascha schrie laut, rang schwer nach Atem vor zorniger Erregung, fuchtelte wild mit den Armen, und ihre großen Brüste wackelten häßlich unter der schmierigen Bluse. In solchen Augenblicken ekelte sich Pawel vor ihr. Schweigend wehrte er die kränkenden, harten Worte mit der Hand von sich ab und grübelte verständnislos.

›Daß ich's damals nicht gemerkt habe, wie sie eigentlich ist!‹

Und nach einem solchen Auftritt war ihm eines Tages das zugestoßen, was seine Seele mit Zwiespalt erfüllt hatte und ihn schon über ein Jahr durch die Lüge quälte, deren er sich schämte, aus der er jedoch keinen Ausweg fand. Eines Sonnabends hatte er noch weniger Geld als sonst heimgebracht; die Frau geriet außer sich, warf die Scheine auf den Fußboden und schrie Pawel an. Darüber empört, rief er barsch:

»Halt den Mund!«

Da drängelte sie ihn nach der Tür und kreischte: »Raus, du Bettler! Das Haus da gehört meinem Vater, mir gehört's! Dich hätte man längst einlochen sollen, du Lumpenkerl! Raus mit dir!«

Er wußte ja den eigentlichen Grund dieses Zornausbruches. Es war schon Zeit, Kohl einzulegen, aber kein Geld da, um welchen zu kaufen. Tief verletzt, ohne recht zu wissen, was er tat, war er auf die Straße gestürmt und hatte lange irgendwo in einem Gemüsegarten gehockt, bemüht, der Kränkung und des Schmerzes Herr zu werden. Dann war er in die Stadt gegangen. Dort hatte er in einer schmutzigen Kneipe Schnaps getrunken und war unversehens in den Stadtgarten geraten, die kümmerlichen, dürftigen Anlagen neben der fünfkuppeligen, breit ausladenden Domkirche.

Ein scharfer Wind blies daher; ein Seil schlug an die Glocken, im Erz leise Seufzer auslösend. Um den Dom zitterten, zu einem Ring geschlossen, die Laternen. Über den Kreuzen der Kuppeln jagten graue Wolkenfetzen dahin, am Himmel kalte, grellblaue Schluchten enthüllend, aus denen die heulenden, pfeifenden Windstöße hervorzubrechen schienen, die sich dann in die Leere ergossen.

Hin und wieder lugte der Mond zaghaft zwischen den Wolken hervor. Die finsteren Wolken stürzten über ihn her, wie ein grauer Haufen von Bettlern über den Zehner, den jemand ihnen hingeworfen, und zerrieben ihn durch ihren feuchten Druck zu einem häßlichen, matten Fleck am Himmel. Der Wind rüttelte am Erdboden, wie eine böse Kinderfrau die Wiege eines Kindes rüttelt, das sie nicht mag. Pawel saß, den benommenen Kopf in beide Hände gestützt, auf einer Bank und grübelte zusammenhanglos über die bösen Scherze des Lebens nach. Je eifriger ein Mensch nach Gutem strebt, desto ärger wird er vom Bösen heimgesucht.

Jemand setzte sich neben ihn. Er hob den Kopf. Natürlich – ein »Fräulein«! Es kam ihm vor, es müsse nun einmal so sein. Wer, außer einem Dieb oder einer Hure, würde sich zu einem Mann setzen, der in einer stürmischen Nacht einsam und allein an einem menschenleeren Ort hockt?

Sie sprachen von gleichgültigen Dingen. Dann wanderten sie lange durch die Straßen, und die ganze Zeit erzählte Pawel, trunken vor Schnaps und Kränkung, von seiner unglücklichen Ehe: daß er an seiner Frau nicht die verständnisvolle Freundin gefunden habe, der er sein Herz ausschütten könnte. Das Mädchen sagte:

»Das kommt oft vor.«

»Oft?« fragte Pawel. »Woher weißt du das?«

»Die Männer klagen oft...«

Pawel blickte ihr ins Gesicht. Es hatte nichts Besonderes an sich; ein Gesicht, wie man es bei Straßenmädchen oft sieht. Dann fiel ihm seine Frau ein, und er dachte voller Bosheit: ›Da hast du's! Jetzt gehe ich zu der...‹

In ihrem Zimmer redete er dann weiter: über das Leben, über seine Ideen. Dann legte er sich ins Bett und schlief ein, bevor sie zu ihm kam.

Am anderen Morgen trank er verlegen und beschämt Tee mit dem Mädchen, vermied es aber, ihr ins Auge zu blicken. Beim Weggehen bot er ihr fünfunddreißig Kopeken an – alles Geld, das er bei sich hatte.

Sie schob seine Hand zurück und sagte sehr bestimmt:

»Wozu das! Das ist nicht nötig.«

Ihre Geste gefiel ihm nicht, und auch ihre Worte berührten ihn unangenehm.

»Nein, bitte – nehmen Sie's doch!«

»Na gut«, sagte sie darauf und strich die beiden kleinen Silbermünzen ein. Dann zog sie aber die Schultern hoch und sagte noch einmal:

»Es wäre aber nicht nötig gewesen.«

›Gleich wird sie mich auffordern, ich soll wiederkommen‹, dachte Pawel, als er den Mantel anzog. ›Wird sagen, wie sie heißt und wann sie zu Hause ist...‹

Das Mädchen aber blickte ihm starr vor die Füße, auf eine Bohle des Fußbodens, und sagte sinnend:

»Sie haben gestern so schön gesprochen... Über uns Frauen...«

Ihre Worte schmeichelten ihm und ließen ihn für einen Augenblick den Widerwillen vergessen, den sie ihm einflößte. Er lächelte befangen und sagte:

»Es freut mich sehr, daß... Ich war betrunken. Ich trinke ja sonst nicht... Leben Sie wohl!«

Sie reichte ihm stumm die Hand.

Auf der Straße dachte er:

›Sie hat mich nicht aufgefordert wiederzukommen! Geld hat sie auch keins nehmen wollen. Warum das?‹

Er konnte sich nicht mehr entsinnen, was er am Abend gesprochen hatte, und auch ihr Gesicht stand nur undeutlich vor ihm.

Als er sich seinem Haus näherte, dachte er mit einem aus Befriedigung und Bedauern gemischten Gefühl:

›Wenn ich sie mal treffe, werde ich sie nicht wiedererkennen.‹

Ein feiner Sprühregen rieselte nieder. Pawels Mantel war durchnäßt und lag schwer auf seinen Schultern. Der Kopf schmerzte ihm, er fühlte, wie eine unwiderstehliche Schlaflust ihn übermannte.

Dascha empfing ihn schweigend; sie sah ihn nicht einmal an. Er saß lange in einem Winkel und beobachtete, wie sie mit ihren starken Armen den Teig knetete und wie dabei die verführerischen, netten Grübchen an ihren Ellbogen bald sichtbar wurden, bald wieder verschwanden. Sie war ja ein schönes, starkes Weib.

Um ein Gespräch anzuknüpfen, fragte er:

»Wo ist Olja?«

»Olja? Anständige Menschen haben heute Feiertag! Sie ist mit dem Großvater zur Kirche gegangen.«

Pawel sagte sehr friedlich:

»Ich kann nicht verstehen, wozu in aller Welt man ein dreijähriges Kind durch den Regen in die stickige Kirche schleppen muß?«

Er brach ab, er erinnerte sich, die nämlichen Worte schon wiederholt gesprochen zu haben, als Antwort auf die gleiche Mitteilung seiner Frau.

Der Teig klatschte immer lauter unter ihren Händen. Der Tisch knarrte.

›Soll ich ihr sagen, wohin sie mich gebracht hat? Soll ich ihr sagen: Siehst du, daran bist du schuld, du allein! Soll ich's?‹

In ihm lohte es auf. Er ging auf sie zu und legte seine Hand auf ihre pralle Schulter.

»Geh weg!« schrie sie, schüttelte seine Hand ab und wurde puterrot, ja sogar ihr Hals lief rot an.

»Scher dich zum Teufel! Sonst hau ich dir eine runter!«

Sie richtete sich auf und strich mit den von Teig und Mehl bestaubten Händen das Haar glatt, so daß es mit einemmal ganz grau aussah.

Da trat Waljok, Olja auf dem Arm, ins Zimmer. Er nahm die Brille ab, sein heiles Auge blitzte auf, salbungsvoll sagte er:

»Gott hat uns Gnade erwiesen...«

»Pap-pap!« schrie die Kleine.

Pawel wollte sie auf den Arm nehmen. Da fiel ihm aber ein, wo er die Nacht verbracht hatte; er senkte den Kopf und ging hinaus, die Hände waschen.

Den ganzen Tag über fauchte Dascha. Und der Schwiegervater setzte ihm in einem fort zu:

»Nun, Herr Sozialpolitiker, Sie essen kein Gebäck? Essen Sie ruhig – bis zum Siege des Arbeiterstandes, wo alle Bettler Gebäck haben werden, ist es noch lange hin!«

»Hänseln Sie mich lieber nicht«, wehrte Pawel müde ab. »Dabei kommt doch nichts heraus...«

»Stimmt! Sehr richtig!« pflichtete Waljok ihm bei. »Dabei kommt nichts heraus.«

Ein paar Minuten danach fing er aber von neuem an:

»Ich habe Ihre Stiefel ausgebessert. Haben Sie sie gesehen?«

»Jawohl.«

»Sind Sie zufrieden?«

»Danke.«

»Darja, pökel den Dank ein! Ich werd ihn essen, wenn wir nichts mehr zu fressen haben.«

An den Fensterscheiben kratzte der Regen, auf dem Dachboden tobte und polterte der Wind. Über dem Dach knarrte die alte Fichte. Irgendwo bumste dauernd eine offenstehende Gartenpforte, eine Klinke rasselte. Regenwasser floß leise und traurig summend in eine Tonne. Im Zimmer war es abendlich düster. Es roch dort nach gerösteten Zwiebeln, nach Leder und Teer.

Pawel bemerkte, daß sogar Olja unter der trüben Stimmung litt. Sie schaute alle mit ängstlich fragenden Augen an, verzog das Gesicht und war dem Weinen nahe.

›Was soll aus ihr werden?‹ dachte er schuldbewußt und betrachtete dabei die Kleine.

»Komm zu mir, Mädel!« rief er und streckte die Hand aus. Als Olja aber auf ihn zulief, fing die Mutter sie ab und schrie: »Daß du dich nicht unterstehst!«

Die Kleine brach in lautes Weinen aus und wollte ihr Gesichtchen im Schoß der Mutter verbergen. Sie sprang aber auf und stieß sie in eine Ecke:

»Geh zu Bett! Schlafen sollst du! Ich will dich nicht sehen...«

Pawel war auch aufgestanden. Sein Gesicht glühte, über den Rücken aber liefen ihm kalte Schauer.

Er trat an die zornige Frau heran und sagte:

»Wenn du dich noch ein einziges Mal unterstehst...«

Sie hielt ihm das Gesicht hin und forderte ihn mit flüsternder, vor Schmerz und Haß bebender Stimme auf:

»Schlag zu! Nun, so schlag doch zu!«

Der Schwiegervater hatte einen Leisten ergriffen, sprang im Zimmer umher und brüllte:

»Da haben wir's! Da haben wir die S-soli-dari-tät!«

Pawel stieß Dascha von sich, riß die Mütze vom Nagel und stürzte aus dem Hause.

Er raste im Regen dahin und dachte verzweifelt:

›Hätte er nicht so geschrien, ich hätt sie...‹

Bäche schlammigen Wassers strömten ihm entgegen und ergossen sich über seine Füße. Der Wind sprühte ihm den kalten, scharfen Staub des Herbstregens ins Gesicht.

Und da sitzt er wieder bei diesem Mädchen in ihrem Zimmer, am Tisch. Den nassen Rock hatte er auf den Fußboden geworfen. Mit der einen Hand fuchtelt er in der Luft umher, mit der andern reibt er sich die Kehle. Hastig spricht er:

»Ich bin ja kein Tier. Ich begreife ja, sie kann nichts dafür...«

Das Mädchen läuft in der engen Stube herum wie ein von unsichtbarer Hand angetriebener Kreisel. Sie stellt den Samowar bereit, bricht Kienspäne, wühlt in der Holzkohle, und fortwährend wehen, wie graue Flügel, die Enden des Tuches, das sie über ihre nackten Schultern geworfen hat, hinter ihr her.

»Da bin ich eben zu Ihnen gekommen... Ich habe ja meine Kollegen. Aber – ich schäme mich, ihnen das zu erzählen. Obwohl sie sicherlich auch solche Tage kennen, wo alle im Hause einander quälen. Und warum eigentlich? Sagen Sie – warum eigentlich?«

»Das weiß ich doch nicht«, gab sie leise zur Antwort.

»Dieses angefaulte Leben frißt uns allen am Herzen, an den Knochen. Und eines Tages fängt auch die Seele an zu schmerzen vor häßlichem Zorn...«

Sie ging auf ihn zu, befühlte vorsichtig sein Hemd und sagte blinzelnd:

»Sie sind ganz naß, und ich habe ja nichts... Was machen wir bloß?«

»Lassen Sie doch!« bat er und nahm ihre Hand.

Sie machte sich sanft los und fuhr besorgt fort:

»Sie können sich erkälten und werden dann krank. Das ist eine böse Sache für einen Menschen, der arbeiten muß.«

Sie ging aus dem Zimmer und kam mit irgendwelchen buntgemusterten Kleidungsstücken zurück, die sie am Zugrohr des Samowars anwärmte.

Dann redete sie ihrem Gaste gleichmütig zu:

»Ziehen Sie sich um. Es ist zwar Weiberzeug. Aber wenigstens trocken...«

Sie warf die Fähnchen auf den Tisch und ging wieder hinaus. Pawel sah ihr nach und überlegte, gleichsam im Halbschlaf:

›Ist es Schicksal? Unsinn! Was heißt Schicksal? Eine ganz einfache Sache ist's: Wo soll man denn hingehen? Und ihr ist's ja ganz gleich.‹

Von irgendwoher schlängelten sich aber bissige Vorwürfe an ihn heran, als kämen sie von des Schwiegervaters schmalen, flüsternden Lippen:

›Jetzt sitzt du in der Klemme, was? Und deine Freunde? Wie ist's damit? Weshalb gehst du in schweren Stunden nicht zu deinen Freunden? Zu denen solltest du gehn! Aha-a, du schämst dich wohl?‹ Er fuhr sich mit der

Hand kräftig über das kurzgeschorene Haar und lächelte schmerzlich.

»Nun, ist's soweit?« fragte das Mädchen sachlich, durch die angelehnte Tür ins Zimmer blickend.

Das nasse Zeug klebte an seinem Körper und ließ ihn fröstelnd zusammenfahren. Er warf es rasch ab und wikkelte die langen Frauengewänder um sich.

»So ist's recht«, sagte das Mädchen und trat ein.

»Sehe ich sehr komisch aus?« fragte er.

»Ja, sehr«, gab sie zu. Aber in ihrem Gesicht war auch nicht der Schimmer eines Lächelns zu sehen.

Jetzt betrachtete Pawel sie zum erstenmal aufmerksam und ungeniert. Sie war stämmig, von kleinem Wuchs und hatte ein starkknochiges Gesicht mit schmalen, kaum sichtbaren Augen.

»Also ich sehe komisch aus... und doch, Sie lachen nicht?« sagte er und blickte um sich. Ein Bett, ein Tisch, zwei Stühle, ein Schrank und ein Herd neben der Tür füllten das Stübchen ganz aus. In der vorderen Ecke hing ein kleines Heiligenbild, darüber ein Palmweidenzweig und eine Papierblume. Von den verrußten Wänden schauten ein paar Buntdrucke herab, auf denen Schaben raschelnd umherkrochen. Aus den Fugen der Wände ragten Büschel von Werg. Das Fenster war klein, quadratisch, die Scheiben altersgrün.

Das Mädchen machte sich gerade mit dem Samowar zu schaffen und antwortete nicht. Ein peinliches Gefühl beschlich Pawel; er sagte ärgerlich zu sich selber:

›Sie scheint dumm zu sein!‹

Laut aber fragte er:

»Ist das die Küche?«

»Ja.«

»Wohnt noch jemand hier im Hause?«

Sie stellte den summenden Samowar auf den Tisch, schnitt ein großes Stück Schwarzbrot von einem Laib herunter, schenkte den Tee ein und erzählte leise, ebenso eintönig, wie draußen der Regen plätscherte:

»Zwei alte Fräulein wohnen hier. Aber sie kochen fast nie zu Hause. Sie gehen immer zu reichen Bekannten – da essen sie. Oft übernachten sie auch dort. Außer Brot habe ich nichts da. Sie müssen schon entschuldigen!«

»Ich habe keinen Hunger!« erwiderte Pawel. Er fühlte sich immer unbehaglicher. Weshalb war er bloß hergekommen?

Plötzlich, ihm selber ganz unerwartet, fragte er das Mädchen laut und barsch:

»Sind Sie eingetragen?«

»Wo denn?«

»Bei der Polizei!«

Sie antwortete ganz ruhig:

»Natürlich bin ich eingetragen! Ich bin bei den Fräulein Köchin und auch Stubenmädchen. Tagsüber habe ich nichts zu tun...«

Pawel spürte, daß er es hier mit etwas Seltsamem, Unverständlichem zu tun hatte.

»Das meine ich nicht...«

Jetzt hatte sie ihn verstanden. Ihr Gesicht färbte sich dunkelrot, die schmalen Augen schlossen sich ganz.

»Ach«, sagte sie leise. »Ja... Sie meinen, weil ich gestern in den Anlagen war... Nein, so etwas mache ich nicht...«

Er glaubte ihr nicht, rückte vom Tisch ab und sah sie lächelnd an. Er fand es komisch, daß sie ihren Beruf verleugnete. Zugleich aber tat sie ihm leid.

Die schrägen Augen des Mädchens weiteten sich plötzlich. Sie waren blau, schimmerten warm und leuchteten hell und klar in dem starkknochigen Gesicht, das sie ein wenig verschönten.

»Das war Zufall gestern«, erzählte sie, indem sie Brotstücke zu kleinen Kugeln formte. »Mir war gestern auch ganz jämmerlich zumute. Da ging ich in die Anlagen. Vielleicht wäre ich dann ins Wasser gegangen. Und da saßen Sie… ›Da sitzt ein Mann‹, dachte ich, ›dem ist wohl auch elend zumute!‹ Da setzte ich mich zu Ihnen. Und Sie haben mich gleich angesprochen. Ich sah, daß Sie nicht recht bei Sinnen waren. Mir war, als hätten Sie das gleiche vor wie ich… Fast jeden Tag hört man ja von solchen Dingen. Menschen erschießen sich, erhängen sich…«

Er hörte zu und fragte sich, ob er ihr Glauben schenken dürfe. Ihre Art zu reden gefiel ihm nicht. Er dachte im stillen:

›Und da ging ich… Und da setzte ich mich… So dürftig spricht sie… So langweilig.‹

Das Mädchen aber fuhr fort zu erzählen, mit der gleichen eintönigen Stimme, mit kargen Worten: Sie sei Mordwinin und stamme aus einer wohlhabenden Familie, habe lesen und schreiben gelernt und die Schule besucht. Dann hatte eine Feuersbrunst die Familie ruiniert. Der Vater ging nach Sibirien, ein Grundstück suchen, wo sie sich würden ansiedeln können, und blieb verschollen. Sie selbst hatte man unterdes als Stubenmädchen auf der nächsten Eisenbahnstation untergebracht. Dort blieb sie drei Jahre. Der Stationschef hatte einen Bruder, der war Telegraphist.

»Und wenn Sie sprechen, das klingt genau so, wie er sprach…«

Sie beschattete ihre Augen mit den hellen Wimpern und wiederholte:

»Genau so…«

»Und wo ist er?« fragte Pawel.

Sie antwortete nach einer Pause.

»Er wurde verhaftet.«

Er konnte aus ihrer Stimme keine Traurigkeit heraushören. Sie bewegte aber den Hals auf eine sonderbare

Weise, ihre Backenknochen schienen mit einemmal noch mehr vorzuspringen, und das ganze Gesicht bekam irgendwie Ähnlichkeit mit der Schnauze eines Hundes, der gerade anfangen will zu heulen.

Pawel dachte schon nicht mehr darüber nach, ob er ihr glauben dürfe. Er mochte nicht darüber nachdenken. Plötzlich sagte sie ganz laut:

»Und dann bekam ich ein Kind...«

»Vom Telegraphisten?«

»Ja, es kam tot zur Welt...«

»War der Telegraphist ein guter Junge?«

Ein breites Lächeln ging über ihr Gesicht.

»Ach ja! Er war ganz allein unter den anderen; wenn er redete, lachten alle. Deshalb haben sie ihn auch weggeholt. Ihn ganz allein. Und mich... mich haben sie fortgejagt.«

Im Schornstein heulte der Wind wie ein alter, obdachloser Hund.

Pawel Makows Leben war jetzt ganz verlogen, und die Lüge fraß wie Rost alle Selbstachtung aus seiner Seele.

Er hatte seine Frau gern, er umarmte gern ihren starken, gesunden, warmen Körper, und der begehrlich fordernde Blick ihrer dunklen Augen hatte unwiderstehliche Gewalt über ihn.

Manchmal, wenn sie guter Laune war, sagte sie gedämpft, etwas näselnd:

»Könntest wirklich einmal herkommen und deine Frau herzen, du schlechter Mensch!«

Es gab Tage und Wochen, wo er sich des düsteren, windschiefen Häuschens draußen vor der Stadt kaum noch erinnerte. Dieses Haus, eigentlich eine Lehmhütte, mit den beiden halbblinden Fenstern und dem moosbewachsenen Dach, diese dunkle, einer Höhle ähnlichen Stube und ihre Bewohnerin, dieses schweigsame, sanfte

Nachttier – das alles verblaßte in seinem Gedächtnis und wurde entbehrlich. Und wenn es doch ab und zu wie ein langweiliger Traum für einen Augenblick vor ihm wiedererstand, dachte Pawel befriedigt:

›Damit ist es aus!‹

Anfangs verspürte er den sehnlichen Wunsch, seiner Frau alles zu erzählen, und zwar so, daß sie sich vor ihm schuldig fühlen, daß sie begreifen müßte, welche Gefahren ihr seelisches Zerwürfnis für sie beide in sich barg. Doch scheute er sich, das Gespräch auf diesen Gegenstand zu bringen. Die Stunden, in denen sie freundlich und zugänglich war, vergingen unfaßbar schnell, und wenn er vorsichtig anfing, von Dingen zu reden, die nicht unmittelbar das häusliche Leben betrafen, unterbrach sie ihn, von seinen Liebkosungen gesättigt, müde gähnend, mit schläfriger Stimme:

»Wieder die alte Leier...«

Und dann bat und befahl sie:

»Du solltest mich ohne all das unnütze Gerede liebhaben...« Sprach er trotzdem weiter, so kam zwischen Daschas Brauen eine finstere Falte, ihre Augen blickten heller und schärfer, und sie begann, ihn ärgerlich zu ermahnen:

»Ich sage dir, laß das alles! Bedenke doch, du hast ja Kinder! Mach Schluß mit den Büchern! Hast ja ein ganzes Brett voll davon! Bücher und Kollegen, was braucht ein verheirateter Mann das! Du siehst ja, alle Familienväter halten sich von euch fern; sie arbeiten ruhig für ihre Frauen und Kinder. Bloß Serdjukow mit seiner Maschka verliert noch seine Zeit bei euch. Aber der kann sich doch nicht mit dir messen! Im vorigen Monat hat er alles in allem sechsunddreißig Rubel heimgebracht. Zweimal hat man ihm Abzüge gemacht wegen Versäumnissen...«

Sie trug mit Eifer und Sorgfalt allen Klatsch der Vorstadt zusammen. Sie wußte viel Schlechtes über die Menschen; über niemand sprach sie ein gutes Wort. Mit sichtlichem Behagen, sich in ihren Worten verhaspelnd, schüttete sie ganze Säcke voll hämischen, oft ganz verlogenen Klatsches vor ihrem Manne aus. Er versuchte ihren Eifer zu dämpfen, indem er sagte:

»Das ist ja alles nicht wahr, Darja!«

Sie widersprach aber mit weinerlicher Stimme:

»Natürlich! Ich weiß schon... Deinen Kollegen glaubst du, deiner Frau aber nicht...«

Es war Pawel, als wiche unter dem dumpfen Druck dieser Rede alle Kraft aus seinen guten Vorsätzen, die dann zermürbt, erstickt, fruchtlos in seiner Seele verdorrten. Immer mehr gewöhnte er sich daran, sein Innerstes vor seiner Frau zu verschließen. Er hörte ihre Reden an, ohne zu antworten, pfiff leise vor sich hin und dachte finster:

›Sie versteht mich nicht. Wird sie mich nie verstehen?‹

Er sehnte sich nach einer ganz besonders tiefen, innigen weiblichen Zärtlichkeit, die nicht bloß die Sinne entfachen würde, sondern auch der Seele dazu verhelfen könnte, heller und heißer aufzulodern. Die Zärtlichkeit, nach der seine Seele bangte, mußte er aber draußen vor der Stadt suchen, bei der unscheinbaren Mordwinin Lisa, die seinen Erzählungen vom Leben und seinen Träumen von der Zukunft zu lauschen verstand und es offenbar gerne tat. Es war so schön, einem Menschen gegenüberzusitzen, der, gleichsam aus tiefer Ohnmacht erwachend, jedes Wort gierig einsog, als wäre es frische Luft.

In ihrer schmächtigen Brust lebte aber auch etwas Fremdartiges, ihm kaum Verständliches; es war, als singe dort manchmal ein kleiner grauer Vogel.

»Gehst du in die Kirche?« fragte sie einmal, dicht an ihn geschmiegt.

»Nein. Siehst du, die Sache ist nämlich...«

Pawel erklärte ihr lange und mit großem Eifer, weshalb

er nicht in die Kirche gehe. Doch als er fertig war, erwiderte die Mordwinin leise:

»Das kommt ja schließlich auf eins heraus: Du sprichst von Frieden in der ganzen Welt, und in der Kirche betet man um Frieden auf Erden und im Himmel...«

»Nein, erlaub mal! Ich spreche vom Kampf...«

»Kämpfen tut man doch, damit sich alle nachher vertragen...«

Er widersprach von neuem, ereiferte sich, fuchtelte mit den Armen und schlug mit der Faust auf den Tisch. Er fühlte, daß er seine Gedanken immer besser und faßlicher ausdrückte. Das freute ihn, und er ereiferte sich immer mehr.

Die Mordwinin widersprach ihm mit sanfter Hartnäkkigkeit.

»Und ich hör's doch gerne, wenn der Diakon mit tiefer Stimme ruft: ›Und schenke der Welt deinen Frieden...!‹ Mir ist's ganz einerlei, wer das sagt, wenn die Menschen nur hören, daß Friede sein muß.«

Dicht an ihn geschmiegt, schaute sie ihm in die Augen und sagte leise, ängstlich:

»So sieh doch: Alle Menschen sind böse, alle raufen miteinander! In den Schenken, auf dem Markt – überall! Wenn sie spielen, gibt's gleich eine Schlägerei. Wenn sie ein Fest feiern, gibt's auch Schläge. Sogar in den Kirchen hadern sie miteinander und streiten um die Plätze. Sie prügeln kleine Kinder. Sie stecken andere Menschen ins Gefängnis und hängen sie auf. Wie viele werden gemordet! Und nun erst die Polizei! Wie werden da die Menschen mißhandelt! Und auch selber bringen sie sich um... ja, auch das kommt vor: vor lauter Wut tun sie's! Ich wollte es damals auch tun in meiner Wut, ich war so wütend auf mich: Wozu lebst du eigentlich, du Luder? fragte ich mich. Gute Menschen gibt es überhaupt nicht. Deshalb ist alles so furchtbar. Nur ganz wenige gute

Menschen gibt es – hier einen, da wieder einen. Man bemerkt sie kaum...«

Er lachte über sie. Aber sie sprach so einfach, ohne alle Aufdringlichkeit, ohne das geringste Bestreben, ihm ihre Ansichten aufzuzwingen. Ihre Worte erweckten in Pawels Seele Nachsicht für sie; es war ihm, als spinne sich von diesen Worten her ein dünner Verbindungsfaden zwischen ihrem schlichten Glauben und seinem harten Wissen. Auf dieses Gespräch kam er oft zurück, im Scherz und auch im Ernst. Immer aber stieß er auf geschmeidigen Widerstand: Die Mordwinin widersprach ihm nicht, ließ sich aber auch nicht von seinen Beweisgründen überzeugen.

»Du schaust zu weit, du willst sehr viel!« sagte er lachend. »Wir beide werden den Frieden nicht erleben. Wir müssen noch im Kampf leben...«

Sie antwortete nach einigem Nachdenken:

»Wenn man weiß, daß morgen alles gut wird, kann einen heute das Schlechte nicht schrecken, es kommt einem nicht mehr so mächtig vor...«

Manchmal mußte Pawel an seine Frau denken, wenn er bei Lisa saß. Dann wurden seine Hände schlaff, in seinem Herzen quoll es bitterheiß auf. Er erschauerte vor Scham und machte sich grimmige Vorwürfe:

›Ein aufgeklärter Mensch willst du sein und was nicht noch alles! Eiferst gegen die Zuchtlosigkeit der Bourgeoisie! Und was tust du selbst? ...Ja...‹

Von diesen peinigenden Überlegungen gingen aber viele andere Gedanken aus, die, mannigfach und weitverzweigt, an die Tiefen des Lebens rührten. Sie waren unklar, und es war ihm ein Bedürfnis, davon zu reden. So ließ er Lisa wieder und wieder in sein gequältes Herz hineinblicken und sprach von seiner Frau: daß er sie zwar liebe, daß er aber auch Lisa schwer entbehren könne.

»So wie mit dir, kann ich mit niemand reden. Jeder

Mann trägt wohl Dinge in sich, die er nur einer Frau sagen kann. Aber meiner Frau kann ich's nicht sagen! Auch nicht meinen Kollegen... Es fällt einem schwer, man schämt sich, von persönlichen Dingen zu reden. Spricht man sich aber nicht aus, so leidet man darunter...«

Sie fuhr ihm mit ihrer harten, mageren Hand, mit den langen Fingern übers Haar und – hörte zu.

»Ich habe versucht, mit den Kollegen darüber zu reden. Aber sie antworten mir so, wie's in den Büchern geschrieben steht. Ein Buch kann ich selbst lesen. Alle Menschen schämen sich, offen von sich selbst zu sprechen... Sicherlich kranken viele an dem gleichen Leid, an dem, was nirgends geschrieben steht, außer im Herzen. Man schämt sich, darüber zu sprechen. Aber einmal muß man es doch aussprechen. Es quält einen so...«

Die blauen Augen des Mädchens leuchteten ihm entgegen, und er vergaß, daß diese schmalen Augen schräg waren. Er fühlte Lisas Hand auf seinem Kopf oder auf seiner Schulter beben, als nähme auch diese Hand an seiner Erregung teil.

Er nahm Lisa auf den Schoß und küßte voll Gram, voll plötzlich auflodernder Leidenschaft ihre harten, heißen Wangen und Lippen.

»Laß gut sein, Liebster«, flüsterte sie mit weitgeöffneten Augen. »Du wirst schon darüber hinwegkommen. Es geht vorbei...«

Manchmal bettete er seinen Kopf auf ihren Schoß und sank in tiefen Schlaf. Sie aber saß regungslos, bis es Zeit war, ihn zu wecken, saß und streichelte wie eine liebreiche Kinderfrau seinen kurzgeschornen Kopf.

Zuweilen brachte Pawel eine Zeitung mit. Er faltete das redselige Blatt auf dem Tisch auseinander, beugte sich darüber und las mit einer gewissen Feierlichkeit vor: von den Genossen in Europa und in der ganzen Welt, von ihrem unablässigen Kampf und ihrer Arbeit. Er sprach von den Führern der Partei, von den unermüdlichen Soldaten dieses tagtäglichen Kampfes.

Sie saß still, unbeweglich, und stellte nur selten Fragen. Doch war Pawel überzeugt, daß sie alles verstand. Er machte die Beobachtung, daß sich ihr Gesicht seltsam spannte, wenn er von Helden und von Führern redete, und daß ihre blauen Augen dann aufleuchteten wie die eines Kindes, das einem Zaubermärchen lauscht. Manchmal war ihm dieser starre Blick sogar peinlich; er erinnerte ihn an den Blick eines klugen, treuen Hundes, der über irgend etwas nachdenkt, was nur seiner stummen Tierseele verständlich ist. In solchen Augenblicken glaubte er, dieses stille, stämmige Mädchen wäre zu allem fähig...

Sie fragte häufig:

»Wie war doch der Name, den du genannt hast?«

Dann schwieg sie eine Weile, wiederholte den Namen sehr deutlich und fragte wieder:

»Und wie heißt das auf russisch?«

»Ich weiß nicht. Bei uns gibt es solche Namen nicht.«

»Hat es denn bei uns nie solche Heiligen gegeben?« fragte sie unfroh, ungläubig.

Pawel mußte laut auflachen.

»Heilige! Das ist nichts für uns! Wir leben in der Hölle. Bei uns gibt es keine Heiligen...«

»Sie werden kommen!« erklärte Lisa einmal.

Dieser kurze Ausspruch klang sehr seltsam – so wie der erste Glockenschlag nach Mitternacht, der in tiefer Finsternis den Anbruch eines neuen Tages verkündet... Pawel sah der Freundin ins Gesicht, erblickte darin aber nichts, was ihm aufgefallen wäre. Er überlegte eine Weile, dann fragte er sie:

»Weshalb fragst du immer nach diesen Namen?«

Sie ließ den Kopf sinken und antwortete nicht.

»Willst du vielleicht für sie beten? Wie?«

»Nun ja«, sagte sie. »Das tue ich. Aber ich nenne keine Namen dabei. Ich bete ganz einfach: ›Hilf, Herr, denen, die den Menschen Gutes tun!‹ Lach nur – mir ist es einerlei.«

»Das hat keinen Zweck, Lisa!«

»Guten Menschen muß ein jeder helfen, wie er's eben kann.«

»Laß das, Lisa! Du mußt lernen, den Menschen auf andere Weise zu helfen...«

»Wenn ich es gelernt habe, werde ich's tun...«

Dann schmiegte sie sich an ihn und sagte leise:

»Aber das schadet doch nichts! Das kann sie doch nicht kränken...«

Pawel umarmte sie und schwieg. Er dachte an etwas Großes, Unklares.

Pawels Kollegen merkten es schließlich, daß er einen Teil seiner freien Zeit ihnen und auch seiner Frau vorenthielt und mit Dingen ausfüllte, die er verheimlichte. Sie schwiegen aber und taten, als glaubten sie seinen Erklärungen.

Eines Tages jedoch fragte ihn der lustige Gießer Michajlo Serdjukow:

»Nun, Pascha, du hast dir also auch eine Freundin angeschafft?«

Ganz verblüfft von der unerwarteten Frage, fragte Pawel befangen zurück:

»Ja, wer denn noch?«

Der pockennarbige, struwwelige Michajlo fuchtelte mit den Händen und lachte laut:

»Hab ich dich nicht fein hereingelegt? Was? Jetzt verklatsche ich dich bei deiner Frau...«

»Sag ihr nichts!« bat Pawel eindringlich.

»Was krieg ich fürs Schweigen? Schenk mir deinen Nekrassow! Abgemacht?«

»Gar nichts kriegst du. Ich werd's ihr selber sagen.«

Serdjukow sah ihn erstaunt an.

»Du willst's ihr sagen? Deiner Frau?«

»Na ja!«

»Warum denn?«

»Einmal muß es ja sein!«

Michajlo runzelte die Stirn, sah Pawel von der Seite an und seufzte.

»Es ist dir also Ernst damit? Nun, das ist gut! Wir sehen ja alle, daß deine Frau nicht zu dir paßt. Sie ist von Haus aus Spießerin, das steckt ihr im Blut. Eine Krähe kann nun einmal kein Adler werden. Es lohnt auch nicht, unnütz Zeit damit zu verlieren...«

›Er versteht mich nicht‹, dachte Pawel.

Und leise sagte er:

»Du magst meine Frau nicht!«

»Sehr richtig!« gab Serdjukow spöttisch zu. »Das stimmt. Ich habe eine andere gern, nicht sie...«

Dann fragte Pawel:

»Und – hast du auch...«

»Was heißt – auch? Ach, ja...«

Der Gießer lächelte unfroh und sagte einfach:

»Ja, Bruderherz, ich auch.«

Pawel sah ihn verwundert an und fragte behutsam:

»Ja, aber wie kommt das? Ihr vertragt euch doch so gut... Du hast eine Frau, die dir eine Genossin ist...«

»Das ist's ja eben, daß sie meine Genossin ist!« rief Serdjukow finster. »Da liegt der Haken. Sie hustet fürchterlich, sie schwindet hin, meine Genossin.«

Das Gespräch fand auf dem Fabrikhof statt, dicht neben der verrußten Mauer. Über ihnen fauchte unablässig, zornig ein Dampfrohr:

»Fuch, fuch... fuch...«

Durch die rußgeschwängerte Luft ging ein Stöhnen und Kreischen, das Sausen des Feuers und das Dröhnen des Eisens.

»Zwei Schwangerschaften in drei Jahren!« brummte Serdjukow wehmütig und drehte sich eine Zigarette. »Das wäre nichts für unsereins, heißt es. Der Arzt sagt: ›Übt Enthaltsamkeit!‹ Nun, ich habe sie geschont. Sie tut mir ja leid! Aber – ach, das ist eine traurige Geschichte, mein Lieber! Ich hab sie geschont und geschont, und dann bin ich wo hingegangen, wo ich lieber nicht hätte hingehen sollen. Möglich, daß es bei mir mal zu einem großen Skandal kommt... Aber der Weg zurück ist verbaut. Was heißt auch – zurück? Im Dorf, auf dem Lande müßte meine Frau leben, aber nicht Kinder kriegen. Kinder, mein Bester, das scheint nichts für uns zu sein. Überhaupt – was ist eigentlich für uns?« Er warf einen Blick um sich, auf die Haufen von Alteisen, auf die kohlengeschwärzte Erde und die Dächer der Werkstätten, von denen Rauch und Dampf aufstieg.

»Man hat uns ratzekahl gerupft! Nicht einen Trumpf haben wir mehr in Händen! Schlimm ist's, Pascha!«

Er warf den Zigarettenstummel über die Schulter und ging in seine Werkstatt. Sein Gang fiel Pawel auf: Michajlo hielt den Kopf tief gesenkt und sah sich fortwährend um, als fürchte er, jemand könne plötzlich über ihn herfallen. Als er in dem schwarzen Schlund der Gießerei verschwunden war, mußte Pawel daran denken, wie Serdjukow früher gewesen: ein lustiger Possenreißer, ein unerschöpflicher Erzähler, leidenschaftlicher Sänger und Theaterbesucher. Pawel versank in tiefes Sinnen. Ihm war es, als hätte eben ein ganz anderer Mensch mit ihm gesprochen, der ihm viel näherstand als der Serdjukow, den er vordem gekannt hatte. Zum erstenmal hatte er von einem seiner Genossen schlichte Worte gehört über das, was ihn quälte. An seiner Werkbank stehend, dachte er:

›Jetzt wird er mich verstehen. Ich will mich ihm näher anschließen – dann wird das andere ein Ende nehmen... So darf man nicht leben...‹

Es kam aber nicht dazu. Noch war keine Woche seit diesem Gespräch vergangen, da fand man Serdjukow im Gebüsch, in der Nähe der Ziegelei. Jemand hatte ihn grausam verprügelt; er kam für längere Zeit ins Krankenhaus.

»So ist das Leben!« sagte Pawel, in seinem Zimmer unruhig hin und her laufend. »Ach, er tut mir so leid, so leid! Du kannst es dir gar nicht vorstellen, Dascha! So ein prächtiger Mensch...«

Pawel setzte sich neben seine Frau und fuhr leise fort:

»Weißt du, kürzlich hat er mit mir über seine Frau gesprochen...«

»Der Halunke soll lieber den Mund halten über sie«, erwiderte Dascha mürrisch. »Ich weiß schon, weshalb man ihn verdroschen hat.«

»Erlaub mal, Dascha!«

»Du bist natürlich bereit, jeden Schuft in Schutz zu nehmen, wenn er zu deinen Genossen gehört!«

Mit strenger Stimme erklärte Pawel:

»Darja! Unter meinen Genossen gibt es keine Schufte!«

»Schrei mich nicht an!«

Sie wehrte ihn mit dem Ellbogen ab; trotzdem zog er sie an sich und erzählte ihr von Serdjukow. Anfangs hörte sie mit Interesse zu, dann aber stieß sie ihn empört von sich und fing an zu schimpfen:

»Ach, diese Mistkerle! Ja, wußte die Marja denn von seinem Techtelmechtel?«

»Laß dir nicht etwa einfallen, ihr etwas zu erzählen!« rief Pawel ängstlich.

»Doch! Ich sag's ihr! So wahr ich lebe, ich sag's ihr!« rief Dascha, behaglich schmunzelnd. »Nein, was die nicht alles ausknobeln mit dem vielen Denken und der ewigen Leserei! Das Mistvieh! Also seine Frau will er schonen, sie kriegt zu viele Kinder! Nein, so was! Pfui!«

Wenn sie in Zorn geriet, richtete sie sich immer kerzengerade auf und warf den Kopf zurück. Sie zog dann die Luft durch die Nase ein; ihre Nasenflügel blähten sich und zitterten wie die Nüstern eines Pferdes. Das alles ließ sie noch verführerischer erscheinen, zugleich aber stieß es Pawel ab, erregte in ihm den heißen Wunsch, es solle ihr etwas recht Böses zustoßen. Er hätte sie jetzt krank sehen mögen, elend und stumm vor Angst, oder bettelarm: sie würde in schmutzigen Lumpen durch die Straßen streichen, sich demütig verneigen, würde Serdjukows kluge, anstellige Frau um eine milde Gabe bitten und auch andere anbetteln, lauter Leute, die ihrem Herzen, das schwer und dunkel ist wie eine Eisenkugel, fernstehen, ihm fremd sind.

Am Sonnabend saß Pawel abends bei Lisa und sprach leise:

»So weit hat man die Menschen gebracht, daß ihnen sogar das Gute und Menschliche schmutzig vorkommt. Eine Schlinge hat sich um meine Seele gelegt, und ich weiß nicht, wie ich sie lösen soll! Ich liebe diese Frau, und auch meine Tochter liebe ich. Selbstverständlich liebe ich sie. Aber was kann meine Tochter von ihr lernen? Und ohne dich kann ich auch nicht leben, Lisa! Ach, du Mordwinenmädel, du hast eine gute Seele, du bist mir ein lieber Freund...«

Sie hörte ihm zu, senkte den Kopf und sprach ernst, leise, mit kargen Worten:

»Ich weiß nicht, was mit dir werden soll. Ich kann nichts ausdenken, womit ich dir helfen könnte...«

Schließlich dachte sie sich doch etwas aus.

Eines Abends wanderte Pawel, müde und schwer bedrückt durch einen Streit, den er eben mit Frau und Schwiegervater gehabt hatte, durch die stillen Straßen der Stadt, an Zäunen, fest verschlossenen Toren und dunklen

Fenstern vorbei, hinter denen sich die Frühlingsnacht vor dem kalten Mondlicht versteckte.

›Entweder – oder!‹ dachte er, bald ins Licht hinaustretend, bald wieder im Schatten der Bäume und Häuser verschwindend. ›Nein, hol der Teufel das alles! Jetzt heißt es wählen: ein Leben, wie ich es will, oder Liebe, wie sie sie will. Ich bin für das Leben... Genug!‹

Das Gehen fiel ihm schwer; es war, als blieben seine Füße in den dunklen Schatten stecken, wie in Flugsand oder in dickem Schlamm. Er ging auf die andere Seite der Straße hinüber, die vom bleichen Glanz des Mondes übergossen dalag.

Schon sank die Stadt widerstrebend in den unruhigen Schlummer einer Frühlingsnacht. Doch irrten auf der Straße noch dunkle menschliche Gestalten umher, als suchten sie etwas, wenn auch ohne Hoffnung, es zu finden. Im Sattel schwankend, kam ein schwarzer Reiter des Weges. Die Hufe des Pferdes schlugen blaue Funken aus den Pflastersteinen. Ein dicker Polizist führte einen langhaarigen Handwerker zur Wache.

Der Handwerker torkelte hin und her, drohte jemand mit der Faust und brummte wie eine Hummel:

»S-solls-st sch-schon s-sehn! Ich beweise es...«

Ein Postbeamter kam vorbei, ein schmächtiges Fräulein am Arm, und sprach im Vorbeigehen die seltsamen Worte:

»Offen ist's ja, aber nur ganz wenig. Keiner kann rein...«

Schläfrig kläffende Hunde steckten ihre Schnauzen unter den Torflügeln durch. Der Glöckner kündete langsam die Stunde: Nach jedem Schlag wartete er, bis der Ton in der blauen Luft zerflossen war, wie eine Träne in einem großen Kelch kalten Wassers.

»Zehn«, zählte Pawel.

Im Geiste sah er die kleine Mordwinin in ihrem grauen

Rock und der gelben spitzenbesetzten Bluse vor sich stehen. Sie hatte drei Blusen, alle gelb, aber von verschiedener Tönung. Und alle drei waren ihr zu kurz: Wenn sie die Arme hob, rutschte die Bluse aus dem Gürtel, und wenn sie sich bückte, war im Rücken das Hemd aus selbstgewebter derber Leinwand zu sehen. Und auch ihr Rock saß immer ganz schief.

›Schönes Haar hat sie‹, fiel ihm ein. Er fühlte das Bedürfnis, an Lisa etwas zu finden, was der Schönheit seiner Frau gleichkäme. ›Prachtvolles, weiches Haar! Und erst die Augen! Sehr lieb sind die...‹

In seinem Innern jedoch widersprach ihm jemand heftig: ›Aber die Knie sind spitz. Und auch die Schultern...‹

...Aus den Fenstern von Lisas Stube gähnte ihm dunkle Finsternis entgegen. Er preßte das Gesicht gegen die Scheibe und trommelte, wie er es immer getan, mit den Fingern einen Wirbel auf das Blechrohr der Luftklappe, an der die Drehscheibe fehlte.

Lange kam keine Antwort. Schließlich fragte eine fremde, schwache Stimme durchs Rohr:

»Was ist?«

»Ist Lisa zu Hause?«

Dumpf kam die Antwort:

»Die wohnt nicht mehr hier.«

»Wieso?«

»Ist fortgezogen.«

»Wann?«

»Vor vier Tagen. Gehn Sie, in Gottes Namen!«

»Einen Augenblick!« rief Pawel laut, den Oberkörper an die Mauer pressend. »Hat sie nichts für mich dagelassen?«

»Wie heißen Sie?«

»Makow. Pawel Dmitritsch Makow.«

»Es ist ein Brief da für Sie. Ich reiche ihn gleich durchs Fenster...«

Licht flammte auf und erlosch wieder.

Dann flammte es von neuem auf, und das Fenster sah jetzt aus wie ein großes, gelbes, kreuzförmig von einer dunklen Narbe durchschnittenes Gesicht.

Durch die Klappe wurde mit leisem Rascheln ein gefaltetes weißes Papier geschoben. Pawel griff danach, faltete es auseinander, hielt es an die Fensterscheibe und las die großen, ungleichen Buchstaben:

»Pawel Mitrisch verehrter guter Mensch ich habe sie sehr lieb aber das tut nicht gut weil sie doch eine Frau haben. Denn ich werde schon eifersüchtig auf ihre Frau und ich hasse sie aber das ist für dich auch schlecht deshalb verziehe ich unbekannt wohin Lisa.«

Er zerknüllte den Zettel in der Faust, strich ihn aber sofort wieder glatt und schaute noch einmal auf die ungelenken Schriftzeichen. Dann zerriß er das Papier in kleine Fetzen und lachte böse:

»Hat sich also doch was ausgedacht, die Hundefratze...«

Langsam ließ er die Fetzen auf den Erdboden flattern und schaute aufs Feld hinaus. Dort war es ebenso tot und leer wie in seiner Seele, die sich plötzlich zusammenkrampfte vor Angst.

»Das dumme Ding...!«

Dann wanderte er langsam, mit der Schulter an die Zäune stoßend, der Vorstadt zu, im Gehen wehmütig klagend:

»Ach, Lisa – wo bist du...?«

Ein toller Tag

Der Frühling ist über die Felder hingeschritten und hat dort blaue Spuren hinterlassen – Lachen geschmolzenen Schnees. Das Flüßchen Studenez hat er von seiner Eisdecke befreit, nun eilt es in raschem Lauf an dem Kirchdorf Tulungi vorbei. Seine kecken kleinen Wellen überschwemmen das schwarze ölige Ufer und spülen die dürren Stengel der Sonnenblumen weg. In dem trüben Wasser wirbeln struppige Wurzelstümpfe dahin.

Seinen warmen Atem aushauchend, jagt der Wind hinter dem Fluß einher; er bedeckt die Wasserfläche mit goldigem Gekräusel. Die Weidenbüsche, die da am Ufer schaukeln, schlagen aus; an manchen sind die Knospen schon aufgebrochen, gelben Faltern gleich, zittern die zarten Blätter in der Sonne.

Bläulicher Dunst liegt über dem Samt der schwarzen Felder, über den Silberflecken der Wassertümpel – der feuchte Brodem der auftauenden Erde. Der Erdkreis ist luftig und breit; behaglich ruht das Himmelszelt darüber. Über Dorf und Feld herrscht die Aprilsonne, der Himmel erstrahlt in leuchtenden Farben. Es ist Mittag, alles ist warm und freudig…

Jenseits des Flusses, am Berghang, leuchtet im Festtagsglanz das reiche Kirchdorf. An seinem einen Ende ragt der Glockenturm hoch; das vergoldete Kreuz scheint in dem tiefen Blau des Himmels dahinzuschmelzen. Am andern erhebt sich, einem mächtigen Speer gleich, das Minarett der Moschee. Weiße Tauben umflattern den Glockenturm, als hätte das freudige Geläut sich zu weißen Vögeln verwandelt. Im Dorfe ist es still und leer. Nur die Tauben sind da und das Glockengeläut. Die

Menschen sind einem in der Gegend sehr verehrten Muttergottesbilde entgegengeeilt; aus einem uralten Kloster, das dreißig Werst von Tulungi entfernt liegt, wird es heute nach der Stadt gebracht.

Drei hochgewachsene Tataren glätten schweigend mit ihren Schaufeln den zähen Erdboden – den breiten Weg, der zur Fähre hinabführt. Auf der Fähre selbst hantiert noch ein Tatar herum; er bricht mit einem Brecheisen morsche Bretter los, wobei ihn ein anderer Bursche, der die Fähre mit einem schmierigen Besen kehrt, beständig stört. Das Kommando über sie alle führt ein ruhiger, stattlicher junger Mensch, der ein lilafarbenes Schädelkäppchen trägt. Er hat ein sehr weißes Gesicht, große schwermütige Augen und kirschrote Lippen. Ich sitze auf einer Bank vor dem Tor des Wirtshauses und sehe behaglich zu, wie die Tataren lautlos und geschickt ihre Arbeit verrichten und wie die Tauben in der Luft flattern. Mir ist so wunderbar wohl ums Herz, als hätte ich selber das alles gemacht: die Sonne, den Himmel, die Erde und alles, was auf ihr ist. Es ist nicht schlecht gemacht, und ich freue mich im stillen darüber.

Das Wirtshaus gehört dem Ustin Sutyrin, einem Städter aus Temrjuk. Ustin ist ein kleiner, fixer Kerl, der in seiner unruhigen Geschäftigkeit irgendwie an ein Huhn erinnert. Ihm geht seine Schwester Marfa zur Hand, ein vollbusiges Weib mit spitzen Zähnen und verschmitzten Augen. Außerdem eine pockennarbige Magd, ein wahres Riesenweib, und ein ebenfalls riesengroßer, rotbärtiger Knecht, ein Tatar. Der Boden wankt unter den Tritten der beiden.

Alle sind sie schon seit Tagesanbruch bei der Arbeit. Sie haben gebacken, gekocht, geschimpft, haben auf der Straße vor den fünf Fenstern des lang dahingestreckten Hauses Tische aufgestellt. Ich bin gestern nachmittag hier angekommen und habe am Abend für Ustin eine giftige Eingabe an die Behörde aufgesetzt, eine Beschwerde über die Bauern, die ihm Öltreber gestohlen und ein Schwein abgestochen haben. Mein Geschreibe hat Sutyrin sehr gefallen. Besonderen Eindruck machten auf ihn die Worte: »Dieserhalb, und weiterhin in Betracht ziehend, daß ...«

»Das hast du fein gemacht!« sagte er ganz entzückt, mich mit seinen munteren Gauneraugen aufmerksam betrachtend. »Bleib morgen noch hier, Junge! Morgen wird's bei uns hoch hergehen. Die Himmelskönigin kommt vorbei. Das wird ein toller Tag ...«

Jetzt schwirrt Ustin barfuß, eine blaue Weste über dem roten Hemd, wie eine Bremse auf Hof und Straße umher, gibt Befehle und bringt alles in heillose Verwirrung.

»Jassan, bist du blind? Oder was sonst? Wie hast du die Sägeböcke hingestellt? Tausend Jahre könnt ihr alt werden, ihr Teufel, und doch... Darja, halt! Wohin mit der Waage? Wer hat's angeordnet?«

Vom Hofe her kommt gravitätisch wie ein Pfau Ustins Schwiegertochter Marja, eine Witwe mit großen, tiefblauen Augen. Ihr Mann ist vor zwei Jahren am Sankt-Nikolai-Tag von den Tataren auf dem Eise des Studenez im Faustkampf erschlagen worden. Die junge Frau hat ihren Sonntagsputz angelegt. Sie trägt eine blaue Jacke, einen gelben, grüngeblümten Rock, Schuhe aus Ziegenleder, deren Absätze mit Eisen beschlagen sind; um den blonden Kopf hat sie ein hochrotes Kopftuch geschlungen. Ustin bleibt das Wort in der Kehle stecken, er sieht sie mit offenem Munde an, als hätte er sie zum erstenmal erblickt, und brummt bewundernd:

»Hat die sich aber feingemacht!«

Dann brüllt er wie besessen: »Wo willst du hin, he?«

Sie schreitet stracks auf ihn zu und fragt mit ihrer volltönenden Stimme:

»Was willst du denn?«

»Ein toller Tag heute!« kreischt Ustin, wehrt sie mit einer Handbewegung ab und rennt in den Hof.

Der junge Tatar rückt seine Kappe zurecht und zieht einen ledernen Tabaksbeutel aus der Tasche. Marja hebt den Rock hoch, setzt sich neben mich und seufzt:

»Warm ist's heute!«

Wer ich bin, woher ich komme, wohin ich gehe – das hat sie sich schon gestern sagen lassen und weiß jetzt nichts mehr zu fragen. Sie sitzt da und holt tief Atem; ihre hohe Brust hebt und senkt sich gleichmäßig, die blauen Augen schielen zu dem Tataren hinüber. Der schmaucht seine kleine Pfeife und schaut sie an. Der Fluß plätschert freundlich, unsichtbare Lerchen trillern. Auf dem Hof dröhnt ununterbrochen der rauhe Baß von Ustins Schwester, dazwischen kreischt dessen eigene dünne Stimme. Mitten auf der schmutzigen Landstraße, auf einer grauen Insel trockenen Bodens, sitzt ein Hund, läßt die Zunge heraushängen und schaut in eine Pfütze wie in einen Spiegel. Es ist ihm sichtlich viel zu heiß in der Sonne, aber er ist zu faul, um fortzugehen. Die Stare pfeifen wie toll. Irgendwo, weit draußen vor dem Dorf, knallt die Peitsche eines Hirten, im Dorf weint mit dünner, hoher Stimme ein Kind. Leicht, als wäre es ein Kinderwagen, rollt Jassan einen Karren mit eisernem Gestell aus dem Hof, bedeckt ihn mit Brettern, breitet eine grobe Decke darüber, stellt die Deichseln hoch und befestigt die Waage daran.

Der junge Tatar sagt leise etwas zu ihm.

»Jok«, antwortet Jassan barsch.

»Die sagen ›jok‹, wo wir ›nein‹ sagen«, erklärt mir Marja und fragt den Knecht:

»Was will er?«

»Ich nicht wissen...«

»Du hast doch nein gesagt!«

»Du selber wissen...«

»Was ist los?« Als wäre er vom Dach herabgesprungen, steht Ustin plötzlich vor uns.

»Ich nichts wissen«, wiederholt Jassan.

»Tausend Jahre lebt ihr, Tatarenbrut, aber reden wie andere Menschen, das lernt ihr nie... Marja, was sitzt du da herum? Seine liebe Not hat man mit euch!«

»Nun, was ist?«

»Du solltest doch Zucker hacken...«

»Hab's schon besorgt...«

»Hab's schon besorgt... Hab's schon besorgt...«

Er äfft ihr nach und rennt fort, seine Füße klatschen über den feuchten Erdboden. Marja lacht und stößt mich in die Rippen.

»Eifersüchtig ist er!«

»Wirklich?«

»Ja, ich hab's nicht leicht!«

Dann seufzt sie und sagt:

»Der verdammte Kerl! Kein halbes Jahr war vergangen, seit er den Sohn beerdigt hatte, und schon sagt er zu mir: ›Wenn du bei mir leben willst, mußt du auch mit mir schlafen. Willst du's nicht, dann scher dich fort...‹ So ist er!«

»Ein Leckermaul! Nun, und Sie?«

»Und ich...?«

»Sie sind doch dageblieben?«

»Wo soll ich denn hingehen?«

»Zu Ihren Verwandten.«

»Ich bin Waise.«

»Oder in Dienst!«

»Aus einem reichen Hause? Das hätte mir gerade gefehlt...!«

»Wenn Sie sich nicht schämen, ist ja alles in Ordnung!«

»Na, was ist schon groß dabei? Was soll man sich schämen? Hier haben es alle mit den Schwiegertöchtern. Besonders bei den Kosaken. Die Soldatenweiber müssen alle den Schwiegervätern zu Willen sein...«

Der junge Tatar geht zur Fähre. Marja wird unruhig, rückt hin und her, ihr steifgestärktes Kattunkleid raschelt, das Haar riecht stark nach fauligem Fett. Sie hat wohl Pomade draufgeschmiert.

»Ein hübscher Bursche!« sage ich von dem Tataren.

»Welcher denn?« fragt sie, unschuldig tuend.

»Der, den Sie ansehen.«

»Ich sehe ihn ja gar nicht an. Was brauch ich den Heiden?«

»Sehen Sie immer nur das an, was Sie haben wollen?«

»Nun ja, das stimmt ja auch«, sagt sie nach kurzem Überlegen und schaut mir respektvoll ins Gesicht.

»Was es doch ausmacht, wenn einer was gelernt hat! Da versteht man schon zu reden!«

Fern am Steppenrand tauchen, eins nach dem andern, bunte Klümpchen auf; sie rollen langsam über den schwarzen Samt der Erde und verschwinden dann irgendwo in dem hellen Glanz der Pfützen. Die Tataren sind mit ihrer Arbeit fertig. Alle fünf stehen sie jetzt auf der Fähre. Der stattliche junge Mensch mit dem weißen Gesicht hat sich unmerklich näher an uns herangeschoben.

»Mustafa heißt er«, brummt Marja. »Er ist reich. Sein Vater hat eine Ölmühle. Sie handeln mit Öltrebern und kaufen Eier auf.«

»Ist er verheiratet?«

»Witwer ist er seit vorigem Jahr. Man hat ihn mit einem halbwüchsigen Mädel verheiratet, die ist in den Wochen gestorben.«

Sie verzieht die dicken Lippen zu einem Lächeln und sagt:

»Wenn er kein Tatar wäre ...«

»Was wäre dann?«

»Kannst's dir selber denken ...«

Sie ist rotbackig, wohlgenährt. Die Frühlingsluft berauscht sie, erfüllt sie mit heftigem Verlangen. Ihre blauen Augen schimmern feucht und schauen sehnsüchtig ins Weite. Der Frühling hat in diesem vollblütigen Körper starke Triebe entfacht. Marja schwelt in der Sonne wie ein nasses Scheit im Feuer. Ich spüre den trunkenen Taumel, der von ihr ausgeht. Es ist mir nicht sonderlich wohl in ihrer Nähe. Aber weggehen mag ich auch nicht. Sie klagt über die Hitze, löst langsam die widerstrebenden Haken ihrer Jacke, guckt auf ihre mit steifem Kattun gepanzerte Brust und fragt mich:

»Gibt es in deiner Gegend auch Tataren?«

»Gewiß!«

»Überall gibt es die. Aber Russen gibt es doch mehr?«

»Gewiß. Wieso fragen Sie danach?«

Sie antwortet finster:

»Eigentlich sollten doch alle den gleichen Glauben haben... dann gäb es weniger Scherereien...«

»Welcher Glaube gefällt Ihnen denn besser?«

»Unserer natürlich. Auch eine Frage!«

»Welcher denn?«

»Hab's ja schon gesagt. Unser Glaube... der christliche...«

Sie sieht mich zornig an und will mir anscheinend etwas Unangenehmes sagen. Plötzlich aber ändert sich der Ausdruck ihres Gesichts, und sie sagt mißmutig:

»Unser Glaube ist besser. Aber unsere Männer sind schlechter. Die Tataren trinken fast gar keinen Schnaps. Und sie prügeln ihre Frauen nicht.«

»Ja – aber die Vielweiberei?«

»Ach, so geil sind nur reiche Alte. Die Jungen selten.«

Sie schweigt eine Weile und denkt nach. Dann erklärt sie sehr entschieden:

»Für die Weiber ist das sehr unangenehm – das mit dem verschiedenen Glauben. Da gibt es Tataren, Mordwinen, Altgläubige, Sektierer...«

»Was ist denn weiter unangenehm dabei?«

»Uns Weibern macht das Scherereien...«

Sie schwieg wieder. Dann kam ihr ein neuer Gedanke:

»Man sagt doch, alle Menschen hätten den gleichen Gott!«

»So?«

»Die Menschen sind aber verschieden.«

»Nun – und was weiter?«

Sie brummt ärgerlich:

»Was weiter? Hör doch auf mit dem Gefrage!«

Der junge Tatar läuft am Ufer hin und her! Er blickt suchend zu Boden, als hätte er Geld verloren. Er läßt mich an ein Kalb denken, das mit einem unsichtbaren Strick an einen unsichtbaren Pflock gebunden ist.

Über die Felder kommen unzählige Menschen. Es ist, als sprössen sie aus der warmen, schwarzen Erde hervor. Wie die Wiesel aus ihren Höhlen tauchen sie plötzlich auf und wälzen sich in bunten, lockeren Haufen durch das Dorf. In der Ferne hinter ihnen blitzt in dem matten Blau des Himmels das Gold der Kirchenbanner; es ist, als strahlten am hellichten Tage die Sterne. Ein leises, vollklingendes Tosen geht über die Erde. Das Trillern der Lerchen wirkt dadurch noch munterer und das Glockengeläut noch fröhlicher.

Die Erde singt.

Ustin kommt gelaufen. Sein Haar ist mit Öl eingefettet, die Stiefel sind blitzblank geputzt. Auf seinem Bauch baumelt eine silberne Uhrkette, wie die Kutscher sie mit Vorliebe tragen. Die Augen mit der Hand beschattend, schaut er ins Feld hinaus und kreischt, aufs höchste erregt:

»Sie kommen! Marfa! Sie kommen! Marja, was sitzt du immer noch herum, hä? Jassan, wo steckst du? Ach, Herrgott...«

Er zittert am ganzen Leibe, es ist, als würde er gleich

davonfliegen. Von hinten rennt Jassan gegen ihn an. Der Knecht ist ganz kopfscheu und schreit aus Leibeskräften:

»Gewesen vier Gewicht zu Pud, geblieben drei. Wo du hinlegen, ich nicht wissen.«

»Nicht wissen...«, brüllt Ustin und stampft mit dem Fuß auf. »Ihr Teufelsbrut! Tausend Jahre lebt ihr... Da siehst du, Wandersmann... Seit tausend Jahren lebt das Tatarenvolk, und...«

Vom Hof her kommt ein schwarzer Hahn gelaufen, reckt sich, schlägt mit den Flügeln und kräht laut:

»Ki-ke-ri-ki!«

»Marja, jag ihn weg! Hier wird man ihn tottrampeln...«

»Jag ihn selber weg!«

»Wieso?«

»Soll ich auch am Feiertag keine Ruhe haben?«

»Ich fahr aus der Haut!«

Die Dorfbuben kugeln den Hang hinab, zur Fähre. Junge Mädel schreiten flink daher, die Röcke bis zu den Knien hochgeschürzt. Der fettig glänzende, an ihren Füßen klebende Schmutz gleicht schwarzen, blanken Stiefeln.

»O hochgebenedeite Mutter«, tönt es dumpf vom Felde herüber. Über den zottigen Köpfen der Menge schimmert dort im Sonnenschein, in blendender Helle, ein quadratisches Stück Gold. Vor dem Heiligenbilde reitet auf einem kotbespritzten Schimmel ein graubärtiger Polizist einher.

Eine lustige, rotbäckige Frau ruft laut:

»Onkel Ustin! In der Steppe, eine Werst von der Schlucht, liegt ein Toter. Er ist schon angefault!«

»Schrei nicht so, dummes Ding! Ist's jemand aus dem Dorf?«

»Was weiß ich?«

»Nun, Gott habe ihn selig... Was geht's uns an... O

Herrgott, heilige Himmelskönigin! Marja, geh an die Waage! Paß gut auf! Jassan, wo ist meine Schwester?«

Die tausendköpfige Menge rollt, einer dunklen Woge gleich, zum Fluß hinab, als wolle sie ihn stauen, und schiebt sich stoßend und lärmend auf die Fähre. Über den Köpfen der Menge schwankt das Heiligenbild, die Banner flattern, die Gewänder der Priester glitzern wie Gold in einem Stück schwarzen Erzes. Marja steht dicht neben mir. Sie bekreuzigt sich seufzend, ihre roten Lippen flüstern:

»Du Liebe, Teure, erlöse... erbarme... erhalte...«

Dann sagt sie in ganz sachlichem Ton zu mir:

»Bleib mit Jassan bei der Waage! Paß auf, daß die Gewichte nicht gestohlen werden. Ich muß auf einen Sprung fort. Bloß auf einen Sprung...«

Das Heiligenbild wird auf die Fähre getragen. Sie kommt ins Schwanken und stößt dann, im Schmuck bunter Stoffe und goldgestickter Banner prangend, vom Ufer.

»Ruhe!« schreit der Polizist. Und die Mönche, dick wie Karauschen, singen im Chor:

»O hochgepriesene Mutter...«

Rings um die Fähre schaukeln, die Stoffe und Banner widerspiegelnd, grellbunte Flecke. Auf der Straße rennt mit gespreizten Flügeln der schwarze Hahn umher. Die dicke Marfa ruft in lockendem Singsang: »Fladen und Krapfen! Kauft Fladen und Krapfen – mit Sirup und Honig...«

Hinter mir sagt jemand halblaut:

»Er liegt da, die Brust nach oben gekehrt. Der Kopf steckt bis an die Ohren in der Erde, der Mund steht weit offen. Furchtbar ist's anzusehen!«

»He!« schreit Ustin und packt mich an der Schulter. »Wo ist Marja?«

»Die wird wohl auf der Fähre sein.«

»Auf der Fähre?«

Er beschattet die Augen mit der Hand, späht nach dem Fluß hinüber und brummt:

»Heute ist ja ein toller Tag... Und darum...«

Die Pilger drängen sich um den Karren, auf dem Jassan und Marfa Brot, Brezeln, gebratenes Fleisch und Fladen feilbieten. Im Hof wird an langen Tischen Tee getrunken. Die Magd bedient die Gäste wortlos, als wäre sie stumm. Auf der Straße bläst ein blinder Greis mit einer Habichtsnase die Schalmei. Sein Führer, ein dunkelhaariger Knabe, singt munter:

»Ei, du liebe Schalmei, juchhe!
Ei, du lust'ge Schalmei, juchhe!«

Die Luft ist vom fröhlichen Rauschen des Frühlings erfüllt, sieghaft tönen die Stimmen der Mädchen und Frauen; keckes Lachen erklingt, muntere Scherzreden fließen dahin, fromm singen die Glocken, und über dem allen herrscht freudvoll die helle Sonne, die Ahnfrau der Menschen und Götter.

Die Sonne strahlt, als wolle sie freundlich mahnen:

»Alles sei euch verziehen, ihr Menschlein, ihr irdischen Kreaturen, alles sei euch vergeben, weil ihr so munter zu leben versteht!«

Es ist Abend.

Vom Flusse weht es kalt herüber. Trübäugiger Nebel steigt von den Feldern auf und zieht in dichten weißen Schwaden zum Dorf hin. Drüben am Rand der Steppe hat sich der orangefarbene Mühlstein, der Mond, am Himmel emporgewälzt. Das Abendrot spiegelt sich im Frühlingswasser. Der Tag ist auf goldenem Roß vorbeigesprengt, er hat in meiner Seele wohlige Müdigkeit hinterlassen, hat sie mit Freude gesättigt – ich habe die Stunden leicht und fröhlich vertrödelt. Schön ist es! Ich sitze mitten im Hof, auf dem Karren, übersatt und leicht angetrunken.

Sutyrin hat sich ins Stroh gelagert und spricht im Rausch:

»Die Bauern wollen mich verprügeln. Dich werden sie wohl auch verhauen. Sie haben schon die Stepacha, die Magd, gefragt: ›Wer hat euch die Bittschrift aufgesetzt?‹ Hörst du? Du solltest dich lieber auf den Weg machen. Heute abend noch...«

Ich schweige. Ich mag nicht weggehen.

»Schläfst du?«

»Nein.«

»Ein Glas können wir aber noch verdrücken!« prahlt Ustin und atmet geräuschvoll durch die Nase. »Die Halunken haben den Toten an unser Ufer gebracht. Sie hätten ihn doch ebensogut ans andere bringen können. Er gehört ins Dorf, neben das Gemeindehaus. Aber doch nicht hierher, neben meinen Hof!«

In der nassen Luft riecht es widerwärtig nach fauligem Fleisch. Im Dorf tanzen die Mädchen ihren Reigen. Man hört deutlich die kecken Worte des Liedes:

»Wer eine Witwe freit, dem blüht ewiges Leben!
Wer um eine Jungfrau freit, dem werden
die Sünden vergeben!«

»Ach!« seufzt Ustin. »Mir ist nicht ganz wohl...«

Er hatte sich, gleich nachdem das Heiligenbild zur Fähre gebracht worden war, schwer betrunken, dann seine Schwester verprügelt, weil sie aus dem Erlös zwei Rubel gestohlen hatte, und dem schwarzen Hahn den Hals umgedreht. Dann war er eingeschlafen. Gegen Abend war er erwacht und hatte, um sich aufzumuntern, wieder getrunken. Jetzt war er sehr unruhig.

»Hast du Marja nicht gesehen?«

»Nein.«

»Du lügst!«

»Wozu sollte ich denn lügen?«

»Ja, wie denn sonst? Ohne Lüge kommt man nicht durchs Leben. Ein Mensch ohne Lüge ist wie ein kahler Hahn, wie ein Hahn ohne Federn...«

Er überlegte eine Weile und erklärte dann:

»Kahle Hähne gibt es aber nicht. Das Weib hat mich verführt, die Marja... Bei Gott! Natürlich ist es Sünde. Aber sie ist verwitwet, und ich auch. Und ist so ganz anders als die andern alle! Einfach zum Sterben! Ich bin doch erst neunundvierzig... Ist sie nicht eine schöne Frau?«

»Das schon!«

»Das ist es eben! Teufel noch mal! Sie ist gewiß ins Dorf ausgerückt. Da ist so ein Tatarenbengel... Die Knochen müßte man ihm kaputtschlagen...«

Er sprang pfeilschnell vom Wagen herab und rannte struppig ungekämmt, Stroh im Haar, vom Hof zum Fluß. Ich folgte ihm, die Pfeife im Munde. Schon schaukelte er aber, flink mit den Rudern arbeitend, in einem kleinen Kahn, inmitten des Flusses.

Am Fährhäuschen, auf der nassen, festgestampften Erde, lag der Tote. Unter der Strohmatte sahen seine in ausgelatschten Bastschuhen steckenden Füße hervor und eine riesige Hand mit losgelöstem Daumen. Neben ihm saß, eine Pfeife rauchend, ein kleiner Alter, der einen Stock über die Knie gelegt hatte.

»Habt ihr nicht ausfindig gemacht, wer es ist?«

Der Alte schüttelte den Kopf und wies mit den Fingern auf seine Ohren. Er war wohl taubstumm. Die Fähre lag drüben am anderen Ufer. Kähne waren nicht da. Ich konnte also nicht ins Dorf gelangen.

Um von dem Toten wegzukommen, ging ich stromaufwärts, zu den Überresten einer vom Hochwasser zerstörten Brücke. An einer trockenen Stelle setzte ich mich unter das Buschwerk und grübelte über das Leben nach. Das Leben ist wirklich eine Freude, und es kann einem rechten Spaß machen, wenn niemand dir von außen her an die Kehle springt und wenn du innerlich mit allem rings um dich her in Freundschaft verbunden bist!

Drüben das Dorf feiert lärmend und jauchzend. Man hört deutlich, wie zwei Betrunkene ein Lied anzustimmen versuchen. Ein Mädchen lacht, daß es weithin schallt. Eine Ziehharmonika quietscht. Buben brüllen. Mir wird so wohl, daß ich am liebsten schlafen möchte.

Ein Nachen gleitet unbeholfen über den Fluß, wie wenn ein langer, schwarzer Fisch sich, mit dem Schwanz nach vorne, mühsam fortbewegt. Leise plätschert das Ruder, wenn es in das ölige Wasser hinabtaucht. Am Ufer angelangt, etwa zehn Schritte oberhalb der Stelle, an der ich sitze, verschwindet der Nachen im Gebüsch. Die nackten Zweige rascheln an den Planken, und ich höre Marjas mir wohlbekannte Stimme:

»Wo steckst du bloß so lange? Ich hab gewartet, gewartet...«

Jemand antwortet leise, unverständlich. Wieder erklingt Marjas Stimme:

»Ach, du Heide! Knutsch mich doch nicht so!«

Sie küssen sich schallend, daß es wohl drüben im Dorf zu hören ist.

»Ach, Mischenka! Ach, Liebster, du solltest mich fortbringen – irgendwohin weit fort von hier!«

›Armer Kerl!‹ denke ich bei mir; damit meine ich Mustafa, in der Annahme, Mischenka sei jemand anders. Da hör ich aber Marja sagen:

»Laß dich taufen, bitte, bitte!«

»Geht nicht.«

»Oder schlag meinen Alten tot, das Schwein!«

»Ist Sünde, totschlagen...«

»Ach was... und was du mit mir treibst – ist keine Sünde...?«

Es wird ganz still. Nur die von der Strömung bewegten Sträucher schlagen gegen den Kahn. Der Mond hat sich schwerfällig ein paar Meter über den Erdboden erhoben; er kommt aber nicht weiter und senkt sich wieder gegen die Steppe; er ist ebenso träge wie Marja.

»Und Marfa, die hat es doch mit Jassaschka. Bin ich denn schlechter als sie? Du bist auch nicht schlechter als er.«

Ein Fisch plumpst ins Wasser; dem dumpfen Tone nach muß es wohl ein Brachsen sein, die schlagen immer flach hin. Die Fähre kommt: Es ist, wie wenn sich drüben ein Stück vom Ufer losgelöst hätte und jetzt als Insel den Fluß versperrte. Im Dorf wird ein Hund geschlagen; er winselt verzweifelt und jämmerlich.

»Wenn man ihn loswerden könnte, wäre auch Marfa glücklich. Dann gehörte die Wirtschaft ihr.«

»Kommst Gefängnis. Kommst Kerker!«

»Ach, Mischa! Was sollen wir bloß tun?«

»Jassa-an«, ruft Sutyrin von der Fähre her.

Die beiden im Gebüsch werden unruhig. Sie tuscheln.

Ich lasse mich vom Mutwillen fortreißen und sage ganz laut:

»Habt keine Angst! Ich will ihn schon aufhalten!«

»Ach!« seufzt Marja erschrocken. Über den Sträuchern sehe ich einen weißen Fleck – ihr Gesicht.

»Der Wandersmann! Bist du's?«

»Ja!«

»Ach Gott, ach Gott!«

Ich gehe. Doch nach ein paar Schritten holt sie mich ein. Im Gehen knöpft sie ihre Jacke zu, streicht das Haar unter dem Kopftuch glatt und flüstert mir erregt zu:

»Nicht wahr, du wirst doch schweigen? Ich schenke

dir einen halben Rubel. Schweig, Lieber, ja? Du bist jung. Du mußt doch verstehen, was das für eine Sache ist... Wie?«

Ich beteuere, ich würde schweigen wie das Grab, füge aber hinzu:

»Konntest du kluge Frau dir denn keinen andern Platz aussuchen für solche Gespräche?«

»Ach, nun willst du mir noch ins Gewissen reden!« flüstert Marja und schmiegt sich an mich. »Gewiß, ich bin eine Sünderin. Aber du hast ja selber gesagt, er ist ein hübscher Junge! Und daß er ein Tatar ist... Der Sohn von unserm Popen, der Doktor, ist gar mit einer Französin verheiratet...«

»Ach was, davon rede ich gar nicht. Aber du hast ihn überreden wollen, deinen Schwiegervater umzubringen.«

»Wieso ist er mein Schwiegervater, wo ich doch keinen Mann habe?« fragt sie finster. Und plötzlich trägt sie mir an, als handle es sich um eine ganz alltägliche Arbeit:

»Vielleicht machst du das? Gibst ihm eins auf den Brägen? Hör mal: Was hättest du zu fürchten? Heute bist du hier und morgen weiß kein Mensch, wo du steckst! Ich würde mich schon erkenntlich zeigen! Und er auch. Er ist reich, weißt du! Nun?«

Ich schaue in ihr nettes Gesicht, dem die Natur so leuchtende Farben gegeben hat; ich blicke in ihre blauen Augen, die so groß und rund sind wie Puppenaugen. Ihre Schönheit erinnert an billige Buntdrucke und ist doch so rein, so stark und ruhig wie die von der Sonne erwärmte Frühlingserde...

»Ich geb mich mit solchen Dingen nicht ab.«

»Nur das eine Mal!« redet sie mir sanft zu. »Haust ihm eins auf den Brägen und gehst deiner Wege. Weiter nichts!«

»Das ist keine Arbeit für mich! Nein!«

»Ach Herrgott! Überleg dir's noch...«

»Marja!« kreischt Ustin Sutyrin. Seine Gestalt schwankt im Dunkel vor uns hin und her. Mit den Armen fuchtelnd, patscht er laut durch den Schmutz.

»Wer ist da? Der Wanderbursche? Aha... Was machst du hier? Schon gut, schon gut! Du bist von Nishni-Nowgorod, ich hab Vertrauen zu dir! Und dieserhalb... Schluß! Hol sie der...«

Er ist gehörig, doch nicht sinnlos betrunken; seine Stimmung ist draufgängerisch, er steht aber fest auf den Beinen.

»Eben hat mir Koska Bitschugin eine heruntergehauen. ›Du darfst uns nicht verklagen‹, hat er mich angeschrien. ›Du raubst uns aus, und wir verklagen dich auch nicht.‹ Du hast mich zu einer bösen Sache verleitet, Bursche. Ja! Das wird dir nicht ungestraft durchgehen, Bester. Sie werden's dir heimzahlen, Koska und Pjotr. Sie werden's dir schon richtig geben!«

»Erlaub mal«, sage ich. »Du hast mich ja selbst gebeten, die Bittschrift für dich aufzusetzen. Hast du mich darum gebeten? Ja oder nein?«

»Und wenn auch! Vor lauter Dummheit kann ich dich ja um weiß Gott was bitten. Du darfst aber nicht nachgeben. Wenn man dir was vorweint und dich bittet, dann greine mit. Aber gib nicht nach! Ist es so, Marja?«

Er legt Marja den Arm um die Schultern, zieht sie in den Schmutz, in die Mitte der Straße, und bittet: »Komm, laß uns singen. Los!«

Er schließt die Augen, wirft den Kopf hoch und stimmt mit dünner, schriller Tenorstimme an:

»Ach – und ach – und noch mal: ach!«

Marja legt die Hand auf seine Schulter, preßt den Kehlkopf vor und fällt sicher, mit angenehmer Altstimme, ein:

»Drüben auf dem Wege…«

»Richtig!«

»Durch das hohe Korn…«

»Sing mit, Nishegoroder! Den Tataren, denen trau ich nicht!«

»Ging ein junges Frauchen…«,

singt Marja,

»in einem bunten Kleid…«

Vor dem Tor des Wirtshauses steht Marfa, die Arme in die starken Hüften gestemmt. Sie sieht einem Riesensamowar ähnlich.

»Ach!« ruft sie. »Die treiben's toll heute…«

Im Dorfe wird geschrien, gepfiffen; eine Ziehharmonika kreischt; man hört jemand schwer auf den Erdboden stampfen, so wuchtig, daß es jenseits des schwarzen Flußlaufes widerhallt.

Hinter Marfas Schulter schmunzelt verlegen der rotbärtige Jassan.

»Meine Lieben«, schreit Ustin Sutyrin rührselig. »Ich liebe euch alle – bis ans Ende meines Lebens! Marja, sing weiter!«

»Doch hoch am Himmel – ach –
zieht golden hin der Mond…«,

singt Marja. Sie singt wirklich schön, so inbrünstig!

Draußen auf dem Felde, über den Nebeln, funkeln die Sterne. Der Mond berührt mit seinem Rand die schwarze Steppe; starr und leblos steht er da, als lausche er dem festtäglichen Getöse der lieben, sündigen Erde.

Sutyrin aber singt mit lauter Stimme, sich vor Begeisterung verhaspelnd:

»Und das junge Frauchen
kennt nicht Weg noch Steg …
Ach – ach!
Ach – ach!«

Der Führer

Es war uns, Doktor Polkanow und mir, langweilig geworden, den zweiten Tag auf dem heißen Ufersand der trägen Oka einherzuschreiten, an den dürftigen Rjasaner Feldern vorbei, in der für diese Jahreszeit allzu glühenden, mit Dürre drohenden Sonne der letzten Maitage.

Alle komplizierteren Fragen der Kultur und Zivilisation hatten wir schon gestern endgültig entschieden und festgestellt, daß der forschende Verstand des Menschen alle Knoten und Schlingen des sozialen Wirrsals entwirren, alle Rätsel des Daseins lösen, die Menschen aus dem Chaos des Unglücks, aus den finsteren Tiefen des Zweifels befreien und sie gottähnlich machen werde.

Doch als wir die Ränzel unseres Wissens geleert und unsere Weisheit in Worten wie bunte Blumen auf den Weg gestreut hatten, wurde uns das Wandern schwerer und langweiliger.

Gegen Mittag stießen wir auf einen Hirten; seine Herde am Fluß zusammentreibend, riet uns der kleine, dürre Mensch mit den roten struppigen Haarbüscheln in dem knochigen Gesicht:

»Ihr würdet besser quer durch den Wald gehen, dort ist's kühler; ein uralter Wald ist's, man nennt ihn den Muromer Forst; habt ihr ihn durchquert, so kommt ihr gerade bei Murom raus.«

Eine undurchdringliche blaue Mauer, ragte der Wald an die drei Werst vom Ufer entfernt empor. Wir dankten dem Hirten und schlugen den schmalen Pfad durch die Kornfelder ein; der Hirte ließ seine Peitsche knallen und rief uns nach:

»He, ihr werdet euch im Walde verirren! Geht erst ins

Dorf! Der alte Pjotr, der kennt sich aus im Walde, er wird euch für ein paar Kopeken, für zwei Zehner vielleicht, führen.«

Wir gingen ins Dorf: Etwa fünfzehn Häuser eng aneinandergeschmiegt am Abhang, über dem Bächlein, das eilig, wie erschrocken aus dem Walde hervorsprudelte.

Der stattliche weißbärtige Pjotr, dessen graue Augen unfroh dreinblickten, reparierte gerade ein Faß, indem er einen neuen Boden einsetzte; er hörte unser Anerbieten schweigend an, aber der dicke Bauer, der, eine Pfeife schmauchend, ihm bei der Arbeit zuschaute, sagte:

»Der wird euch sicher hinbringen – weit und breit gibt's keinen besseren Führer! Er kennt den Wald wie seinen eigenen Bart.«

Pjotrs Bart war weder lang noch dicht, er selber sah viel sauberer aus, als Bauern sonst auszusehen pflegen, recht gesetzt und ruhig. Er hatte ein gutes, sanftes und demütiges Gesicht.

»Nun, mir soll's recht sein«, sagte er und schob mit dem langen Fuß, der in einem Bastschuh steckte, das Faß beiseite. »Das kann ich schon. Gehen wir in Gottes Namen! Einen halben Rubel werdet ihr doch geben?«

Der dicke Bauer fiel ihm lebhaft, gleichsam erfreut ins Wort:

»Einen halben Rubel – viel zu billig, ich würd für einen halben nicht gehen, nein! Der Mann kennt den Wald. Er bringt euch noch vor Nacht nach Murom. Nimmst wohl den Fußweg?«

»Den Fußweg«, sagte Pjotr seufzend.

Wir gingen. Groß, straff, einen langen Krückstock in der Hand, ging Pjotr uns voran und schwieg, als wäre er überhaupt nicht da. Auf des Doktors Fragen gab er, ohne sich umzusehen, ruhig und knapp Antwort:

»Es geht. Wir sind's eben so gewohnt. Was soll man sagen? Natürlich, wir leben ziemlich arm.«

Als er sagte: »Ach die Ameise lebt, wie sie's gewohnt ist«, flammte Doktor Polkanow vor Entzücken auf. Er besann sich auf Wood, Lubbock und Brehm und sprach lange voller Begeisterung von dem geheimnisvollen Leben der Ameisen, von der schlichten Lebensweisheit des russischen Volkes und der beredten Präzision seiner Sprache.

Als wir den Wald betraten, nahm Pjotr seine Schirmmütze ab, bekreuzigte sich und erklärte:

»Nu, da ist er, der Wald, hier fängt er an.«

Erst folgten wir dem Fahrweg zwischen den mächtigen Fichtenstämmen, deren Wurzeln, den tiefen, von Wagenrädern zerfurchten Sand durchschneidend, launisch gewunden dalagen, wie graue tote Schlangen. Als wir ungefähr eine halbe Werst zurückgelegt hatten, blieb unser Führer stehen, blickte zum Himmel auf, klopfte mit seinem Stock gegen einen Baumstamm und bog schweigend in einen schmalen Pfad ein, der zwischen winzigen Tannen und unter den Nadeln kaum sichtbar war; trockene Tannzapfen knackten unter unseren Füßen und unterbrachen die feierliche Stille; sie glich dem Achtung gebietenden Schweigen eines uralten Tempels, in dem schon längst kein Gottesdienst mehr abgehalten wird, wo es aber immer noch anheimelnd nach Weihrauch und Wachs duftet. In dem grünlichen, hier und da von grellen Sonnenstrahlen durchdrungenen Dämmerlicht ragten die Bronzesäulen der Fichten empor, von goldenen Bändern umschlungen, von blaßgrünen Flechten, von grauem Moosgehänge umsponnen; zwischen ihren zottigen Tatzen schimmerten blau die Muster des samtenen Himmels hindurch.

Dann, als wir tiefer in den Wald eindrangen, schien es mir, als sei er plötzlich und wundersam lebendig geworden. Statt der sagenhaften Räuber, die in alten Zeiten hier gehaust hatten, pfiffen die Drosseln, unermüdlich schuppten die purpurroten Kreuzschnäbel die Fichtenzapfen mit ihren krummen Schnäbeln, wie eine graue Maus huschte der flinke Kleiber die Fichtenstämme empor, in gleichmäßigem Takt klopften die Spechte, hackten an der Baumrinde, Meisen zwitscherten geschäftig, rotbraune Eichhörnchen wippten mit buschigen Schwänzen durch die Luft, von Krone zu Krone. Und doch war es so still, daß selbst der Doktor spürte, in dieser Stille klängen auch die geistreichsten Worte unangebracht.

»Ein Hase«, sagte unser Führer und seufzte: »Ach...«

Ich hatte den Hasen nicht bemerkt. Der Pfad – wenn es überhaupt einer war – setzte mich durch seine Launenhaftigkeit in Staunen. Mitunter, dort, wo er schnurgerade hätte verlaufen sollen, wand er sich um einzelne Baumgruppen, dort aber, wo die Bäume voraus dicht, wie eine Mauer emporragten und Blaubeerbüsche an ihren Wurzeln wucherten, drang er mit einer Geradlinigkeit, die mir höchst überflüssig vorkam, zwischen den Fichtenstämmen hindurch und schnitt kaum sichtbar ins Dikkicht ein.

»Gleich kommt eine Schlucht«, sagte Pjotr ganz leise.

Ein paar Werst weiter fragte ich ihn:

»Wo ist denn die Schlucht?«

»Die ist wohl seitab geblieben«, sagte der Alte, blickte zum Himmel auf und fügte hinzu: »Jener Hase...«

Doktor Polkanow erkundigte sich:

»Haben wir uns auch nicht verirrt?«

»Wieso?« versetzte unser Führer.

Als es aber zu dunkeln begann und wir reichlich ermüdet waren, waren wir nicht mehr im Zweifel: wir hatten uns verirrt. Wieder machte der Doktor dem Alten eine höfliche Anspielung, der aber versicherte:

»Ich bin ja hier schon vierzigmal gegangen. Noch eine Werst lang, dann kommen wir zu einer Schneise, auf ihr kommen wir zu einer Brandstätte, um die gehen wir herum, dann geht's wieder in den Wald, und gleich danach sieht man schon Murom.«

So sprechend, schritt er unaufhaltsam weiter, wobei er mit dem Krückstock weit ausholend gleichsam den Weg maß; er wich vor Hindernissen zurück, die mir unsichtbar blieben, auf solche aber, die sich deutlich wahrnehmen ließen, gab er kaum acht. Die »eine Werst lang«, von der er gesprochen, dehnte sich wohl schon zu einer guten Stunde Wegs – Schneise und Brandstätte, vermutlich waren auch die »seitab geblieben«, wollten sich uns nicht zeigen. Endlich kamen wir an eine kleine Lichtung; silbern schwebte der Mond darüber, einen Haufen verkohlter Balken beleuchtend, aus denen der schwarze, geborstene Schornstein eines halbzerfallenen Ofens in die Höhe starrte. Das alles wirkte wie die sorgfältig und gewissenhaft ausgeführte Zeichnung eines talentlosen Künstlers.

»Hier bin ich schon öfters gewesen«, erklärte unser Führer, sich umschauend. »Ein Wächterhaus war's; der Waldhüter hat drin gewohnt... ein Säufer...«

»Wir haben uns verirrt«, sagte der Doktor unfroh, aber mit Nachdruck.

»Sieht danach aus«, gab der Alte zögernd zu, indem er die Mütze abnahm und zum Mond emporschaute.

»Der Hase hat uns vom Wege abgebracht«, klagte er. »Wir sind zu scharf nach links abgebogen. Am Tage kann man sich schwer zurechtfinden. Des Nachts weisen einem die Sterne den Weg, am Tage ist der Himmel leer.«

Er stocherte mit seinem Krückstock in den verkohlten Holzscheiten herum und fügte seufzend hinzu:

»Auf einer Glatze kann nicht einmal 'ne Laus hausen.«

Diese sonderbare Ergänzung kam mir ganz überflüssig vor. Wir beschlossen, Rast zu halten und uns zu stärken: Wir setzten uns auf die schwarzen, vom Regen polierten Balken; der fürsorgliche Doktor entnahm seinem Ränzel

Brot, Wurst, harte Eier, schraubte den Metallbecher vom Halse seiner Feldflasche ab, schenkte Kognak ein und reichte den Becher dem Alten hin:

»Auf das Wohl unseres Führers!«

Der Alte bekreuzigte sich gegen den Mond hin, leerte den Becher in einem Zug und sagte erstaunt:

»Ist das Zeug aber stark! Auf Weihrauch abgezogen – oder wie...?«

Dann kaute er bedächtig und eifrig an der Wurst und aß ein paar Eier; nach dem dritten Kognak wurde er redselig:

»Ich will's nicht verhehlen, ihr guten Herren, wir haben uns verirrt; wo wir jetzt hin sollen, weiß ich nicht. Ihr seht's ja selber, was für ein langweiliger Wald das ist: Fichten, nichts als Fichten, eine sieht grad so aus wie die andere. Ich will's euch geradeheraus sagen – ich mag diesen Wald nicht. Und wenn man mich in den Ruf gebracht hat, ich kennte mich hier im Walde aus wie kein anderer, so haben die Leute es vor lauter Mutwillen ausgedacht, aus Spottsucht und Zuchtlosigkeit. Eine Verleumdung ist's, so dünkt's mich! Und angefangen hat das alles mit einem Affen. Da hat einmal, wissen Sie, in der Nähe von Jelatma, in einem Landhaus eine Witwe ihre Sommerfrische verbracht; aus Moskau war sie; einen Affen hatte sie bei sich, und das verdammte Biest ist ihr eines Tages davongelaufen. Sie verstehen ja, so ein Waldtier sieht die Bäume, denkt: Herrschaften, hat man mich doch wieder nach Australien zurückgebracht. Und – schwang sich durchs Fenster, hinein in den Wald, die Witwe aber weinte dem Vieh nach und zeterte: Wer's zurückbringt, kriegt zehn Rubel. Das ist schon lange her, an die dreißig Jahre, zu jener Zeit galten zehn Rubel soviel wie eine Kuh, von einem lumpigen Affen schon gar nicht zu reden. Ich erbot mich also, wie mancher andere auch, den Affen zu fangen. Vier Tage und Nächte war ich hinter ihm her. Hartnäckig war ich, und auch die Not trieb mich an. Wie weit ich den Wald abgelaufen bin, weiß ich nicht mehr, reichlich hundert Werst werden's gewesen sein. Das Biest von einem Affen hatte ich bald aufgespürt, ich also immer ihm nach und lockte: Pst... pst... Maschka, Maschka. Das Tier hat seine Mucken, flitzt von Baum zu Baum, schneidet mir Fratzen, neckt mich, kreischt wie ein junger Fuchs. Die Vögel hatten's ihm angetan, dem Mistvieh, den Vögeln jagte es nach, nu, ein russischer Vogel läßt sich doch natürlich nicht von einem Affen fangen. So hartnäckig ich auch war, wurde mir das doch über, und auch der Hunger plagte mich; Beeren allein machen nicht satt, und dabei Tag und Nacht hinter dem Affen her – das ist kein Spaß! Zu Gott habe ich gebetet: Laß das Biest doch sterben. Na, schließlich machte auch der Affe schlapp, ich erwischte das Luder, wie es auf einem niederen Ast saß, und warf mit einem Knüppel nach ihm: Er stürzte wirklich, kroch noch ein Stück, ich wagte nicht, ihn anzufassen, schlug noch einmal zu, und da plärrte er und – aus war's. Auch gut, der Geier soll dich holen, dachte ich; packte ihn und brachte ihn nach Hause. Mit der Gnädigen bin ich ja nicht zurechtgekommen: Statt der zehn Rubel hat sie mir ganze siebzig Kopeken gegeben. ›Ein krepiertes Tier kann ich nicht brauchen‹, sagte sie. Für mich aber hat von da an ein Leidensweg begonnen: Wird eine Kirche ausgeraubt, gleich nimmt man mich beim Wickel: Geh, Pjotruscha, such die Diebe, du kennst dich doch im Walde aus. Ist jemand durchgebrannt, wird ein Pferd gestohlen – gleich muß ich ran: Such! Jäger kamen – wer sie begleitet, bin ich. So geht's Sommer und Winter. Ja... Ich habe aber doch eine Wirtschaft. Immer muß ich mit: Der Kreisamtmann, der Kreishauptmann – alle schreien sie mich an: ›Du kennst nun einmal den Wald, alter Schelm!‹ Schließlich brachten sie mich so weit, daß ich mir selbst einbildete, mich wirklich im Walde auszukennen. Ich gehe schneidig voran, bin ich aber mittendrin, merke ich: keinen Dunst hab ich! Aber es den Leuten zu gestehen, daß ich mich nicht auskenne, wage ich nicht. Es läßt sich nicht aufzählen, wieviel Menschen ich hier herumgeführt habe. Da war so ein Gelehrter aus Moskau gekommen, dem wurde ich als Begleiter beigegeben, um ihm alles zu zeigen. Und er, dieser Gelehrte, machte mir beinahe soviel zu schaffen wie der Affe, obschon er ein gesetzter Mann war, mit einem Bart. Er geht und geht, aber was er eigentlich wollte, konnte ich nicht herausbekommen. Riecht an den Gräsern und brummelt was. Fast bis zum Dorfe Karatscharowo, wo Ilją Muromez geboren ist, habe ich ihn hingeführt, drei Tage sind wir umhergeirrt. Und geschimpft hat er. Ich aber hätte ihm, entschuldigen Sie, am liebsten eins über den Schädel gehauen, so hatte ich ihn über. Nein, ich kann diesen Wald ganz und gar nicht leiden, nichts als Verdruß hat er mir gebracht.«

Er betrachtete feindselig den schwarzen Ring der Bäume, darin wir wie in einer Grube saßen, und fuhr in seiner schnurrigen Erzählung fort:

»Zudem bin ich ja von Jugend auf kurzsichtig: In der Ferne kann ich wohl alles gut unterscheiden, aber nahebei ist nichts als Nebel. Aus Scham schieb ich dann alles auf die Hasen, als hätten mich die Hasen vom Wege abgebracht.«

Ein wenig angetrunken, lächelte er uns mit seinen grauen Augen freundlich an und sagte, während er ein Ei schälte, mit bedächtigem Kopfschütteln:

»Den Hasen muß ich wohl Abbitte tun.«

Der Spaßvogel

Einem gelben Atlasfetzen gleich schwimmt in dem grünlichen Wasser des Meeres eine kleine Sandbank; vor ihr – nach Süden zu – dehnt sich endlos eine glasige Fläche, hinter ihr – ein Streifen blendendhellen Wassers, weiter hin – die niedrigen kupferfarbenen Hügel des Strandes; auf den Hügeln verstreut das dürftige Gestrüpp irgendwelcher unbekannter Reiser; und noch weiter, inmitten des glühenden Sandes, die schmutziggrauen Kleckse der Fischereigebäude.

Der Tag ist so klar, daß man sogar von hier, von der Sandbank aus, sieht, wie drüben, eine Werst weiter, auf den Hügeln die Fischschuppen in silbernen Funken aufsprühen.

Es ist heiß wie in einem Backofen; die Möwen, von der Schwüle erschlafft, sehen aus wie Hühner; die Schnäbel weit aufgesperrt, watscheln sie über den Sand, träge die krummen Flügel streckend, und nur von Zeit zu Zeit stoßen sie einen heiseren Laut aus. Kaum hörbar rauscht und plätschert das Wasser, die Sandbank mit kurzen Wellen beleckend.

Es ist still wie nach einem großen Unglück – still und öde.

Vor Hitze vergehend, die farblosen Augen geschlossen, liegt der Fischer Barinow lang hingestreckt im feuchten Sand, träge, mir mit knarrender Stimme erzählend:

»Alle Länder habe ich mit meinen Gedanken durchwandert, alle Meere habe ich durchschwommen; alle Sünden habe ich in meinen Gedanken ausgekostet...«

Ich höre zu – glaube ihm aber nicht. Er ist ein schüchterner Mensch, den Leuten gegenüber ein Kriecher, und wenn er mit dem Betriebsleiter spricht, schlottern ihm die Knie, seine Stimme schnappt über vor lauter Unterwürfigkeit. Er ist ein Kerl, faul wie ein Büffel, in einem fort räsonierend und außerordentlich behaart; sein flaches, stupsnasiges Gesicht ist mit einer Maske sandfarbenen Wollhaars überzogen, aus den Nasenlöchern, die breit sind wie die eines Kamels, und auch aus den Ohren lugen rötliche Haarstoppeln, die nackte, von Sonnenbrand kupferfarbene Brust ist zottig wie die eines Bären, selbst auf seinen Fingern wuchern dichte Haarbüschel. Er hat krumme Schneiderbeine, seine Arme sind ebenso lang und dick wie die Beine – es müßte für ihn sehr bequem sein, auf allen vieren zu laufen.

Aber er ist ein sehr gutmütiges, sehr friedliches Tier; wenn ihn die Kameraden wegen seiner Faulheit und wegen seines Maulaffen-Feilhaltens verprügeln, bettelt er nur, wie ein Faß unter ihren Füßen rollend, ohne böse zu werden und ohne zu klagen:

»Nun aber genug, Brüder, wirklich! Habt mich verprügelt, nun reicht es...«

Um seinen kahlen Kopf windet sich straff ein rotes Tuch; von weitem sieht es aus, als wäre sein Schädel ohne Haut.

»Aber im Leben – da bin ich ein leerer Mensch«, sagt er aufrichtig, ohne sich darum zu kümmern, ob ich ihm zuhöre. »Leer bin ich wie eine Schellentrommel; rührt man mich – antworte ich, rührt man mich nicht – schweige ich...«

Es scheint, als phantasiere er, auch ich bin wie im Halbschlaf. Über uns der tiefblaue Himmel, um uns das grünliche Meer, geradeso als sei Himmel auch unter uns. Und wir beide, auf dem atlasfarbenen Stück der Sandbank – hängen in einer bodenlosen Leere wie auf dem fliegenden Teppich. Doch der Zauberteppich bewegt sich nicht. Und auch in unserer Seele regt sich nichts.

Anderthalb Werst vor uns liegt eine ebensolche Sandbank wie unsere; man würde sie in der Masse flüssigen, heißglitzernden Glases kaum unterscheiden, aber über sie hin schreitet eine dunkle Gestalt, geradeso als schwebe sie in der Luft. Das ist unser Kamerad, irgendein Orientale, ein Perser oder ein Armenier aus Persien. Sein Name ist Iset. Russisch spricht er kaum, aber er versteht vortrefflich alles, was man ihm befiehlt – ein sehr brauchbarer Mensch.

Man hat uns drei vom Betrieb aus auf die Sandbank geschickt, um die dort am Morgen zurückgelassenen Geräte abzuholen, aber Barinow und ich waren zu faul gewesen, in der Hitze so weit zu rudern; wir machten es uns auf der nächsten Sandbank bequem und trugen Iset auf, die Geräte zu holen; willig, wie ein ruhiges Pferd, ruderte er los.

»Ich habe fünfundvierzig Jahre auf dem Buckel«, phantasiert Barinow weiter, sich reckend. »Ich habe von dem vielen schon so vieles gesehen, daß es für manchen Gouverneur ausreichen würde. Aber frage du mich – wozu das alles, ich werde dir das nicht sagen können. Ein einziger Wirrwarr. Aber du redest – das Volk...«

Nichts findet das Auge in dieser glitzernden Leere, woran es haften könnte; das Gehirn zerfließt in ihr wie eine Strähne weißen Schaumes auf dem warmen Wasser des Meeres. Nichts ist, woran zu denken lohnte...

Barinow? – Das, was er redet, habe ich von ihm und auch von anderen schon gehört. Alle diese Grübeleien über das Leben ertöten das Leben nur, erregen im Herzen Verdruß und Gram.

Wenn man, die Augen schließend, einige Minuten unbeweglich daliegt, so beginnt man mit Unbehagen in jedem Muskel, in jeder Faser des Körpers ein Aufquellen und Zerfließen zu empfinden, und es ist, als versänke man in eine heiße bodenlose Schlucht. So mag sich wohl ein Stückchen aufgegangener Teig fühlen, das man in einen Kessel heißen Wassers geworfen hat.

Den grauen Hals gebläht, kreischt eine alte Möwe mit widerwärtiger Stimme; zwei ihrer Freundinnen schielen mit bösen Augen zu ihr hinüber und fliegen, schwerfällig ihre Flügel ausbreitend, langsam übers Meer hinaus – wie zwei Seidenfetzen schleifen ihre Flügel über das Wasser.

Drüben, in der Luft, über dem Wasser plagt sich der dicke, rundliche Iset mit einem Faß, das er zum Boot hinrollt.

»Bei uns im Dorf gab es einen Schreiber Kolobaschkin«, erzählt Barinow vor sich hin, »eine Seele von einem Menschen, bloß: ein wüster Säufer. Und er pflegte uns öfters zu sagen: Alle müssen das gleiche Leben führen. Prügelt euch untereinander, sagte er, recht oft, Bauern, wenn ihr euch alle so durchgebleut habt, daß einer sich vor dem andern schämt, dann werdet ihr besser zusammenhalten. Man muß, sagte er, einer für den andern leben, wenn auch in Schande, aber doch einträchtig. Bleibt aber jedes Gräupchen für sich allein, wirst du nie Brei kochen. Schau doch mal, wer kommt da?«

Er schaut zum Ufer hinüber, die Augen mit der behaarten Tatze beschattend – am Ufer entlang, direkt am Wasser, geht schwankenden Schrittes irgendein Mensch und tritt mit seinen Füßen die Funken der Fischschuppen aus.

»Die Furt sucht er. Ruf mal, er soll mehr nach rechts halten, dann schafft er es...«

Ich schweige, ich mag nicht rufen, und auch Barinow schweigt. Es wird immer schwüler; die warme, salzige Luft ist schwer und feucht, man kann kaum atmen. Die Lippen sind salzig, man möchte trinken, doch die Feldflasche mit Süßwasser liegt im Boot. Im Meere, an der Sandbank, blitzen silberne Heringe auf, sie gleichen Spiegelbildern flügelloser Vögel, die in der Luft schwimmen; unwillkürlich schaut man in die Höhe, wo in der blauen Schwüle die unbewegliche Sonne schmilzt.

Der Mann hat den Weg zu uns gefunden – zu der schmalen Sandmähne, die die Frühlingsstürme angeschwemmt haben; diese Mähne ist wie ein lateinisches S gebogen, ihr äußerstes Ende bildet das Inselchen, darauf wir liegen. An ihrem niedrigsten Teil steht das Wasser nur bis zur Schulter hoch.

»Keiner von den Unsrigen«, sagt Barinow.

Ich glaube ihm, er hat ein scharfes Seemannsauge.

Der Mann stieg ins Wasser und arbeitete sich langsam vorwärts, die Ellbogen hoch erhoben, mit jedem Schritt tiefer hineingehend, das Wasser in lächerlicher Weise mit seinem Bauch furchend.

»Ein Perser«, erklärt Barinow.

Ich sehe über dem Wasser ein dunkles, glattrasiertes Gesicht, einen grauen, kurzgeschnittenen Schnurrbart, weiße, zu einem Lächeln gebleckte Zähne. Der Mann trägt eine Filzkappe, die einem Lehmtopf gleicht, über seiner Schulter hängt eine blaue Hose. Seine Jacke ist ebenfalls blau, darunter trägt er ein weißes Hemd, das über der Brust offensteht. Das Wasser wird seichter, aus ihm steigen kupferfarbene Beine, die in der Sonne aufleuchten.

»Gutten Tag!« ruft er schon von weitem und nickt immer wieder mit dem runden Kopf.

»Das ist ein Lustiger«, bemerkt Barinow lächelnd. »Diese Perser sind alle so, ein lustiges Volk, gutmütige Burschen. Reichlich dumm sind sie, dümmer als Kinder. Einen Perser übers Ohr zu hauen – nichts leichter als das...!«

Der Mann hatte das Trockene erreicht, zog die Hosen an, schob, eine bläuliche, rasierte Stirn entblößend, die Kappe in den Nacken und kam auf uns zu.

»Gutten Tag! Gutten Tag!«

Er war hager und dürr, das schwarze Gesicht war dicht von feinen Falten durchfurcht; lustig leuchten zwischen ihnen im bläulichen Schmelz der Augen die goldig schimmernden Pupillen; die Augen sind groß, mandelförmig. In seiner Jugend mußte er sehr schön gewesen sein. Geschmeidig die langen Beine unterschlagend, hockte er sich geschickt nieder und fragte:

»Tabbak hast?«

Er zog aus dem Hemdlatz einen wohlriechenden Tabakbeutel, eine schwarze Pfeife und reichte beides Barinow hin.

Dieser nahm das Dargebotene gnädig an und fragte, die Pfeife mit dem faserigen, feuchten Tabak stopfend:

»Warum ist der Perser hergekommen?!«

Der Mann schaute zu, wie Barinow die Pfeife mit dem Daumen stopfte, lächelte und nahm sie ihm weg.

»So Sie nicht werden rauchen.«

Er klopfte den Tabak aus der Pfeife und reichte sie, nachdem er sie aufs neue gestopft hatte, Barinow hin.

»Nun werden rauchen.«

»Perser arbeitet hier?«

»Arbeiten«, nickte der Gast mit dem Kopf. »Meine Arbeit sein ritsch.«

»Ich sage ja – 's ist ein Lustiger«, meinte Barinow, gleichfalls schmunzelnd.

Der Perser blickte auf das Meer, wo Iset an dem Boot hantierte, und fragte, mit der Hand nach ihm deutend:

»Dieser – wer sein?«

»Einer von euch, so wie du.«

»Von Meinige«, sagte halb fragend, halb zustimmend der Perser.

»Iset heißt er.«

Der Perser schüttelte verneinend den Kopf.

»Er heißen Hassan.«

»Meinetwegen.«

»Mir ein Freind...«

»Freund? So...«

Barinow rauchte eifrig und ungeschickt – schluckte ganze Wolken von Rauch und blies sie dann in langen blauen Streifen in die Luft.

Der Perser beobachtete ihn lächelnd und summte leise ein sonderbares Lied vor sich hin, seltsamerweise in einem fort den rechten Arm beugend und streckend... Die Stille ringsum wurde immer undurchdringlicher.

»Ein würziger Tabak, aber stark«, murmelte Barinow, mich aus verglasten Augen anblickend. »Ist mir sogar zu Kopf gestiegen...« Er streckte sich lang auf den Rücken aus und schloß die Augen.

Einige Minuten saß der Perser unbeweglich da, als schliefe er, nur in den zusammengekniffenen Augen sprühten goldene Funken. Dann runzelte er das Gesicht, rieb es kräftig mit den Händen, blickte auf die hohlen Handflächen wie in ein aufgeschlagenes Buch, bewegte die Lippen und rieb sich von neuem das Gesicht.

Plötzlich begann er, den Kopf zurückgeworfen, den Adamsapfel vorgepreßt, zu heulen – nicht laut, doch mit sehr hoher, beinahe weiblicher Stimme:

»Ai, jai, jai-ai-jai!«

»Was du bloß angibst«, sagte im Halbschlaf Barinow, der Sonne den Rücken zuwendend; aber der Perser heulte, die Knie mit den Armen umschlingend, wiegte sich hin und her und erfüllte die Stille mit seinem Geheul.

Drüben, auf der Sandbank, stieß Iset, bis an die Knie im Wasser watend, das Boot vom Sand – als der Perser zu heulen begann, schwenkte er den Arm, richtete sich auf und blickte, die Augen mit dem Ellbogen beschattend, zu uns herüber.

Der Perser stieß mich mit der Schulter an und sagte:

»Er hören!«

Und die Zähne fletschend, fügte er fröhlich hinzu:

»Er werden – ritsch!«

»Was ist denn das: ritsch?«

»Solches«, sagte der Perser, verdrehte die Augen unter der Stirn und schnaubte wie ein Pferd.

Es war zum Lachen.

Iset blickte zu uns herüber, dann stieß er ohne Hast das Boot ins Wasser, kletterte am Heck hinein – man sah, wie das Boot auf dem glatten, mit der Luft ineinanderfließenden Wasser schaukelte.

Wieder stimmte der Perser, die Augen zusammenkneifend, leise sein heulendes Lied an; er sang es mit kehliger Stimme, mit unvermittelt hohen, kreischenden, sich überschlagenden Tönen dazwischen, die den trägen Fluß des Liedes launisch unterbrachen. Dieser Gesang steigerte die glühende Öde des leeren Tages noch mehr; nichts anrührend, niemanden störend, schwammen die Töne und Worte mir fremd dahin, wie ein Schwarm kleiner Fische. Es war, als klänge dieses Lied schon lange in der Stille, als hätte es schon immer in ihr geklungen, die Melodie war nicht zu fassen und entglitt, allen Anstrengungen zum Trotz, immer wieder dem Gedächtnis. In der leuchtenden Leere zuckte das Boot über das Wasser hin wie ein plumper Fisch mit schmalen, langen Flossen; ganz sachte hob und senkte Iset die Riemen.

»Was singst du da, wovon?« fragte ich den Perser, als ich seines Geheuls überdrüssig war.

Er verstummte sofort, fletschte die Zähne und begann bereitwillig zu erzählen.

»So einen lustigen Lied – Tasnif, mir Lied nennen so – Tasnif!«

Weiter reichte sein Wortschatz nicht, er schloß die Augen, wiegte sich hin und her und begann von neuem zu heulen:

»Ai – jai – jai-ai-i! Ich müssen fahren Farsista-an!«

Er unterbrach sich, zwinkerte mir zu und schwatzte:

»Müssen – nicht müssen – wer das wissen? Allah wissen, Mensch nicht wissen! Junger Frau zu Haus geblibben: anderen Mann genommen – nicht genommen – wer wissen? Sage, guter Dschin, welcher mein Freund sein, meiner Frau neuer Mann? So wir singen unseren Tasnif. Schaitan spaßen, Menschlein weinen…«

Barinow reckte sich und sagte mißbilligend: »Alle ihre Lieder handeln nur von Weibern, was anderes haben sie nicht im Kopf, Hunde…«

Der Perser fuhr in seiner Rede fort, lustig und lebhaft mit den Augen blitzend, mir unbekannte Worte mit seinem gebrochenen Russisch mischend.

»Müssen fahren Farsistan – nicht müssen fahren? Ich werden trinken Wein, werden Freund betrügen, alle Menschen betrügen – das sein unser Tasnif! Zu Haus sein Mensch klug, auf Reisen – dumm!«

Er lachte auf und rieb sich kräftig die Hände; plötzlich verfinsterte sich sein Gesicht, er versank in tiefes Nachdenken und starrte unbeweglich in den glitzernden Spiegel des Meeres. Auch ich verlor mich in Gedanken, seine Worte in ein schlichtes Liedchen fassend:

Ich will gute Geschäfte machen…
Ich muß, ach, nach Farsistan!
Oh, sag, mein guter Dschin,
was will der list'ge Schaitan,
was hat er Böses im Sinn?

Ich hab ein schönes, junges Weib,
das kost und singt und lacht –
ich aber muß reisen nach Farsistan!
Oh, sag, mein guter Dschin,
wer mich zum Hahnrei gemacht?

Zwei Freunde habe ich –
sie werden mir sehr fehlen!
Ich aber muß reisen nach Farsistan!
Oh, sag, mein guter Dschin,
wer wird mich zuerst bestehlen?

Ich bin ein ruhiger Mann,
der weite Weg ist mir unbekannt...
Wie soll ich reisen nach Farsistan?
Oh, sag, mein guter Dschin,
was soll ich denn dort im fremden Land?

Schick ich nicht besser zum Schaitan
Geschäfte, Freunde und mein Weib?
Fahr lieber nicht nach Farsistan!
Betrüge sie selber alle, und dann
trinke ich mich voll mit süßem Wein.

Das Boot ist inzwischen dicht an die Sandbank herangekommen, ich sehe das runde, rote Gesicht des mürrischen Iset; er sitzt kerzengerade im Boot und rudert, ohne den Rücken zu beugen. Der Perser erhob sich geschmeidig, faßte mit der Hand in seinen Brustlatz und ging leichten Schrittes dem Boot entgegen.

»Nun, für uns ist's auch Zeit, loszufahren«, sagte Barinow und reckte sich, daß die Knochen krachten. »Na, warten wir noch ein Weilchen – mögen die Freunde erst eins schwatzen...«

Iset sprang aus dem Boot ins Wasser und watete gebückt, die Hände auf dem Rücken verschränkt, ans Ufer. Plötzlich hockte sich der Perser auf den Boden nieder. Da blieb Iset einen Augenblick lang stehen, rückte die Mütze zurecht, fuhr mit der Hand übers Gesicht und duckte sich – den Schweiß von den Fingern abschüttelnd – gleichfalls sonderbar nieder.

»Halt, halt, ihr Teufel!« brüllte Barinow erschrocken, sprang auf die Füße und warf mir hastig zu:

»Raufen wollen sie, die Lumpen! Hallo, ihr – das gibt's nicht! Sie haben ja Messer!«

In der Tat blitzten in den Händen der beiden Freunde, gleich lebendigen Heringen, schmale, lange Messer auf. Auf dem Boden hockend, wie Auerhähne auf der Balz, hüpften sie von einem Bein aufs andere. Barinow blickte erschrocken um sich und murmelte: »Schade, daß kein Stock da ist – man müßte ihnen eins überziehen!«

Plötzlich sprang der Perser behend vor – Iset ächzte laut auf, fuchtelte mit den Armen in der Luft und fiel hintenüber.

»Wohin? Sie schlachten sich ab!« schrie Barinow, als er mich zum Boot laufen sah. Der Perser kniete am Ufer und steckte mit der linken Hand sein Messer in den Sand, zog es heraus, rieb es am Saum seiner Jacke ab und steckte es wieder in den Sand.

»Was hast du getan?« fragte ich.

Er antwortete, die Zähne bleckend und das Messer mit den Fingern streichelnd:

»Ich den Hund schon lange suchen.«

An seinem rechten Arm rieselte Blut herab, fiel in schweren Tropfen auf den Sand und versickerte, rostbraune Flecken hinterlassend.

Iset lag auf dem Rücken, die Beine im Wasser, die Wange fest an den feuchten Sand gedrückt. Sein Gesicht war grau angelaufen, die trüben Augen starrten auf die gespreizten Finger der weit zurückgeworfenen Hand und auf das Messer daneben. Die andere Hand hatte sich im Sand festgekrampft, die wulstigen Lippen waren trotzig aufgeworfen.

»Herze getroffen«, sagte der Perser und blinzelte mir zu: »Ritsch!«

Barinow schlich sich vorsichtig in einem Bogen zum Boot hin, kletterte hinein und rief:

»Fahren wir, zum Teufel!«

Als ich das Boot ins Wasser gestoßen hatte und in die Ruder griff, beugte er sich über das Heck und schrie grimmig:

»Warte, du Schurke, dich kriegen wir noch, du Räuber…«

Noch immer am Boden knieend, nickte uns der Perser lustig zu; plötzlich rief er gellend:

»Lebet wohl!«

Er streifte das Hemd und die Jacke von der Schulter und entblößte seinen langen Arm, rot bis an die Schulter – er leuchtete hell in der Sonne auf, als wäre er aus blutfarbenem Metall geschmiedet.

Ringsumher aber ist alles wieder wie ein Traum…

Feuer!

In einer dunklen Februarnacht trat ich auf den Oscharskiplatz hinaus – und sah, wie aus der Dachluke eines Hauses eine Flamme emporschlug. Wie ein aufgerauhter Fuchsschwanz wedelte sie in der von dichtem, ganz langsam, wie unwillig fallendem Schnee gefleckten Luft.

Das Feuer war ein aufregend schöner Anblick. Es war, als sei aus der lauwarmen, feuchten Finsternis heraus ein rotes Tier durchs Fenster unter das Hausdach gesprungen, hätte sich dort geduckt und nage an irgend etwas herum; man hörte ein trockenes Knacken, so wie Vogelknöchelchen zwischen den Zähnen knacken.

Ich schaute den Fuchsschlichen des Feuers zu und sagte mir: Du müßtest doch eigentlich an die Fenster klopfen, die Leute wecken, laut »Feuer!« brüllen. Aber ich mochte weder schreien noch mich überhaupt vom Fleck rühren; ich stand da und beobachtete wie behext das rasche Wachsen der Flamme. Oben auf dem Dachfirst schimmerten schon Hahnenfedern, die höchsten Zweige der Bäume im Garten leuchteten goldrot, und auf dem Platz wurde es immer heller.

»Ich muß aber doch endlich die Leute wecken«, sagte ich wieder zu mir selbst und schaute doch weiter schweigend zu, bis ich plötzlich mitten auf dem Platz eine menschliche Gestalt erblickte. Da stand ein Mann, dicht an die geschmacklose gußeiserne Säule des Springbrunnens gelehnt, so daß er für das Auge beinahe mit ihr verschmolz. Ich ging auf ihn zu. Es war der Nachtwächter Lukitsch, ein gutmütiger, alter Kerl.

»Was stehst du da und tust nichts? So pfeife doch und wecke die Leute!«

Ohne den Blick vom Feuer zu wenden, antwortete er mit schläfriger oder auch trunkener Stimme: »Sofort...«

Ich wußte, daß er ein nüchterner Mensch war, und doch gewahrte ich in seinen Augen ein trunkenes Lächeln des Genusses und wunderte mich nicht weiter, als er halblaut, stotternd, zu murmeln anfing:

»Sieh nur, wie schlau das Feuer ist! Wie? Sieh doch, wie geschickt es die Sache anfängt! Wie es frißt und immer weiterfrißt! Diese Kraft! Und eben noch schaute nur ein ganz kleines Feuerzünglein beim Schornstein heraus, nicht größer als ein Meißel, und gleich fing's an, zu meißeln und zu bohren. Wie interessant so ein Feuer doch ist, o Gott...«

Dann schob er, leicht hin und her schwankend, seine Alarmpfeife in den Mund, und ohrenzerreißende Töne gellten über den leeren Platz; er hob die Hand, und seine Klapper dröhnte hastig. Aber seine Augen schauten unverwandt in die Höhe: Dort über dem Dach wirbelten rote und weiße Schneeflocken, ballte sich schwarzer, schwerer Rauch zu einer Riesenkappe.

Lukitsch brummte und lachte sich dabei in den Bart:

»Ach, du Räuber... So, jetzt wollen wir die Leute wecken... Also los...«

Wir rannten auf dem Platz umher, trommelten an Fenster und Türen und brüllten:

»Feu-er!«

Ich hatte in meinem Innersten das Gefühl, daß ich zwar energisch vorging, jedoch in meinem Handeln nicht ganz aufrichtig war.

Lukitsch aber klopfte an ein paar Fenster, lief dann zurück bis in die Mitte des Platzes, reckte den Hals hoch in die Luft und brüllte mit sichtlicher innerer Befriedigung:

»Feu-er, Feu-er...!«

...Groß ist die Verzückung, darein uns die Zauberkraft des Feuers versetzen kann. Ich habe oft beobachtet, wie selbstvergessen sich die Menschen dem geheimnisvollen Reiz des bösen Spiels dieser Naturgewalt unterwerfen; auch ich selbst kann mich ihrer Macht nicht ganz entziehen. Irgendwo auf freiem Felde oder im Walde ein Feuer anfachen zu können, ist für mich immer ein Hochgenuß, und ich kann tagelang, ohne des Anblicks überdrüssig zu werden, Feuer betrachten, ebenso wie ich tagelang Musik anhören kann.

Feuer am Sujetinski-Sjesd in Nishni-Nowgorod! Die Häuser am Rande des schmalen Hohlweges stehen in hellen Flammen; die Schlucht, die einen Lehmberg durchschneidet, fällt steil von der Oberstadt zur Unterstadt, zur Wolga ab. Die Feuerwehr kann wegen der Schwierigkeiten des Geländes nicht bis an die eigentliche Brandstelle vordringen. Spritzen und Wassertonnen stehen am Hang, Schläuche sind die Schlucht entlang nach oben gespannt, von der Höhe aber fallen brennende Holzscheite und schwelende Balken herab. Dichtgedrängt stehen die Neugierigen auf der gegenüberliegenden Seite des Abhangs, von wo sich ein großartiger Überblick über die Brandstelle bietet; ein paar Dutzend Menschen aber haben sich unten postiert, wo die Feuerwehrleute sie barsch anfahren und wo die den Abhang herabkollernden Balken ihnen leicht Arme und Beine brechen können.

Um sehen zu können, wie das Feuer dort oben das morsche Holz der alten Häuser verzehrt, müssen diese Leute sich die Hälse verrenken; Asche weht ihnen in die Gesichter, Funken sprühen und versengen ihre Haut. Aber das kümmert sie nicht, sie lärmen, lachen, schreien, springen den Balken aus dem Wege, die ihnen vor die Füße rollen, kriechen auf allen vieren an dem der Brandstelle gegenüberliegenden steilen Hang empor und hüpfen wie schwarze Klumpen wieder herab. Besonderen

Spaß macht dieses Spiel einem gesetzten Herrn in elegantem Paletot, mit einem Panamahut auf dem Kopf und blankgewichsten Stiefeln an den Füßen. Sein Gesicht ist rund und wohlgenährt, er hat einen großen Schnurrbart, hält einen Spazierstock mit goldenem Knauf am unteren Ende in der Hand und schwenkt ihn wie einen Feldherrnstab. Dazu brüllt er, wenn er vor einem von der Höhe herabsausenden Balken ausreißt, in tiefem Baß:

»Hurraa!«

Die Umstehenden feuern ihn durch Zurufe an, über seinem Kopf wirbelt funkelnd der goldene Knauf seines Stockes, die Krempe des schönen Panamahutes hat schon längst häßliche schwarze Flecke von verkohlten Holzstückchen, wie eine schwarze Schlange windet sich unter seinem Kinn die entknotete Krawatte, doch der Mann scheint nicht zu sehen und zu hören: Mit dem Wagemut eines kecken Bengels wartet er, bis ein glühender Balken heransaust, den Leuten dicht vor die Füße – um dann erst, und zwar als letzter, Reißaus zu nehmen. Das glückt ihm auch jedesmal: Trotz seiner Größe und Schwere ist er leichtfüßig. Fast hätte ihn eben ein Balken getroffen, aber ein gewandter Sprung nach hinten – und die Gefahr ist vorbei.

»Hurraa!«

Ein paarmal springt er sogar nach vorn, über einen herankollernden Balken hinweg. Ein paar Damen unter den Zuschauern auf der Höhe klatschen ihm laut Beifall. Oben steht eine ganze Menge buntgekleideter Frauen: Einige schützen sich mit geöffneten Schirmen vor dem roten Funkenregen.

Ich dachte bei mir: Sicherlich ist dieser Mensch verliebt und will der Dame seines Herzens seine Gewandtheit und Unerschrockenheit, diese Kerntugenden des Mannes, beweisen.

»Hurra!« brüllt er wieder.

Der Hut ist ihm tief in den Nacken gerutscht, das Gesicht ist hochrot angelaufen, und um den Hals weht immer noch als schwarzes Band die breite Krawatte.

Mit ohrenbetäubendem Geschrei, das gefräßige Knattern des Feuers übertönend, reißen oben die Feuerwehrleute, mächtige Stangen ansetzend, mehrere Balken zugleich heraus, die dann qualmend, glühende Kohlen um sich sprühend, in plumpen Sätzen den Hang hinabkollern. Je weiter sie hinabrollen, desto rascher werden ihre ungefügen Bewegungen, bis sie schließlich, mit den Enden um sich schlagend, einer über den andern stürzend, auf das Kopfpflaster niederknallen.

»Hurra!« brüllt wie wahnsinnig der Mann im Panamahut, schwenkt seinen Stock und springt über den ersten Balken. Da trifft ihn das träge schwingende Ende des nächsten an den Beinen. Der Mann wirft die Arme hoch, sinkt zu Boden – da fährt die brennende, dem Kopf einer feurigen Schlange gleichende Spitze des dritten, riesigen Balkens ihm in die Seite.

Ein wilder Schrei der gaffenden Menge... Schon ziehen die Feuerwehrleute den übermütigen Menschen an den Beinen rasch zurück und schleppen ihn fort. Zwischen den glühenden, qualmenden Balken auf dem Pflaster liegt nur noch der schöne Panamahut, jetzt regt er sich leise, schrumpft zusammen, und dann lodert plötzlich mit raschem Stoß, orangefarben, eine lustige Flamme aus ihm empor...

Im Jahre 1896 brannte in Nishni-Nowgorod das Arbeitshaus. Im Untergeschoß war Werg in Brand geraten, das Feuer hatte schnell die eiserne Treppe zum ersten Stock in Glut gesetzt und oben die alten Arbeiterinnen gepackt, die alle – ich glaube, es waren ihrer über zwanzig – in dem harzigen Rauch erstickten und jämmerlich verbrannten.

Ich kam erst gegen Ende des Feuers zur Brandstelle. Das Dach war eingestürzt, in dem riesigen Backsteinkasten mit den eisernen Gittern vor den Fenstern kochten und brodelten wild die Flammen, dicken, fetten Qualm ausstoßend. Durch die glühenden Gitter an den Fenstern drang der Rauch in besonders schweren, schwarzen Schwaden ins Freie; er stieg nicht allzu hoch über der Brandstelle auf, legte sich auf die Dächer und ließ sich als stickiger Nebel in die Straßen niedersinken.

Neben mir stand der berüchtigte Hausbesitzer Kapiton Syssojew, trotz seiner fünfzig Jahre und seines ausschweifenden, lasterhaften Lebenswandels ein kraftstrotzender, stämmiger Mensch.

In seinem glattrasierten Gesicht mit den starken Bakkenknochen funkelten schmale, unruhige, tiefliegende Augen. Seine Kleidung war nachlässig und saß schlecht, als wäre sie nicht für ihn gearbeitet; sein Wesen hatte etwas ausgesprochen Abstoßendes, und er schien sich dessen bewußt zu sein, denn er schaute den Leuten herausfordernd, ja unverschämt ins Gesicht.

Dem Wüten des Feuers sah er zu mit dem Blick eines Menschen, für den alles im Leben, auch das Leben selbst, nichts weiter ist als ein Schauspiel. Er machte zynische Bemerkungen über die »gebratenen alten Vetteln« und redete davon, wie schön es doch wäre, wenn man alle alten Weiber auf einmal verbrennen könnte. Doch schien ihn irgend etwas zu beunruhigen: Alle Augenblicke schob er die Hand in die Manteltasche, zog sie wieder heraus, fuchtelte eigentümlich damit herum, griff wieder in die Tasche und warf argwöhnische Blicke auf die Umstehenden. Dann bemerkte ich plötzlich zwischen seinen Fingern ein kleines Päckchen Papier, sorgsam mit schwarzem Garn umschnürt, das er ein paarmal auf der flachen Hand hochwarf und plötzlich, sehr geschickt zielend, quer über die Straße ins Feuer schleuderte.

»Was werfen Sie denn da ins Feuer?«

»Das ist so ein alter Aberglaube«, antwortete er und zwinkerte mir befriedigt zu mit einem breiten Grinsen.

»Was für einer denn?«

»Nein, das sage ich Ihnen lieber doch nicht.«

Etwa vierzehn Tage darauf traf ich ihn beim Advokaten Wenski, der als Zyniker und Wüstling galt, dabei aber ein hochgebildeter Mann war. Der Hausherr hatte stark getrunken und war auf dem Sofa eingeschlafen. Ich erinnerte mich jener Begegnung auf der Brandstelle und bat Syssojew, mir von seinem Aberglauben zu erzählen. Er schlürfte Benediktiner mit Kognak; dieses Gebräu hatte seine Ohren stark anschwellen und blau anlaufen lassen. In scherzhaftem Ton begann er zu erzählen, doch ich merkte bald, daß er diesen Ton nur mit vieler Mühe beibehielt.

»Also... ich habe damals meine eigenen Fingernägel ins Feuer geworfen, abgeschnittene Fingernägel... Das finden Sie gewiß höchst lächerlich, nicht wahr? Stellen Sie sich vor, seit meinem neunzehnten Lebensjahr bewahre ich meine abgeschnittenen Nägel auf und sammle sie, bis es irgendwo Feuer gibt, und dann werfe ich sie in die Flammen. Ich wickle sie mit einigen Fünfern zusammen in Papier und werfe sie in die Flammen! Weshalb ich das tue? Ja, da fängt eben der Unsinn an...

Als ich neunzehn Jahre alt war, ging es mir dauernd schlecht. Ich war in eine für mich unerreichbare Frau verliebt, meine sämtlichen Stiefel waren zerrissen, ich hatte kein Geld, konnte die Kollegiengelder in der Universität nicht mehr bezahlen; das alles hatte mich in tiefsten Pessimismus gestürzt, so daß ich endlich den Entschluß faßte, mich zu vergiften. Ich verschaffte mir Zyankali, ging dann auf den Strastnoj-Boulevard, wo ich hinter dem Kloster eine Lieblingsbank hatte, setzte mich hin und dachte: Lebe wohl, Moskau, lebe wohl, Leben –

hol euch allesamt der Teufel! Da plötzlich bemerkte ich, daß neben mir ein dickes altes Weib saß, schwarz, mit buschigen, zusammengewachsenen Augenbrauen: eine Fratze von geradezu abschreckender Häßlichkeit. Sie starrte mich an, wortlos, mit weit aufgerissenen Augen, bedrückend.

›Was wünschen Sie von mir?‹

›Gib mir deine linke Hand, Student‹, sagte sie, aber wissen Sie, so barsch, direkt befehlend...«

Der Erzähler warf einen Blick auf unseren schnarchenden Wirt, sah sich argwöhnisch im Zimmer um, starrte besonders angelegentlich nach dem dunklen Winkel hinüber und fuhr mit leiser Stimme fort, ohne sich noch weiter Mühe zu geben, seinen gezwungen lustigen Ton beizubehalten.

»Ich reichte ihr meine Hand, und – auf Ehre – ich fühlte den Druck des Blickes ihrer Glotzaugen auf meiner Haut. Sie betrachtete die Hand prüfend und sagte schließlich:

›Du bist verdammt, zu leben‹ – ja, so sagte sie: ›verdammt, zu leben‹ –, ›du bist verdammt, lange, leicht und gut zu leben!‹

Ich entgegnete ihr, daß ich an all den Schwindel, die Prophezeiungen und Zauberei, nicht glaube.

Aber sie antwortete nur:

›Deshalb ist dein Leben jetzt auch so trübselig, deshalb geht es dir so jämmerlich. Mach nur mal den Versuch, zu glauben...‹

Lachend fragte ich:

›Wie kann man denn versuchen, zu glauben?‹

›Also höre zu. Schneide dir die Fingernägel und wirf das Abgeschnittene in fremdes Feuer! Aber wohlgemerkt – in fremdes Feuer!‹

›Was heißt: fremdes Feuer?‹

›Ja, verstehst du denn nicht? Also zum Beispiel, wenn

an einem kalten Tag auf der Straße ein Feuer angezündet wird oder wenn irgendwo ein Haus brennt oder wenn du bei jemand zu Gaste bist und man heizt gerade den Ofen ...‹

War es nun, weil ich damals im Grunde genommen gar nicht sterben wollte – denn wir sterben immer nur gezwungen, auch dann, wenn wir uns einbilden, es geschähe aus freien Stücken –, oder hatte die Alte doch irgendeine unklare Hoffnung in mir zu wecken verstanden, kurzum, ich schob den geplanten Selbstmord einstweilen noch auf. Wieder zu Hause angelangt, schnitt ich mir sofort die Nägel und wickelte die abgeschnittenen Stückchen in Papier... ich wollte den Zauber doch mal versuchen. Es war noch keine Woche vergangen, da brach eines Morgens gegenüber dem Hause, in dem ich damals wohnte, auf der Bronnaja, Feuer aus. Ich band einen alten Eisennagel an das Päckchen mit meinen Nägeln und warf es dann ins Feuer. So, dachte ich mir, das Opfer ist dargebracht, jetzt wollen wir sehen, wie sich die Götter dafür erkenntlich zeigen werden. Unter meinen Bekannten war ein Mathematiker, der glänzend Billard spielte und mich jedesmal schlug, als wäre ich ein Blinder. An ihm wollte ich die Kraft des Zaubers erproben und forderte ihn denn auch zu einer Partie auf. Er fragte mich nachlässig: ›Wieviel soll ich vorgeben?‹ – ›Gar nichts, nicht eine Null!‹ – Sie können sich wohl vorstellen, wie mir zumute war, als ich ihn dann wirklich geschlagen hatte. Ich entsinne mich noch genau, die Füße wankten mir vor Freude, mir war, als hätte man mich mit dem Lebenselixier des Märchens besprengt. Alle Wetter, dachte ich, wie soll ich das nun auffassen? Ob das wirklich nur ein zufälliges Zusammentreffen sein mag?

Jetzt ging ich zu meiner bisher unerreichbaren Schönen. Wer weiß, dachte ich, vielleicht siege ich hier auch. Und ich siegte wirklich, und zwar so erstaunlich leicht, daß ich ganz verdutzt war, jawohl, daß ich sogar den Schlaf darüber verlor. Sollte das wieder nur zufälliges Zusammentreffen sein? Ich lebte zwischen zwei Feuern: meiner ersten tollen Liebe und der Angst. Nächtens sah ich jenes Weib: Sie stand immer irgendwo im Winkel, schaute mich mit ihrem schweren Blick gebieterisch an und bewegte schweigend die Brauen. Ich erzählte meiner Geliebten die Geschichte. Sie war, wie alle Schauspielerinnen, und schlechte ganz besonders, sehr abergläubisch; sie regte sich entsetzlich auf, jammerte und lag mir dauernd in den Ohren: ›Schneide dir doch ja die Nägel, und achte auf Brände.‹ Ich schnitt mir denn auch die Nägel und hob sie auf, wiewohl ich keinen Augenblick vergaß, daß das alles doch nur dummes Zeug war und es sich bei der ganzen Sache vielleicht nur darum handelte, daß ein Mensch, der den Glauben an sich selbst verloren hat, eben an irgendeinen finstern Blödsinn glauben muß. Aber meine Furcht ließ sich durch diese Erwägung nicht besiegen. Ich sammelte einen ordentlichen Vorrat an abgeschnittenen Nägeln, warf sie ins Feuer, und wieder ging's, als hätte der Teufel seine Hand im Spiel. Ein paar Tage darauf kam ein glatzköpfiger Kerl zu mir, eine Aktentasche unterm Arm, und kündete mir folgendes an: ›In Nishni-Nowgorod ist eine ledige Großtante von Ihnen gestorben, und Sie sind Universalerbe!‹ Niemals hatte ich auch nur ein Sterbenswörtchen von dieser Tante gehört; überhaupt war ich nicht gerade mit Verwandten gesegnet, und die paar, von denen ich wußte, hatten alle nichts. Eigentlich waren ihrer überhaupt nur zwei: mein Großvater mütterlicherseits, im Armenhaus, und ein kinderreicher Onkel, Gefängnisdirektor von Beruf, den ich niemals gesehen hatte. Ich fragte den Glatzkopf: ›Sind Sie etwa der Teufel in Person?‹ Der nahm das aber übel. ›Nein‹, sagte er, ›ich bin Rechtsanwalt und ein alter Freund Ihrer Tante.‹ – ›Sind Sie etwa von der Alten hergeschickt?‹ fragte ich wieder. – ›Nun ja, natürlich, von wem denn sonst – sie war ja siebenundfünfzig Jahre alt!‹ Ich warf ihm einen beinahe haßerfüllten Blick zu und verwahrte mich: ›Ich bin aber nicht in der Lage, Sie für Ihre Bemühungen zu entschädigen.‹ – ›Sie können ja bezahlen, wenn Sie die Erbschaft angetreten haben.‹ Ein ekelhafter alter Kerl war's, so aufdringlich und aufgeblasen, offenbar verachtete er mich aus tiefster Seele. Er brachte mich also hierher, und so wurde ich Hausbesitzer. Ich weiß nicht, weshalb ich mir ausgerechnet eingebildet hatte, ich würde ein Holzhaus mit drei Fenstern Front bekommen, dazu fünfhundert Rubel und eine Kuh. Es stellte sich aber heraus, daß mir zwei Häuser mit Läden, Lagerräumen, Mietern und so weiter zugefallen waren. Ich lebte im Überfluß. Aber es war mir nicht so recht geheuer dabei; über meinem Leben waltete ein fremder, geheimnisvoller Wille, und immer mehr entwikkelte sich in mir so ein ganz besonderes Verhältnis zu Seiner Erlaucht dem Feuer, etwa wie das Verhältnis eines Wilden zu einem Wesen, das die Macht besitzt, zu beglücken oder zu vernichten. Nein, dachte ich, hol mich der Teufel, das paßt mir nicht, nein! Und ich legte es darauf an, meine Reichtümer in Rauch und Asche zu verwandeln; wie ein Hund zerrte ich an meiner Kette und fing an, liederlich zu leben. Aber meine Nägel schnitt ich auch weiter, hob sie sorgsam auf und besuchte Brandstellen, um sie in ›fremdes Feuer‹ zu werfen. Ich kann Ihnen nicht recht sagen, weshalb ich das damals tat und ob ich an die Zauberei glaubte; aber jene Weibsperson konnte ich nicht vergessen und habe sie bis heute nicht vergessen, obwohl sie doch jetzt hoffentlich längst tot ist. Ich unterlag immer wieder der unheimlichen Neugier: Wie hängt das alles eigentlich zusammen? Ich habe die Universität aufgegeben, führe ein anstößiges Leben, eine innere Unruhe veranlaßt mich dauernd zu allerhand Unfug, ich stelle auf jede Art die Langmut der Polizei auf die Probe, setzte ständig meine Gesundheit, das Wohlwollen des Schicksals aufs Spiel. Und immer läuft alles gut ab! Aber ich habe doch stets das Gefühl, daß plötzlich jemand erscheinen und sagen wird: ›Bitte gefälligst, es ist soweit!‹ Jemand wird kommen und wird mich abführen – wohin, das weiß ich nicht, ich warte eben. Ich fing an, Swedenborg zu lesen, Jakob Böhme, du Prel, aber das ist doch alles nur Unsinn! Reiner Unsinn! Ärgern könnte man sich geradezu darüber! Aber dann wache ich des Nachts auf – und warte... Worauf ich warte? Na, so überhaupt... Denn wenn der Teufel einmal die Hand im Spiel gehabt hat, weshalb dann auch nicht zum zweitenmal? Schlimmer als damals – oder besser? Ganz ohne mein Zutun gelingt mir alles. Ich wundere mich nur, daß ich nicht verrückt werde. Ich bin ein reicher Junggeselle, die Frauen haben mich gern, im Kartenspiel habe ich saumäßiges Glück. Und unter meinen Freunden ist kein einziger Halunke, kein Spitzbube: Sie sind zwar alle Säufer, aber anständige Menschen. So habe ich es bis zu vierzig Jahren gebracht, und in diesem Alter muß jeder Mann eine Art Krise durchmachen, als wäre dies etwas Obligates. Und so wartete ich denn auf meine Krise.

In Kiew, auf der Messe, bekam ich Streit mit einem großtuerischen Polacken, der mich dann forderte. Aha, dachte ich, jetzt ist die Krise da! Einen Tag bevor das Duell stattfinden sollte, brach in der Unterstadt ein Feuer aus; ein paar jüdische Budiken brannten. Ich fuhr zur Brandstätte, warf meine Nägel ins Feuer und wünschte mir in Gedanken, am nächsten Tag totgeschossen oder wenigstens ernstlich verwundet zu werden. Am Abend des gleichen Tages machte aber mein Pole einen Spazierritt, sein Gaul scheute, warf ihn ab, er brach sich den rechten Arm und erlitt eine schwere Kopfverletzung. Sein Sekundant teilte mir das mit. Ich fragte ihn, wie sich das zugetragen habe. ›Ein altes Weib hat sich vor das Pferd geworfen.‹ Ein altes Weib! Hol's der Teufel, schon wieder ein altes Weib! Ist das nun noch mal ein zufälliges Zusammentreffen, beim Satan?

Damals, zum ersten und einzigen Mal in meinem Leben, bekam ich einen tollen Nervenanfall, und man schaffte mich nach Sachsen, in ein Sanatorium im Gebirge. Da habe ich denn alles dem Professor erzählt. ›Oh‹, sagte der tüchtige Deutsche, ›das ist ja ein hochinteressanter Fall!‹ Und der Fall bekam seinen lateinischen Namen, genauso wie ein seltenes Insekt. Ich erhielt Duschen und mußte zwei Monate lang in den Bergen herumlaufen, aber alle diese Spaziergänge nutzten mir nichts. Ich fühlte mich hundeelend und wartete sehnsüchtig auf neue Brände... Verstehen Sie mich? Ich hatte Sehnsucht... Nach ›fremdem Feuer‹... Und sammelte abgeschnittene Fingernägel. Innerlich lachte ich mich ja selbst aus, denn natürlich ist das alles Quatsch und Quark. Meine Häuser waren schon mit Hypotheken belastet, und das Geld wurde immer knapper... Was wird wohl jetzt kommen, überlegte ich so bei mir. Ich ging auf Reisen. Nürnberg, Augsburg... Alles langweilte mich. Einmal, als ich in der Halle meines Hotels saß, warf ich meine Fingernägel in den Kamin. Am nächsten Tage, spät in der Nacht, ich lag schon im Bett, klopfte es an meine Zimmertür. Ein Telegramm: Auf zwei von meinen Scheinen der inneren Anleihe sind Gewinne gefallen – fünfzigtausend und tausend Rubel. Ich entsinne mich noch, wie ich auf meinem Bett saß, mich wild umsah und wüste Schimpfreden gegen jemand ausstieß! Angst hatte ich wie nie zuvor, so eine recht dumme, weibische Angst.

Nun, es würde wirklich zu weit führen, wollte ich Ihnen die ganze blödsinnige Geschichte haarklein vortragen. Es bleibt ja auch immer ein und dasselbe. Vierunddreißig Jahre lang lebe ich so. Ich gebe Ihnen mein Ehrenwort, ich habe alles getan, um mich zu ruinieren, um mir das Genick zu brechen; aber wie Sie sehen, geht es mir immer noch gut. Ich bin es endlich müde geworden und habe es aufgegeben, mit dem Schicksal zu rechten. Möge nun kommen, was will!«

Ihm war sichtlich elend zumute; er blies die Backen auf vor Zorn und Kränkung, die schmalen, scharfen Augen hatten ihren Glanz verloren.

»Sie werfen aber immer noch Ihre Nägel ins Feuer?« fragte ich ihn.

»Nun, wofür soll ich denn sonst noch leben, worauf soll ich warten? Schließlich muß doch dieser blödsinnige Teufelsspuk mal ein Ende nehmen! Oder meinen Sie nicht? Am Ende werde ich überhaupt nicht sterben?«

Er lachte höhnisch auf und schloß die Augen. Dann zündete er sich eine Zigarre an, betrachtete prüfend ihre Spitze und sprach leise: »Chemie bleibt Chemie, aber trotzdem, im Feuer ist doch ein geheimnisvolles Etwas verborgen, das außerhalb dessen liegt, was wir kennen, und sich unserm Verständnis entzieht. Beachten Sie nur, wie geschickt das Feuer sich immer zu verstecken weiß. Nie würde ein Mensch das fertigbringen. Ein kleines Stückchen gepreßte Baumwolle, ein paar Tropfen Pikrinsäure, ein paar Gran Knallquecksilber – und...«

Er schnalzte mit der Zunge und brach ab.

»Mir scheint«, sagte ich, »Sie haben die beste Erklärung selbst gegeben mit Ihren Worten: Wenn man keinen Glauben an die eigene Kraft hat, muß man an irgend etwas außerhalb seiner selbst glauben. Und diesen Glauben haben Sie gefunden...«

Er nickte zustimmend, doch hatte er offenbar meine Worte nicht verstanden oder nicht richtig gehört, denn er fragte finster: »Aber die ganze Sache ist doch, genaugenommen, schrecklich dumm. Wozu braucht er eigentlich meine Fingernägel?«

Etwa zwei Jahre danach machte, wie ich später hörte, ein Herzschlag auf offener Straße seinem Leben ein Ende.

Der Priester Solotnizki hatte wegen irgendwelcher ketzerischer Ideen dreißig Jahre im Klosterverlies gesessen, ich glaube in Susdal, in strengster Einzelhaft, in einer ausgemauerten Grube. In dem langsamen Dahinfließen der elftausend Tage und Nächte war die einzige Freude dieses unglücklichen Gefangenen der alleinseligmachenden Kirche, sein einziger Gefährte das Feuer gewesen: Man hatte dem Ketzer gestattet, eigenhändig den Ofen seines Kerkers zu heizen.

In den ersten Jahren unseres Jahrhunderts wurde Solotnizki freigelassen, da er alle seine Ketzereien während der langen Haft vergessen hatte und sein Denkapparat überhaupt nicht mehr recht arbeitete, ja so gut wie abgestorben war. In den dreißig Jahren zur Mumie eingetrocknet, hatte er kaum noch das Aussehen eines Erdenbewohners; er bewegte sich stets mit tief geneigtem Kopf und schien dauernd in die Tiefe hinabzustarren, um ein Versteck für seinen elenden, jämmerlichen Körper zu finden. Seine trüben Augen tränten fortwährend, der Kopf zitterte, die zusammenhanglose Rede war kaum zu verstehen. Das Barthaar war schon nicht mehr grau, sondern graugrün; der grünlichfaulige Farbton der Haare trat sogar auf den dunklen Wangen des verhutzelten, greisenhaften Gesichts deutlich hervor. Er war nur noch halb bei Verstand, fürchtete sich vor den Menschen, aber gerade aus Angst vor ihnen suchte er dies zu verbergen. Wenn man mit ihm sprach, hob er seine dürre Kinderhand, als ob er einen Hieb über die Augen fürchtete und ihn mit seinen schwachen zittrigen Fingern abzuwehren hoffte. Er war still, sprach wenig und immer nur leise, in zaghaft raschelndem Tonfall.

Er war in seinem Kerker zum Feueranbeter geworden

und lebte nur auf, wenn man ihm erlaubte, das Holz im Ofen in Brand zu stecken und davor sitzen zu bleiben. Er hockte sich alsdann auf ein niedriges Bänkchen, zündete liebevoll das Holz an, bekreuzigte es und murmelte mit zitterndem Kopf die paar Worte, die er noch im Gedächtnis bewahrte:

»Das wahrhaftige... das ewige Feuer... das allgegenwärtige... das die Sündigen verzehret...«

Dann hob er die lodernden Scheite mit einem kurzen Feuerhaken zurecht, den Körper hin und her wiegend, als wollte er den Kopf in die Flammen stecken. Der Luftzug zog die dünnen, grünlichen Haare seines Bartes in den Ofen.

»Allmächtig ist es... niemandem vergleichbar. Dein Antlitz erstrahle in alle Ewigkeit. Deine Feinde aber fliehen... Und sie sollen fliehen... vor dem heiligen Antlitz des Feuers... wie der Rauch vor dem Antlitz des Feuers... Lob sei dir, Ehre sei dir, feuriger Busch...«

Mitleidige Menschen umgaben ihn, die aufrichtig darüber staunten, wie furchtbar der Mensch gepeinigt werden kann – und auch darüber, wie unendlich zählebig und ausdauernd er ist.

Groß war Solotnizkis Entsetzen, als er zum erstenmal eine Glühbirne sah, als das weiße, blutleere Licht, in seiner Glashülle eingeschlossen, geheimnisvoll aufflammte.

Der Alte schaute aufmerksam hin, machte eine erstaunte Handbewegung und begann verstört zu murmeln:

»Auch das Feuer... Oh, auch das Feuer... Weshalb habt ihr es eingekerkert? Es ist doch kein Teufel! Oh, weshalb?«

Lange vermochte man den alten Dulder nicht zu beruhigen. Aus seinen trüben Augen flossen kleine Tränen, er bebte am ganzen Körper und flehte kläglich seufzend seine Umgebung an:

»Oh, ihr Knechte Gottes, weshalb das? Einen Sonnenstrahl habt ihr eingekerkert!... Oh, ihr Menschen! Fürchtet des Feuers Zorn...«

Er tastete mit seiner zitternden dürren Hand behutsam nach den Menschen und schluchzte:

»Oh, gebt es doch frei...«

...Mein Arbeitgeber, der Rechtsanwalt Lanin, trat in sein Büro und sagte gereizt und müde:

»Ich war eben im Gefängnis, bei meinem Mandanten. Ein sympathischer, ruhiger junger Mensch. Es werden ihm aber vier Brandstiftungen zur Last gelegt. Die Anklageschrift ist recht überzeugend, die Zeugenaussagen sind schwer belastend. Er scheint sehr eingeschüchtert zu sein. Ist wie vor den Kopf geschlagen, spricht kein Wort. Weiß der Teufel, wie ich ihn da verteidigen soll...«

Eine Weile später sah Lanin von seiner Arbeit auf und rief zornig, den Blick zur Decke gerichtet:

»Und doch glaube ich, daß der junge Mensch unschuldig ist...«

Lanin war ein erfahrener und erfolgreicher Verteidiger, der vor Gericht schwungvoll und überzeugend zu reden verstand. Bisher hatte ich aber eigentlich nie bemerkt, daß das Schicksal eines Mandanten ihn sonderlich erregt hätte.

Am nächsten Tage besuchte ich die Gerichtssitzung. Die Brandstiftung kam zuallererst an die Reihe. Auf der Anklagebank saß ein junger Mensch von ungefähr zwanzig Jahren, mit einem dicken Schopf rötlichen, krausen Haars. Sein Gesicht war von der Gefängnishaft sehr blaß, er hatte große graublaue Augen, über den feuchten roten Lippen einen Anflug von goldblondem Schnurrbart. Der graue Gefängniskittel paßte schlecht zu dem Burschen, den man viel lieber in rotem Hemd, Samthosen, Schaftstiefeln, mit der Harmonika oder der Balalaika in der Hand gesehen hätte. Wenn der Vorsitzende, Gerichtsrat

Behr, oder der Staatsanwalt ihm Fragen vorlegten, schoß er rasch in die Höhe, zog seinen Kittel mit den Händen über der Brust zusammen und antwortete ganz leise.

»Lauter!« befahl man ihm.

Er räusperte sich, sprach aber genauso leise weiter. Das verstimmte die Richter und ärgerte die Geschworenen. Im Saal herrschte dumpfe Schwüle, ein Falter stieß immer wieder gegen die Fensterscheiben, und dieser unangenehm weiche Ton machte die allgemeine Stimmung noch unbehaglicher.

»Also Sie bekennen sich nicht schuldig?«

Vor der Zeugenbank steht jetzt ein langer, einäugiger Alter mit einem Gesicht wie aus Eisen; von den Ohren bis zum Kinn hängen glatte graue Haarsträhnen herab. Auf die Frage nach seiner Beschäftigung antwortet der Alte mit dumpfer Grabesstimme:

»Ich sammle Almosen... in Christi Namen...«

Dann erzählt er murmelnd, den Kopf zur Seite geneigt: »Ich kam aus der Stadt, es war schon sehr spät, die Sonne war längst untergegangen, und da nähere ich mich also diesem Dorf, und mit einemmal blinkt es in der Finsternis auf, und dann schießt plötzlich eine Flamme hoch...«

Der Angeklagte saß da, die Hand an der Kante der Bank festgekrampft, und hörte mit halboffenem Munde aufmerksam zu. Sein Blick hatte etwas Seltsames, die Augen blickten gespannt, jedoch nicht ins Gesicht des Zeugen, sondern zu Boden.

»Ich fange also an zu rennen, aber – da kä-ämmt es schon los...«

»Was kämmt los?«

»Das Feuer, die Flammen...«

Der Angeklagte neigte sich plötzlich lebhaft vor und fragte überraschend laut, unverhohlenen Spott und Hohn in der Stimme:

»Wann war das denn?«

»Das wirst du selbst am besten wissen«, antwortete der Bettler, ohne ihn anzusehen.

Der junge Mensch erhob sich, runzelte die Brauen und sagte, zum Gerichtshof gewandt:

»Er lügt ja. Von dem Weg, der aus der Stadt kommt, kann man die Stelle gar nicht sehen, wo das Feuer ausgebrochen ist.«

Der Ankläger, ein spitznäsiger junger Staatsanwalt, fiel sofort über ihn her; mit kreischender Stimme legte er dem Burschen seine Fragen vor, der aber antwortete jetzt schon wieder leise, widerwillig und nahm das Gericht dadurch noch mehr gegen sich ein. Genauso unklar und widerwillig antwortete er auch auf die Fragen des Verteidigers.

»Fahren Sie fort, Zeuge«, forderte dann Behr auf.

»Also ich renne los, da setzt der Junge da plötzlich über den Zaun, gerade auf mich zu.«

Der junge Mensch lachte höhnisch und brummte etwas vor sich hin, wobei er mit den Füßen, die in klobigen Gefängnisschuhen staken, auf dem Boden scharrte.

Dem Bettler folgte ein dicker Bauer, der rasch und sachlich, mit vergnügter Tenorstimme, seine Aussage machte.

»Wir hatten ihn schon längst in Verdacht, wenn er auch ein stiller Mensch ist, kein Raucher; wir hatten aber bemerkt, daß er gern mit Feuer kokelt.

...Ich komme also von der Nachtweide her, der Himmel war ziemlich wolkig, da plötzlich stiebt es beim Nachbar aus der Tenne auf, grad so, wie wenn das Feuer aus dem Schornstein schlägt...«

Der Angeklagte stieß den Soldaten, der ihn bewachte, heftig beiseite, sprang auf und rief laut, fast schreiend, voller Entrüstung:

»Das ist ja lauter dummes Zeug! Wie aus einem

Schornstein, so? Was weißt du denn überhaupt? Das kommt doch nicht so auf einmal, so puff – und gleich los! Ihr seid ja wie die Blinden! Erst kriechen kleine Würmer, rote Würmer nach allen Seiten über das Stroh, später erst blähen die sich auf, ballen sich zusammen, rollen sich zu Knäueln, und dann flammt erst richtiges Feuer auf. Und ihr behauptet, es pufft gleich los...«

Sein Gesicht war gerötet, er schüttelte den Kopf, seine Augen blitzten, er war ganz aufgeregt und sprach eindringlich, in belehrendem Ton. Richter, Geschworene, Zuhörer – alle hörten ihm wie erstarrt zu. Lanin erhob sich, wandte sich dem Angeklagten zu und blickte ihn bestürzt an. Der aber beschrieb mit den Händen, sie immer höher hebend, Kreise in der Luft und erzählte ganz hingerissen:

»Ja, so ist das, ja... und dann greift es um sich und flackert, wie wenn Leinenzeug im Winde weht. Dann ist es flüchtig wie ein Vogel, dann ist es schon nicht mehr zu fassen, nein! Aber zuerst, da kriechen nur die Würmer, von denen kommt das Feuer, von diesen roten Würmern, von denen kommt das ganze Unheil! Auf die muß man aufpassen! Die müßte man alle wegfangen – und in den Brunnen werfen. Das kann man auch! Man muß feine eiserne Siebe machen, wie für Weizenmehl, und muß sie mit den Sieben wegfangen, ja – und dann in den Sumpf mit ihnen, in die Flüsse, in die Brunnen! Dann wird es auch keine Brände mehr geben! Es heißt doch schon im Sprichwort: ›Bricht Feuer erst aus, rettest du nicht das Haus!‹ Und die reden wie die Blinden von der Farbe, lauter Dummheiten...«

Der Feuerfänger ließ sich wieder schwer auf die Bank sinken, schüttelte den Kopf, um seine ungebärdigen Locken in Ordnung zu bringen, dann schneuzte er sich und tat einen lauten Seufzer.

Die Untersuchung war mit einemmal zu Ende. Der

Angeklagte gab fünf Brandstiftungen zu, erklärte aber eifrig:

»Sie sind zu flink, die Würmer, man kann sie nicht festhalten...«

Der Vorsitzende sprach mit matter Stimme die übliche Formel:

»In Anbetracht des vom Angeklagten abgelegten umfassenden Geständnisses...«

Der Verteidiger beantragte, den Angeklagten auf seinen Geisteszustand hin untersuchen zu lassen, die Richter berieten flüsternd und lehnten den Antrag ab. Der Ankläger sprach nur kurz, Lanin lange, wohlgesetzt, die Geschworenen zogen sich zur Beratung zurück und fällten nach sieben Minuten das Verdikt:

»Schuldig...«

Der Angeklagte hörte sinnend das harte Urteil an und erwiderte auf Lanins Rat, Berufung einzulegen, gleichgültig, als ginge ihn das alles eigentlich nichts an:

»Na ja, meinetwegen, das können Sie ja tun...«

Der Soldat steckte den Säbel in die Scheide und flüsterte dem jungen Menschen etwas zu; der zog mit einer heftigen Bewegung seinen Kittel zusammen und antwortete laut:

»Ich sag's ja: wie die Blinden...«

Im Jahre 1893 oder 1894 wütete jenseits der Wolga, gegenüber von Nishni-Nowgorod, ein Waldbrand. Das Feuer hatte Hunderte von Kilometern ergriffen. Beißender, opalisierender Rauch lag über der Stadt; in dem Rauch hing organgefarben die Sonne – strahlenlos, kläglich, unheimlich. Besonders niederdrückend war es zu sehen, wie das verschwommene Spiegelbild des seiner Strahlen beraubten Gestirns im trüben Wasser der Wolga hin und her schwankte, träge und langsam immer tiefer auf den schlammigen Grund des Stromes hinabsinkend.

Die Wiesen drüben am andern Ufer waren braun geworden, in der Stadt waren alle Farben verblaßt. In dem rauchigen, qualmigen Dunst klangen alle Laute dumpfer; in den Gärten gab es kaum noch Schmetterlinge oder Bienen, und sogar die sonst so unverbesserlich frechen Spatzen piepten viel leiser als gewöhnlich und flatterten nur noch matt umher.

Es war ein trauriger Anblick, wenn die farblose Sonne abends drüben am Strom in die Erde versank, ohne daß man sich an dem herrlichen Schauspiel der Abendröte hätte erfreuen können. Nachts konnte man von der Stadt aus deutlich sehen, wie über der schwarzen Mauer des fernen Waldes ein Feuerdrache seinen zackigen Rücken bewegte, über die Erde hinkroch und seinen Atem in schwarzen Rauchschwaden gegen den Himmel ausstieß, so daß man an Smej Gorynytsch, den Drachen der alten Märchen, denken mußte.

Rauch erfüllte die Straßen, sickerte durch die Mauern in die Zimmer der Häuser hinein; die ganze Stadt hatte sich in eine Räucherkammer für Menschen verwandelt. Schimpfend und hustend gingen die Menschen abends an das steile Flußufer, zum »Otkos« hinaus, um nach dem Waldbrand auszuschauen; sie aßen dort Eis, tranken Limonade oder Bier und suchten einander einzureden, die Bauern hätten den Wald angezündet. Jemand sagte mit düsterer Stimme:

»Das ist die erste Probe des Dramas ›Der Untergang der Welt‹.«

Ein Pope schaute mit seinen roten Trinkeraugen in die Ferne und brummte:

»Das ist ein apokalyptisches Ereignis! Aber einstweilen laßt uns noch ein Gläschen trinken...«

Diese Scherzreden wirkten peinlich, sie reizten nur; alles, was in diesen trüben, stickigen Tagen gesprochen wurde, ließ die Dürftigkeit und den Stumpfsinn des Alltagslebens besonders kraß hervortreten.

Ein Infanterieoffizier, ein Phantast, der eine Botanik in Versen für »die reifere weibliche Jugend« verfaßt hatte, forderte mich auf, ihn nach der Brandstelle zu begleiten, wo Mannschaften seiner Kompanie arbeiteten. In einer schwülen Nacht fuhren wir mit zwei Trainpferden los, die Fähre brachte uns nach dem Dorfe Bor, und unsere wohlgenährten Gäule liefen, zornig schnaubend, auf der sandigen Straße in den Qualm hinein. Der Dunst lag unbeweglich über den stillen Feldern und hüllte die Ferne in einen grauen Schleier. Dann drang nach und nach ein trübes Leuchten durch, und je näher wir dem brennenden Walde kamen, desto blauer wurde der Rauch, der scharf im Halse kratzte und die Augen beizte.

Der Soldat auf dem Bock nieste laut; der Offizier putzte seinen Kneifer, hüstelte und rühmte die Schönheit seiner Verse, in denen er Myrte auf Hirte reimte.

Drei Bauern mit Schaufeln und Äxten gaben uns den Weg frei. Mein Dichter von der Infanterie rief ihnen zu:

»Wo ist hier das Militär-Arbeitskommando?«

»Das wissen wir nicht...«

Der Soldat hielt die Pferde an und fragte:

»Wo sind hier die Soldaten?«

Ein Bauer in rotem Hemd wies mit der Axt nach links: »Da drüben...«

Ein paar Minuten darauf näherten wir uns einem Gehölz. In einem Dickicht von Tannen und Kiefern waren Soldaten in weißen Hemden eifrig bei der Arbeit. Ein Feldwebel trat auf uns zu, legte die Hand an die Mütze und meldete schneidig, daß alles in Ordnung sei, nur habe ein Tschuwasche sich leichte Brandwunden zugezogen. Dann gestattete er sich, »gehorsamst zu melden«, daß es nach seiner Ansicht keinen Wert habe, hier noch weiterzuarbeiten.

»Hier ist nichts mehr zu retten. Das Feuer kommt von dort oben im Halbkreis heran und brennt diesen Keil doch aus. Dann wird es aber auf leeren Raum stoßen und von selbst ausgehen.«

Er wies mit seinem langen Arm nach rechts und meinte warnend: »Aber da haben wir trockenes Torfmoor, da kriecht das Feuer von unten heran. Die Leute werden schon unruhig...«

Der Offizier wurde auch unruhig, offenbar, weil er nicht recht wußte, was er eigentlich unternehmen sollte. In diesem Augenblick brach wie ein Bär ein großer zottiger Bauer aus dem Walde, einen Stock in der Hand und ein Blechschild auf der Brust. Er nahm seine mit Asche bestaubte Mütze ab, blieb in strammer Haltung stehen und blickte dem Offizier mit seinen dunkelblauen Augen aufmerksam ins Gesicht.

»Bist du der Älteste hier aus dem Dorf?«

»Zu Befehl!«

»Nun also, was gibt es?«

»Es brennt immer noch.«

»Ihr müßt das Feuer bekämpfen« redete der Offizier auf ihn ein. »Der Wald ist ja unser Reichtum. Ja... Ein Wald, mein Lieber, das sind nicht bloß Bäume, sondern ein Wald ist, hm, sozusagen, eine Gesellschaft vernünftiger Lebewesen, so wie zum Beispiel das Kirchdorf, wo du Ältester bist...«

»Wir sind nur ein ganz gewöhnliches Dorf, ohne Kirche...«

Zu meinen Füßen kroch über die Erde ein Zug Ameisen, der wie ein breiter Spitzenstreifen aussah; er beschrieb einen weiten Bogen um einen Mistkäfer, der eilig seine Kugel rollte. Ich ging nachsehen, von wo das Ameisenvolk auswanderte. Ein eigentümliches Knacken hing rings in der Luft, ein unsichtbarer Jemand schritt neben mir her, knickte das Gras und raschelte in den trockenen Nadeln. Auch die Bewegungen der Zweige hatten etwas Seltsames, Geheimnisvolles.

Plötzlich stand der Dorfälteste hinter mir und jammerte:

»Jetzt laufe ich schon seit drei Tagen müßig hier herum! Sind Sie auch von der Obrigkeit? Wollen Sie sich die Sache mal ansehen? Da ist keine Gefahr dabei! Kommen Sie mit, ich führe Sie auf einen kleinen Hügel hier in der Nähe. Von da kann man alles gut sehen...«

Den sandigen Hügel beschatteten etwa zwei Dutzend mächtiger Kiefern, in deren Kronen, wie in Bechern, eine opalgelbe Dunstmasse brodelte. Vor dem Hügel standen in einer Senkung kümmerliche Tannen und dünnstämmige Birken, eine Silberespe zitterte ängstlich; weiter am Hang traten die Bäume immer dichter zusammen, und unter ihnen ragten Kiefern auf, deren bronzefarbene Stämme eine grünliche Patina von Flechten trugen.

An den Wurzeln der Bäume flitzten geschäftig, Eichhörnchen mit roten, buschigen Schwänzen gleich, lustige Flämmchen auf und ab, blauer Rauch stieg hinauf. Man konnte deutlich sehen, wie das Feuer in neckischem Spiel an der Rinde der Stämme emporkletterte, sich um sie schlang, sich irgendwo versteckte; hinter ihm her kamen goldene Ameisen gekrochen, und dann wurden die grünlichen Flechten erst grau und schließlich schwarz. Und wieder schoß irgendwo das Feuer hoch, nagte das rotbraune Gras an, das niedrige Buschwerk und versteckte sich wieder. Plötzlich wimmelte und krabbelte dann zwischen dem Wurzelwerk ein ganzer Haufen munterer roter Tierchen...

Der Dorfälteste stützte die Arme auf seinen Stock und brummte:

»Da hinten sind unsere Leute... Gott sei ihnen gnädig...«

Es war kein Mensch zu sehen; aber durch das Knakken, Rauschen und ferne dumpfe Heulen hindurch tönten scharfe taktmäßige Axthiebe aus dem Walde herüber, lautes Geschrei und ein wuchtiges, knarrendes Geräusch, das von den stürzenden Baumstämmen herrührte. Eine Feldmaus, ein kleines dunkles Knäuel, rollte mir vor die Füße; ein Häschen huschte wie ein weißer Ball über das Moor.

Kein Vogelzwitschern ließ sich mehr vernehmen, obwohl die Wälder des linken Wolgaufers reich sind an Singvögeln. Keine Biene, keine Hummel, keine Wespe war in der stickigen Luft, in dem bläulichen, betäubenden, heißen Dunst zu sehen. Es wurde einem schwer ums Herz, wenn man sah, wie das Grün aschgrau wurde oder sich mit rötlichem Rost überzog; wie die Espenblätter, ohne daß sie aufgelodert wären, als fahle Schmetterlinge zu Boden flatterten und die dünnen Zweige kläglich nackt ließen. Manchmal aber flammte ein schon von der Hitze verdorrtes Blatt doch plötzlich hell auf und zerfiel dann in Hunderte von gelben und roten Faltern. Ich sah die unteren Tatzen üppiger Tannen, weit weg von uns, rasch ihren dunkelgrünen Samtglanz verlieren, rötlich, rostrot werden; plötzlich leuchteten sie golden auf und ließen nach allen Seiten einen dichten Regen kommaartiger roter Funken niedergehen. Dann stoben die Funken mit leichtem, fröhlichem Knattern alle zusammen in die Höhe, auf die pyramidenförmige Tanne niedersprühend, stoben hoch und verschwanden spurlos, der Baum aber war jetzt schwarz, und nur hie und da glühten an den Spitzen der nackten Zweige kleine gelbe Feuerblumen. Da, jetzt ist wieder eine Tanne ebenso rasch feurig aufgeglüht und abgestorben, da, noch eine und noch eine... Da platzt etwas mit lautem Knall, als ob ein faules Ei berste, und über das Moor kriechen, sich windend, hierhin, dorthin, rotgelbe Schlangen, recken ihre spitzen Köpfe aus dem Gras hoch und beißen die Baumstämme. Schnell wird das zarte Birkenlaub gelb, wenn das Feuer flink den weißen Stamm, die harzige Rinde hinaufkriecht, aus den

Zweigen steigt blauer Rauch, dessen feine Wölkchen, leise zischend, in zierlichen Ringen dahinschweben.

Und im Zischen des Feuers scheinen die Anfangsworte seltsamer, tiefsinniger Lieder mitzuklingen.

Unwiderstehlich zog es mich vorwärts, näher und näher an den Feuerherd heran. Der Dorfälteste ächzte, ging, ohne dessen gewahr zu werden, mit mir den Hang hinab, fuchtelte mit seinem Stock und rief dazu:

»O Herr, groß sind deine Wunder... Ach Gott, ach Gott!«

Die lauten Stimmen im Walde verstummten plötzlich; ein angstvolles Geschrei, das wie Wolfsgeheul klang, löste sie ab:

»U-u-uh...«

»Jetzt sind die Bauern ausgerissen«, sagte der Dorfälteste, mit düsterer Miene hinhorchend. Und richtig: links, weitab von uns, kamen menschliche Gestalten unter den Bäumen zum Vorschein. Es war, als hätte der Wald sie ausgespien, so schnell brachen sie hervor. Zu unserer Rechten aber, auf dem Moor, erschienen zwei Soldaten, die Stiefel grau vom Aschenstaub, die Hemden umgürtet; sie führten einen kurzbeinigen Bauern, den sie unter den Armen gepackt hielten, wie man Betrunkene schleppt. Der Bauer prustete, schnaubte und spie aus, seinen struppigen Bart und das zerfetzte Hemd dabei mit Blutspritzern beflekkend. Nase und Lippen waren ihm aufgeschlagen, und in seinen starren, wie blinden Augen lag ein kindlich klägliches Lächeln.

»Wo wollt ihr denn mit dem hin?« fragte der Dorfälteste streng.

Der eine der beiden Soldaten, ein Tatar, grinste gutmütig und antwortete:

»Feuer hat er angelegt, das Feuer hat er weitergeschleppt!«

Sein Kamerad fügte wütend hinzu:

»Wir haben es gesehen, wie er Feuer angelegt hat! Er hat es angeblasen!«

»Na, was ihr schon gesehen habt! Rauchen wollte ich...«

»Wir haben den Befehl, auf euch Kerls aufzupassen. Er hat einen Zweig angezündet und unter einen Baum gelegt...«

»Na, was du da redest! Angezündet! Am Stiefel ist er mir hängengeblieben...«

Der Soldat versetzte dem Bauern einen Schlag auf den Nacken.

»Hör mal, schlagen darfst du ihn nicht«, sagte der Dorfälteste eindringlich. »Das ist einer von unseren Bauern. Der Mann ist nicht recht bei Troste, mußt du wissen.«

»Dann legt ihn an die Kette.«

Zornig, doch ohne rechten Schwung fingen sie an zu streiten. Auf dem Moor hüpften die Flammen und sprangen den aus dem Walde flüchtenden Leuten entgegen. Eine Gruppe von etwa sieben Mann kam in plumpen Sätzen auf uns zu. Am Hügel angelangt, sanken sie erschöpft im Sande nieder, hustend, sich räuspernd, laut schimpfend:

»Fast hätte es uns noch erwischt...«

»Eine Menge Vögel sind umgekommen...«

Der Anblick der ärgerlichen, abgehetzten Bauern stimmte die Soldaten friedlicher, sie gaben den von ihnen verprügelten Mann frei und entfernten sich durch den warmen Rauch, der immer blauer und ätzender wurde. Über das Moor huschten immer noch hastig die Flämmchen hin und her, die einzelnen Baumstämme umzingelnd. Das Laub der Espen und Birken wurde schlaff, gelblich und schrumpfte zusammen; die Flechten an den Stämmen der Kiefern gerieten in Bewegung, schienen sich in etwas Lebendiges zu verwandeln und sahen schließlich wie Bienen aus. Auf dem Hügel wurde es heiß, die stickige Luft legte sich beklemmend auf die Brust. Die Bauern hatten sich etwas erholt und verschwanden einer nach dem andern im Dickicht, den Hügel weiter hinan. Der Dorfälteste redete mürrisch auf den Verprügelten ein:

»Mit dir gibt es doch immer Krach, Mikita! Ob es nun Feuer ist oder eine Prozession, du mußt doch immer was anstellen...«

Der Bauer schwieg und stocherte mit seinem schmutzigen Finger in den Vorderzähnen herum.

»Es ist schon wahr, man müßte dich eigentlich an die Kette legen...«

Der Bauer nahm den Finger aus dem Mund und wischte ihn an seinem Hemd ab. Er wandte den Kopf hin und her, seine starren Augen irrten über das Moor und verfolgten die Rauchwölkchen. Das ganze Moor rauchte, überall stiegen aus der schwarzen Erde blaue und graue Rauchschwaden empor. Und überall schossen hinter ihnen her spitze Flammenkegel aus dem Torf hoch; die wiegten sich, neigten sich, verschwanden wieder, und an ihrer Stelle zeigten sich dann goldrote Flecke, von denen sich nach allen Seiten feine rote Fäden spannen, die sich untereinander wieder zu Knoten neuer Flammen verschlangen.

Plötzlich loderte am Fuße des Hügels ein Wacholderstrauch auf, wie der feurige Busch in der Bibel. Der Dorfälteste schwang erschreckt seinen Stock in der Luft und fuhr zurück.

»Sieh mal an... Jetzt müssen wir aber doch machen, daß wir fortkommen...«

Und während er schwerfällig durch den Sand zwischen den Kiefern dahinstapfte, brummte er:

»Da renne und renne ich hier herum, und wozu eigentlich? Was kann der Mensch gegen ein solches Feuer ausrichten? Und die eigene Arbeit bleibt dabei liegen! Es werden wohl an die tausend Menschen sein, die hier unnütz ihre Zeit verlieren, auf die Art...«

Wir kletterten durch dichtes Buschwerk in eine Schlucht hinab, auf deren Grund ein Bach matt schimmerte. Der Rauch lagerte hier noch dichter, ja auch der Bach sah aus wie ein dichter Rauchschwaden. Ein Feldhuhn stieg aus dem Gras auf und fiel wie ein Stein in einen Busch, flink glitt eine kleine Natter vorbei, und ihr nach raschelte plump ein Igel, dem Bache zu.

»Er kriegt sie noch«, meinte Mikita und kroch mit gesenktem Kopf, wie ein Stier in die Sträucher.

»Du, paß auf, mach keine Dummheiten«, rief ihm der Dorfälteste nach und sagte mit einem behutsamen Seitenblick auf mich:

»Er ist nicht ganz richtig im Kopf. Ist dreimal abgebrannt, na und da... Was die Soldaten schwatzen, ist natürlich alles Unsinn, auf Brandstiftungen läßt er sich nicht ein. Aber er ist eben nicht recht bei Trost, und da macht er leicht eine Dummheit...«

Der Rauch beizte die Augen, so daß sie sich mit Tränen füllten; in der Nase kitzelte es empfindlich, und das Atmen fiel immer schwerer. Mein Begleiter nieste laut, fuchtelte mit dem Stock und sah sich besorgt um:

»Jetzt ist's noch weiter gekommen... Hier brennt's ja auch schon...«

Vor uns hüpften die Flämmchen durch das Wacholderdickicht in zierlichen Sprüngen in die Schlucht hinab, wie ein Schwarm rotbrüstiger Dompfaffen; im Gras sah man spitze Flügel flink vorbeihuschen, Vogelköpfchen nickten und verschwanden lautlos.

»Mikita«, rief der Dorfälteste und horchte gespannt. Man hörte trockenes Knacken, warnendes Zischen und leises Pfeifen. Irgendwo, ziemlich weit von uns entfernt, lärmten Menschen.

»Der dumme Hund!« schimpfte der Bauer los. »Wenn er mir nur nicht verbrennt! Für den ist Feuer dasselbe wie Schnaps für den Trinker. Wenn es irgendwo brennt, läuft er spornstreichs hin. Läuft hin, reißt die Augen auf und steht wie angenagelt da. Denkt gar nicht daran, den Leuten zu helfen, steht nur da und sperrt das Maul weit auf. Er hat schon wiederholt Prügel dafür bekommen. Und wenn man ihn von einem Fleck wegjagt, stellt er sich an einem andern wieder auf und starrt... Das Feuer hat es ihm nun mal angetan...«

Ich wandte mich um und sah, daß die Flammen immer tiefer herabkamen und uns bald einholen mußten. Das Wasser des Baches war hier und da gerötet und glänzte wie Gold.

»Mi-ki-ta!«

Durch den Wald kam uns jemand entgegen. Der Dorfälteste blieb stehen und rieb sich die tränenden Augen. Hinter den Bäumen trat hastig ein junger Bursche hervor, der sein Hemd ausgezogen und wie einen Turban um den Kopf gewickelt hatte.

»Wo rennst du hin?«

Der Bursche machte heftige Bewegungen nach beiden Seiten, wies mit der Hand lebhaft nach hinten und murmelte keuchend: »Da sind sie alle fortgelaufen... dort sieht's böse aus... Geht da nicht hin... Ganz plötzlich ist es gekommen... Ach, ich bin erschrocken, Herr du mein Gott...«

»Ja, wo sollen wir denn aber eigentlich hin?« fragte sich der Dorfälteste laut: »Wohl geradeaus, was? Wir wissen ja hier im Wald gar nicht Bescheid. Es hatte gar keinen Sinn, uns hier zusammenzutreiben. Was kommt dabei heraus, wenn wir hier herumlungern? Es ist schon wahr, man muß immer aufpassen, daß man der Obrigkeit gar nicht erst unter die Augen kommt.« Seine Rede wurde immer erbitterter.

»Ein Hundeleben ist's! Wenn einer ersoffen ist oder wenn irgendwo eine Leiche liegt oder ein Ermordeter gefunden wird auf der Landstraße oder wenn der Wald brennt – immer muß der Bauer herhalten. Der hat aber seine eigene Arbeit. Und was verlangt der Bauer denn groß? Weiter nichts, als daß man ihn in Ruhe läßt. Weiter nichts! Mikita! Hol dich der Teufel...«

Wir waren etwa eine Werst durch kümmerlichen jungen Kiefernwald gegangen und kamen nun an eine Lichtung. Hier saßen und lagen an die fünfzig Bauern, ein paar Weiber hatten auf Tragen Eimer voll Kwaß gebracht und Brot. Als die Leute ihren Vorgesetzten erblickten, erhoben sie ein gewaltiges Geschrei:

»Sollen wir hier noch lange Rauch schlucken? Und unsere Arbeit – wer wird die verrichten?«

Bläulicher Rauch kroch über das Gras, strich über Schaufeln und Äxte hin. Von oben ging ein feiner, grauer Aschenregen nieder, unsichtbar in dem opalgelben Dunst. Er bestaubte die Bärte der Bauern, färbte das Gras grau, und die breit ausladenden Tatzen der Kiefern schienen sich mit Hanffasern zu bedecken. Das war ein sicheres Zeichen, daß das Feuer sich jetzt auch oben ausbreitete.

»Macht, daß ihr fortkommt!« kommandierte der Dorfälteste. »Marsch, aufs Feld!«

Die Bauern erhoben sich schwerfällig, schimpften miteinander und mit ihren Weibern herum und zogen durch eine Schneise ab, in das riesige graue Loch hinein, dessen Ende nicht zu sehen war.

Noch spät in der Nacht zog ich mit ihnen in Wald und Feld umher; neben uns trabten auf wohlgenährten Pferden zwei Dorfpolizisten, die die Leute nutz- und sinnlos von Ort zu Ort trieben. Einer von ihnen, ein munterer schwarzer Bursche, schwang seine Reitpeitsche und schrie:

»Ihr Satansbrut, wenn euer Hab und Gut brennen täte, würdet ihr schon...«

»Am Abend lag ich auf dem Felde, auf der trockenen, warmen Erde, und schaute zu, wie über dem Walde der purpurne Feuerschein wogte und schwankte, wie die Waldgeister dichten Rauch aufsteigen ließen, irgendwem ein üppiges Opfer darbringend. Über die Wipfel der Bäume hinweg kletterten, huschten flink rote Tierchen, flogen grell leuchtende, breitbeschwingte Vögel mitten in den Rauch hinein, überall raste gespensterhaft, wie ein Gaukelspiel, das Feuer... das Feuer...

In der Nacht bot dann der Wald einen unbeschreiblichen, unheimlichen, märchenhaften Anblick: Eine tiefblaue Mauer, wuchs er immer höher, drinnen aber, zwischen den schwarzen Stämmen, tobten und rasten zottige rote Tiere... Sie sanken zu Boden, dicht an den Wurzeln nieder, umklammerten die Stämme und kletterten flink wie die Affen in die Höhe, rangen miteinander, knickten die Äste, kreischten, schrien, heulten, und es war ein Krachen im Walde, als ob Tausende von Hunden Knochen zernagten.

Unendlich war die Mannigfaltigkeit der Gestalten, die das Feuer zwischen den schwarzen Stämmen annahm; unermüdlich war der wilde Tanz dieser Gestalten. Da rollt in plumpen Sätzen, Purzelbäume schießend, ein großer roter Bär auf die Lichtung hinaus; er verliert ganze Büschel von seinem feurigen Vlies, klettert dann, als hätte er es auf Honig abgesehen, an einem Baumstamm in die Höhe; oben in der Krone angelangt, umfaßt er die Zweige mit seinen purpurroten Tatzen, wiegt sich, schüttelt die Nadeln in goldenem Funkenregen zu Boden; jetzt ist das große Tier mit leichtem Schwung auf den nächsten Baum hinübergesprungen; wo es gehockt hatte, da sind auf den kahlen schwarzen Ästen unzählige blaue Kerzen aufgeflammt, purpurrote Mäuse huschen über die Zweige – sie laufen so geschwind, daß man in dem von ihnen ausgehenden Schein deutlich sehen kann, wie blaue Rauchwölkchen sich emporringeln und wie Hunderte von feurigen Ameisen an der Rinde des Stammes auf und nieder krabbeln.

Manchmal kommt das Feuer langsam aus dem Walde, schleichend wie eine Katze, die auf Vögel Jagd macht und plötzlich die spitze Schnauze hebt, umherlugend, ob nicht irgendwo etwas zu greifen sei. Oder es taucht plötzlich ein riesiger flammender Bär auf, der bäuchlings auf der Erde dahinkriecht, die Tatzen weit ausgebreitet, das Gras gierig in seinen gewaltigen Rachen schiebend.

Da kommt aus dem Walde ein Häuflein kleiner Menschen mit gelben Mützen geeilt; fernab, im Rauch, geht ein Riese hinter ihnen her, groß wie ein Mastbaum, qualmend, dunkel, er schwenkt ein rotes Banner und stößt schrille Pfiffe aus. In raschen Sätzen, wie ein Hase, hüpft ein rotes Knäuel, ein Igel mit feurigen Stacheln, aus dem Walde heraus, einen Rauchschweif in der Luft hinter sich her ziehend. Und auf allen Stämmen kriechen feurige Raupen, goldene Ameisen, grell funkelnd fliegen rote Käfer umher.

Die Luft wird immer schwüler und sengender, der Rauch immer dichter und heißer, fast brennt schon die Erde unter den Füßen. Die Augen sind trocken, die Wimpern glühen, die Brauen bewegen sich von selbst. Nicht auszuhalten ist es in dieser sengenden, ätzenden Schwüle, und doch möchte man nicht fort. Wird man denn je wieder im Leben solch ein gewaltiges Fest des Feuers schauen dürfen? Aus dem Walde kommt eine große Schlange gekrochen, sie bäumt sich hoch auf, verbirgt sich im Gras, der spitze Kopf zuckt hin und her, dann verschwindet sie plötzlich, als hätte die Erde sie verschlungen.

Ich kauere mich zusammen, mit angezogenen Beinen,

in der Erwartung, daß die Schlange gleich wieder in meiner Nähe auftauchen wird, daß sie gerade mich sucht und niemand sonst. Und das unheimliche Gefühl einer lauernden Gefahr hat etwas Aufregendes, peinigt noch schärfer als Hitze und Rauch.

...Die Wolken am westlichen Horizont sind grellblau und tiefrot gefärbt. Über den zottigen Häuptern des Tannenwaldes hängt in dem perlgrauen Himmel ein eingeschrumpftes, fast durchsichtiges Stückchen Mond. Der Wald zieht sich weit über das Moor hin, bis an den Himmelsrand, dort ballt er sich zu einer dunklen Masse. Ganz hinten droht ihm, wie ein roter Steinfinger emporragend, ein Fabrikschlot.

Um Mittag war ein Regenguß niedergegangen, dann hatte die glühende Sonne bis zum Abend auf die Erde niedergeschienen. Jetzt war der Boden naß, die Luft feuchtwarm. Das Moor schien vor öder Langeweile aufzuquellen. Auch diese Langeweile war feucht und schweißig.

Der Heilgehilfe Sascha Winokurow kriecht auf allen vieren, wie ein Bär, auf dem mit Roggen bestellten Hügel herum und legt Netze auf Wachteln aus. Ich liege unter einem Wacholderstrauch und denke laut:

»Wenn man das Leben noch mal von vorn anfangen, noch mal fünfzehn Jahre alt sein könnte. Das wäre schön...«

Sascha setzt unsere frühere Unterhaltung fort und sagt mit seiner fetten Flüsterstimme:

»Die gegenwärtigen Lebensverhältnisse gefallen überhaupt niemand...«

Er läßt sich vom Hügel herabrollen, unter den Strauch, wo ich liege, wischt sich die schmutzigen Hände am Stiefelschaft ab und mustert seine Lockpfeifen. Über seine Stirn hin ziehen sich nach der Glatze zu wellige Runzeln; seine Augen sind rund wie die eines Fisches.

Ich interessierte mich für ihn. Er ist der Sohn eines Gerichtsbeamten; weil er »nicht die Kraft besaß, die Schwere des Gymnasialpensums zu tragen« und »unter der Tyrannei seines Vaters zu leiden« hatte, entlief er aus dem Elternhaus, wanderte zwei Jahre lang ohne Papiere als Landstreicher herum, wurde per Schub von einem Gefängnis ins andere befördert, dann »brach er so elend zusammen, daß er sogar Dinge vergaß, die man nicht vergessen dürfte«, kehrte zu seinem Vater zurück und wurde, »so wie man eine verreckte Maus auf einen Ameisenhaufen wirft«, als Einjährig-Freiwilliger in ein Infanterieregiment gesteckt, von wo er irgendwie auf die Militärschule für Heilgehilfen kam. Als er seine Zeit beim Militär abgedient hatte, fuhr er sieben Jahre auf Dampfern der »Freiwilligen Flotte« und –

»... und da habe ich alle internationalen alkoholischen Getränke ausprobiert; nicht, daß ich ein Trinker wäre, aber irgendwie muß man den Menschen doch beweisen, daß man einen originellen Charakter hat! Und ich habe derartige Mengen von allem getrunken, daß sogar Engländer gekommen sind, nur um mich anzusehen. Sie standen da wie die Ölgötzen, zuckten die Achseln und lächelten. Ich war ihnen ein angenehmer Anblick: Solche Kunden ließen sie sich gefallen! Für solche Leute lohnt es sich schon, Gin und Whisky herzustellen. Einer deutete mir sogar an: ›Haben Sie noch nie in Whisky zu baden versucht?‹ Die Engländer sind übrigens ganz angenehme Leute, nur ist ihre Sprache noch schlimmer als Chinesisch...

Ohne daß ich recht wußte, wie es gekommen war, befand ich mich eines schönen Tages in Persien, und noch dazu mit dem Stubenmädchen eines englischen Kaufmanns verheiratet. Sie war eine sehr liebe Frau; aber dann stellte sich heraus, daß sie trank; vielleicht hatte ich sie auch dazu verleitet. Zwei Jahre später starb sie an der

Cholera, und ich zog nach der ekelhaftesten Stadt der Welt, nach Baku. Dann kam ich hierher, in diesen Froschteich. Auch eine schöne Stadt, der Teufel möge sie in lauter kleine Fetzen zerreißen!«

»Sascha«, bat ich, »erzählen Sie doch, wie sind Sie eigentlich damals nach China gereist?«

»Reisen tut man dahin genauso wie überall sonsthin; man setzt sich auf den Dampfer, und das übrige ist dann Sache des Kapitäns«, sagte er, seine Pfeifen prüfend. »Kapitäne sind immer Säufer, Lästermäuler und Raufbolde. Das ist nun mal Naturgesetz! Geben Sie mir eine Zigarette!«

Er zündete sich die Zigarette an und schnupperte mit dem einen Nasenloch an den aufsteigenden Rauchwölkchen herum.

»Der Tabak ist verflucht leicht – pour les dames.«

Winokurow ist schon über fünfzig, aber noch stramm und rüstig. In seinem soldatisch-hölzernen Gesicht leuchten ein paar helle Augen; ihr Blick ist ruhig; es ist der Blick eines Menschen, der viel gesehen hat, sich über nichts mehr wundert und vor nichts Angst hat. Es ist immer, als sähe er über die Menschen hinweg, an ihnen vorbei. Er behandelt sie herablassend, beinahe als vornehmer Herr. Mit der Heilkunde gibt er sich nicht mehr ab.

»Ich habe herausgefunden, daß die Medizin eine ganz blinde Wissenschaft ist.« Er betreibt in der Stadt eine »Kefiranstalt und bulgarische Joghurthandlung nach Professor Metschikow, mit Lieferung ins Haus.«

»Erzählen Sie doch etwas«, bitte ich ihn.

»Ich muß mich wirklich wundern über Ihre Unersättlichkeit! Wozu in aller Welt brauchen Sie diesen Schutthaufen menschlicher Worte! Was soll ich erzählen?«

»Irgend etwas, was Sie gesehen haben.«

»Na, wissen Sie! Da könnte ich ein Jahr lang reden! Ich habe alles gesehen, was so vorkommt, alle Störungen.

Weshalb ich Störungen sage? Ja, wie soll man das sonst nennen? Sticht da ein Dampfer in See, man bekreuzigt sich zum Abschied – nun also los, wohin es gerade gehen soll. Dann fährt man einen Tag und eine Nacht, und noch einen Tag und noch eine Nacht. Ringsum ist nichts als Wasser und Himmel, ich bin aber ein ruhiger Mensch, ich habe das gern. Mit einemmal pfeift es, das heißt also, man ist irgendwo angelangt. Solchen Aufenthalt nenne ich nur eine ›Störung‹. Das ist genau, als ob man nachts so für sich hin ginge und plötzlich gegen einen Zaun anrenne.

Na, und da geht denn sofort bei den lieben Passagieren oben auf Deck ein ganz hysterisches Durcheinander los. Passagiere sind eine ganz besondere Sorte Menschen, eine ganz blöde Sorte. Auf See, an Bord eines Schiffes werden alle Menschen ganz lächerlich kindisch; davon, daß ihnen allen immer schauderhaft übel ist, schon gar nicht zu reden. Überhaupt, auf See sieht man so recht, was für ein nichtiges Geschöpf der Mensch ist, noch schlimmer als auf dem Festlande. Darin sehe ich auch den erzieherischen Wert der Seereisen. Abschließend möchte ich glattweg sagen: Es gibt auf Erden und auf See nichts Schlimmeres als ›Passagiere‹.

Ein Tagedieb langweilt sich natürlich überall. Auf See aber wird jede Langeweile besonders bösartig, weil alle Passagiere ihrem Wesen nach doch Tagediebe sind. Vor lauter Langeweile gehen sie so weit, daß sie ohne Rücksicht auf Rang, Orden, Reichtum und sonstige Vorrechte einen Heizer wie ihresgleichen behandeln. Einen solchen Fall habe ich mal mit eigenen Augen beobachtet. Wie Hunde auf einen Fettammer losstürzen, so rennen sie an Bord, um sich an den fremden Gestaden zu weiden. Meinethalben, weidet euch nur daran, aber wozu all die Unruhe und Aufregung? Sie müssen aber immer gleich mit den Füßen trampeln und großes Geschrei machen: ›Ach, seht mal, ach, seht bloß!‹ Und dabei ist überhaupt nichts Besonderes zu sehen: Alles ist wie immer und überall: Land, Häuser, Menschen, kleiner als Mäuse. Und jedesmal passiert dann bei der Aufregung irgendein Unglück: In Alexandria hat irgendein verflixtes Mädel mir ein Fläschchen Acidum carbonicum, das eine Drachme faßte, zerschlagen. Natürlich stank dann die ganze erste Klasse danach; der Offizier warf mir dafür solche Worte an den Kopf, daß eine Dame sich vor lauter Entrüstung beim Kapitän beschwerte, aber aus Versehen auch über mich. Oder eine andere Geschichte: Ein kleines Mädchen klemmt sich den Finger in der Tür des Ordinationszimmers, der Vater aber stößt mich mit dem Stock in die Milz. Weil er Diplomat ist! Es ist immer dieselbe Sache: lauter ganz unnötige Dummheiten.

Kurz gesagt – auf unserm Erdball habe ich nichts Besonderes gesehen; überall wird man gleichermaßen beleidigt, tätlich oder mit Worten. Am schlimmsten auf der asiatischen Halbkugel, auf den anderen aber auch. Was sagen Sie? Es gibt nur zwei Halbkugeln? Ich halte das für einen Irrtum in der Auffassung. Wenn man die Sache rein praktisch ansieht und unsere Weltkugel, einem beliebigen Grad folgend, von Pol zu Pol zerschneidet, dann müssen unbedingt so viele Halbkugeln herauskommen, wie wir Grade haben, oder auch mehr, wenn man will. Geben Sie mir noch eine Zigarette!«

Er rauchte an, blinzelte und sagte:

»Eigentlich sollte man nicht rauchen, die Wachteln meiden den Rauch.«

Dann fuhr er ruhig, mit leiser Stimme fort:

»Manchmal gibt es ja auch interessante Ereignisse, für die Seelenruhe ist es aber zuträglicher, wenn sie ausbleiben. Zum Beispiel: einmal im Chinesischen Meer – es gibt nämlich so eins, obschon es sich in nichts von anderen Meeren unterscheidet –, also wir fahren auf diesem

Meer mit großer Verspätung auf Hongkong zu. Nachts, in pechrabenschwarzer Finsternis, bemerkt die Wache ein ungewöhnliches Licht. Ich, der Zweite Offizier, der Steuermann und der Büfettier, wir spielen gerade Préférence, als wir plötzlich den Ruf hören: ›Feuer auf See!‹

Natürlich gingen wir auf Deck, uns die Sache ansehen – sogar ohne unsere Partie zu Ende zu spielen. Wenn man eine lange Seereise macht, interessiert einen zuletzt jeder Quark. Sogar Delphine anzusehen macht schließlich Spaß, obschon dieser für Menschen ungenießbare Fisch aussieht wie ein Schwein, worin auch der ganze Witz der Sache liegt. Also, ich schaue mich um, es ist eine ganz gewöhnliche, schwüle Nacht, eine Hitze wie in einer überheizten Badestube, der Himmel ist schwer bewölkt und sieht ebenso struppig aus wie das Meer. Natürlich ist's stockfinster. Weit weg von uns lodert hell ein mäßig großes Feuer; die Spitzen der Flammen sind gegen den Himmel und das Meer gesträubt, wie etwa die Borsten eines Igels, aber eines sehr großen Igels, so groß wie ein Hammel. Es flackert und wächst. Besonders interessant war die Geschichte eigentlich nicht. Und ich hatte vorher gerade Glück im Spiel gehabt.

Ich habe die Beobachtung gemacht, daß die Menschen eine geradezu abgöttische Leidenschaft fürs Feuer haben. Sie wissen ja, bei patriotischen Festen, Geburtstagen, Hochzeiten und anderen Gelegenheiten, die die Menschen Festtage nennen – außer bei Begräbnissen –, liebt man Illuminationen, also Spielereien mit Feuer. Auch bei Gottesdiensten – na, dazu kann man schließlich auch die Begräbnisse rechnen! Jungens machen ja sogar im Sommer gern Feuer, wofür man das Kroppzeug mörderisch durchprügeln sollte, um die gefährlichen Waldbrände zu verhindern. Also, was ich sagen wollte, ein großes Feuer sieht sich jeder gern an, und die Menschen rennen immer eilends darauflos, genau wie die Nachtfalter. Die Armen freuen sich, wenn ein Reicher abbrennt, und überhaupt zieht es jeden Menschen, der Augen hat, zum Feuer hin, das ist ja allgemein bekannt.

Die Passagiere strömten also auf Deck, freuten sich an dem Schauspiel und stritten sich träge darum, was da wohl brennen möge. Als ob sie nicht ganz genau wüßten, daß auf See eben nur verschiedene Sorten Schiffe brennen können, denn andere Bauten von Menschenhand gibt es auf der weiten Wasserfläche doch nicht. Das versteht ja ein taubstummes Kind! Man muß sich wirklich wundern, wie diese Passagiere die einfache Wahrheit nicht verstehen, daß auch die größte Schwall von überflüssigen Worten nicht die Langeweile aus dem Leben vertreiben kann.

Na ja. Also ich höre ganz bescheiden auf das lebhafte Gespräch der von dem seltenen Anblick begeisterten Leute, als plötzlich eine weibliche Stimme erklingt:

›Da müssen aber doch auch Menschen dabeisein!‹

Ich mußte lachen. Zu dumm! Das versteht sich doch von selbst, daß ein Schiff nicht ohne Menschen in See gehen kann. Und die hat das jetzt erst herausgefunden! Da schreit sie aber auch schon los:

›Die müssen wir doch retten!‹

Nun ging der Streit los. Die einen stimmten ihr bei, ›ja, wir müssen sie retten‹, die anderen, die sachlicher dachten, wiesen darauf hin, daß wir sowieso schon Verspätung hätten. Aber die Dame war dickköpfig und ließ nicht locker – später hörte ich, daß sie aus Kars nach Japan zu ihrer Schwester reiste, deren Mann da an der Botschaft war, und auch weil sie Lungentuberkulose hatte; na also, die ließ nicht locker, verlangte, daß die Schiffbrüchigen gerettet werden, und forderte die Passagiere auf, sie sollen eine Abordnung zum Kapitän schicken, ihn bitten, dem brennenden Schiff Hilfe zu leisten. Man antwortete ihr höchst sachlich, es handle sich doch vielleicht um ein chinesisches Schiff und die Menschen darauf seien wohl auch Chinesen, aber das half alles nichts, im Gegenteil, sie brach wieder in ihr hysterisches Gekreisch aus und bewog schließlich drei Herren, zum Kapitän zu gehen und ihre Bitte vorzutragen. Der widersprach, wies auch auf die Verspätung hin, sie behaupteten aber, es gäbe eine Bestimmung im Seerecht, daß man Schiffbrüchigen unbedingt Hilfe bringen müsse, und drohten ihm sogar, sie würden ein Protokoll über den Vorfall aufnehmen.

Die Radaumacherin setzte also wirklich ihren Willen durch, der Kapitän änderte den Kurs, und wir arbeiteten uns in der Finsternis durch das zottige Meer, die hügligen Wellen hindurch, dem Feuer zu. Die Mannschaft tat schimpfend ihre Arbeit und schickte sich an, die Boote hinabzulassen. Wie wir ganz nahe herangekommen waren, sahen wir einen elenden chinesischen Zweimaster in Flammen stehen, in seiner Nähe schwammen zwei kleine Boote, vollgepfropft mit Menschen, die da schrien und brüllten. Vorn auf dem brennenden Schiff, am Bug, stand ein großer dürrer Mensch, ganz regungslos… Das Feuer wütete mächtig, am Heck brannte es schon lichterloh, die Masten sahen aus wie Kerzen, sogar an der Brücke leckten die Flammen. Der Mann da vorn aber stand wie eine Schildwache und rührte sich nicht. Man sah ihn ganz deutlich.

Unsere Mannschaft holte die Leute aus dem einen Boot – sieben Mann waren es, aus dem andern Boot sprangen drei vor übermäßiger Angst ins Wasser und ertranken. Die Geretteten gaben an, ihr Herr sei auf dem Schiff zurückgeblieben und wolle mit seiner Habe untergehen. Unsere Matrosen schrien ihm aus Leibeskräften zu: ›Spring ins Wasser, du Satan!‹ Aber schließlich konnten wir ihn doch nicht mit einer Schlinge herunterholen! Wir hatten ja keine Zeit, uns lange mit seinem Eigensinn zu placken. Der Kapitän gab sein Pfeifensignal. In dem

Augenblick, wo das Feuer das Vorderteil des Schiffs ergriff, sah ich ganz deutlich, wie der Asiat da drüben einen Satz machte, plötzlich ganz in Flammen eingehüllt war, sich mit den Händen an den Kopf griff und dann in den Flammen untertauchte wie in einen Abgrund.

Die Hauptsache bei der ganzen Geschichte ist aber natürlich nicht das Benehmen des Chinesen. In diesem Volk ist wegen seiner großen Zahl, wegen der Dichte der Bevölkerung, der einzelne gegen sich selbst völlig gleichgültig. Das geht bei ihnen so weit, daß sie, wenn sie zu zahlreich werden, auslosen, wer sterben soll. Und wer das Los zieht, der stirbt auch gehorsam. Bei ihnen ist es so: Wenn in einer Familie ein zweites Mädel geboren wird, wirft man es in den Fluß. Mehr als eine Tochter zu haben ist nicht üblich.

Also ich wollte sagen, es handelt sich hier nicht um den Chinesen, sondern um die schwindsüchtige Dame. Die fauchte den Kapitän an, weshalb er nicht Befehl gegeben habe, das Feuer auf jenem Schiff zu löschen.

Er redet ihr gut zu:

›Aber gnädige Frau, ich bin doch kein Feuerwehrmann.‹

Sie schrie los:

›Es ist doch aber ein Mensch dadurch umgekommen!‹

Man suchte ihr klarzumachen, daß so etwas sehr häufig vorkommt, sogar auf dem Festlande, sie ließ aber nicht locker!

›Wissen Sie auch, was das heißt, ein Mensch?‹

Natürlich feixten alle.

Sie aber sprang auf sie los, wie so ein Schoßhündchen, und kläffte:

›Ein Mensch, ein Mensch...‹

Den andern wurde das schließlich lästig, und sie gingen fort. Da trat sie an den Schiffsbord und brach in Tränen aus. Ein hoher Beamter ging auf sie zu – ein richtiger

Würdenträger, ich habe den Namen vergessen – und bat sie eindringlich, sich zu beruhigen.

›Es ist wirklich alles geschehen, was unter den Umständen möglich war.‹

Sie wies ihn aber mit harten Worten zurück.

Darauf sagte ich durchaus ehrerbietig zu ihr:

›Gnädige Frau, darf ich Ihnen vielleicht Baldriantropfen reichen...‹

Sie flüsterte nur, ohne mich anzusehen:

›Idioten seid ihr alle!

Ich muß offen sagen, wenn ich auch im allgemeinen bescheiden bin – das ärgerte mich doch. Immerhin bemühte ich mich, ruhig zu bleiben, und sagte, so höflich ich konnte:

›Meine Dame, dieser Skandal, an dem nur Ihr edelmütiges Herz schuld ist, empört auch meines...‹

Sie verschmähte aber auch meine Höflichkeit und schrie mir mitten ins Gesicht:

›Machen Sie, daß Sie fortkommen!›

Daraufhin entfernte ich mich natürlich, ließ aber großmütig ein Medizinglas mit Baldriantropfen vor ihr stehen. Ich ging beiseite und hörte, wie sie sich schneuzte und heulte. Ich stand da und hatte die Empfindung, daß in diesen Tränen um den unbekannten Chinesen eigentlich etwas für mich recht Kränkendes lag. Sie kann doch unmöglich immer aufrichtig um alle weinen, die vor ihren Augen aus irgendeinem Grunde umkommen.

In Singapore sahen wir Hunderte von Indern Hungers sterben, und keiner von unseren Passagieren hat deswegen Tränen vergossen. Nun, gewiß, das war ein fremdes Volk. Aber vor meinen Augen sind Dutzende von unseren Landsleuten, von Russen – Matrosen, Hafenarbeiter und andere Leute – verletzt, zerrissen, zerquetscht worden, und die Passagiere sind völlig gleichgültig geblieben, wenn man von der Angst und dem Nervenschock absieht, die sie kriegten, weil sie's nicht gewohnt waren, so viel Blut zu sehen.

Ich habe viel über den Vorfall mit dieser Dame nachgedacht, habe immer wieder darüber nachgedacht und bin doch nicht ins klare gekommen...«

Winokurow zupfte an seinem Schnurbart, lauschte in die Abendstille hinein und sagte dann mißmutig:

»Es scheint mir doch, daß ihr Handeln völlig zwecklos war...«

Es ist Nacht. Matt leuchten an dem trübblauen Himmel die Sterne. Das Stückchen Mond ist verschwunden. Eine niedrige dürre Tanne in unserer Nähe sieht jetzt in der Dunkelheit einem Mönch recht ähnlich.

Sascha Winokurow macht den Vorschlag, zum Waldhüter zu gehen, um dort die Morgendämmerung und das Erwachen der Wachteln abzuwarten. Wir brechen auf. Während er schwer durch das nasse Gras stapft, sagt er:

»Wenn die Suppe sehr heiß ist, kann man nicht herausschmecken, ob sie gesalzen ist.«

Der Erbe

Als der rothaarige, langnasige Arzt mit seinen kalten Fingern Jegor Bykows Körper betastet und in einem Baß, der keinen Widerspruch duldete, erklärt hatte, daß die Krankheit vorgeschritten und gefährlich sei, fühlte Bykow sich ebenso gekränkt wie in seiner Jugend, als er, ein blutjunger Rekrut, im Feldzug gegen die Türken sich bei Jeni-Sagra mit zerschossenem Bein in einem Dornengestrüpp wälzte, der schwarze nächtliche Regen ihn durchnäßte, sein Fleisch sich im scharfen Schmerz langsam von den Knochen löste.

»Was heißt das? Werde ich vielleicht sterben?«

Der Arzt saß am Tisch, versuchte, mit der eingerosteten Feder zu schreiben, und sagte irgend etwas Unverständliches; doch der betrübte Bykow hörte nicht auf ihn. Er blickte zum Fenster hinaus, auf die Straße, wo der Wind Federn, Späne und Staub vor sich her trieb.

»Na, Sie haben tüchtig getrunken...«

In Gedanken beschimpfte der Kranke den Arzt, dann sagte er:

»Das ist doch kein Grund; viele Menschen trinken und sterben doch nicht vor der Zeit!«

Und wütend dachte er:

›Dort – das Huhn; dieses Huhn wird leben, wird Eier legen, wird Küken ausbrüten, und du mußt sterben! Und alle Arbeit deines mühseligen Lebens wird umsonst sein.‹

Schweigend geleitete Bykow den Arzt zur Tür und ging dann, in Unterzeug und grauem Schlafrock, Schlappschuhe an den Füßen, zum Spiegel. Er betrachtete lange das unheimlich getreue Abbild seines schmalen, knochigen Gesichts mit den düsteren grünlichen Augen und dem langen Bart, der von Wangen und Kinn in glatten Strähnen auf die Brust herabfiel. Er sah nicht gut aus. Bykow seufzte, ächzte leise und setzte sich ans Fenster, in einen Ledersessel. Er fühlte, wie sich die Krankheit in seiner rechten Seite bewegte, unermüdlich an der Leber herumbohrend und seinen ganzen Körper mit trunkener Schwäche und bitterem Gram erfüllend.

›Sie haben tüchtig getrunken! Ja, womit tröstest denn du dich, du Narr?‹ fragte er, dem Arzt nachblickend, der in eine Droschke stieg.

»Soll ich den Samowar bringen?«

Die Köchin Agafja, ein dickes, dummes Weib, stand in der Tür.

»Wie oft habe ich's dir gesagt, du rote Fratze: Stell den Sessel nicht ans Fenster, in die Sonne! Sieh, wie ausgeblichen er ist. Glaubst du, die Sonne scheint nur dazu, um die Möbel zu verderben?«

»Aber Sie haben doch den Sessel selber dorthin gerückt«, erwiderte Agafja gelassen.

Bykow erinnerte sich, wie schwer es ihm gefallen war, den Sessel zu rücken; dies und die gleichmütige Antwort der Alten erbosten ihn noch mehr.

»Geh zum Teufel!«

Agafja verschwand. Bykow sah ihr nach und dachte:

›Die da wird noch vierzig Jahre leben, und ich muß sterben! Und was soll aus meinem Eigentum werden? Ich habe keine Zeit gehabt zu heiraten, die Geschäfte nahmen mich zu sehr in Anspruch. Ich hätte gleich nach dem Kriege heiraten sollen, dann hätte ich jetzt Kinder. Ich habe mich auch zu spät an den Arzt gewandt. Wie konnte ich wissen, daß mir ein so kurzes Leben beschieden ist?‹

Er neigte den Kopf und beklagte sich laut:

»Ach, mein Gott, mein Gott…«

Das dümmste und ärgerlichste an der Sache war, daß er niemand hatte, dem er seinen Besitz vermachen könnte, sein Eigentum, das er durch zwanzigjährigen Kraftaufwand und Schlauheit angehäuft hatte. Sollte er es einem Kloster oder zu irgendwelchen wohltätigen Zwecken hinterlassen? Sein Verstand sträubte sich dagegen. Bykow wußte recht gut, daß die Popen, Mönche und alle die anderen Leute, die Gottes irdischen Besitz verwalten, unzuverlässig und ebensolche dunkle Sünder sind wie er selbst. Auch stand er sich mit Gott nicht besonders; Bykow verhielt sich ihm gegenüber vorsichtig und mißtrauisch; immer fühlte er, daß Gott alle seine Geschäfte und Pläne gut kannte, sie aufmerksam verfolgte und daß niemand anders als eben Gott es war, der ihn schon oft gestört und sich seiner, ihm zum Lebendsbedürfnis gewordenen menschlichen Habgier widersetzt hatte. Mitunter war es vorgekommen, daß alles schon im Zug war, alles klappte, da flammte aber plötzlich, einem Streichholz gleich, ein Flämmchen in Bykows Seele auf, das graue, nebelhafte Gedanken und Furcht vor Sünde und Strafe wachrief, ja zuweilen sogar unklares Mitleid mit den Menschen, die Bykow in die Klemme gebracht oder übers Ohr gehauen hatte.

Er wußte recht wohl, daß nicht der Teufel es war, der mit ihm Schabernack trieb, sondern das Gott mit ihm spielte und ihn gegen alle Vernunft zwang, den Menschen nachzugeben. Halb gekränkt, halb scherzend beklagte er sich oft bei seinem Kostgänger und Freunde Kikin, einem buckligen, bescheidenen Menschen mit Vogelaugen:

»Wieso ist es denn meine Pflicht, die Menschen zu schonen? Mich hat niemand geschont. Mir hat kein Mensch je eine Wohltat erwiesen.«

»Natürlich ist's Unsinn«, pflichtete Kikin ihm bei.

Als er sich Kikins erinnerte, nahm Jegor Bykow einen Besenstiel in die Hand und klopfte damit gegen die Decke.

Ein paar Minuten darauf glitt das kleine bucklige Männchen lautlos durch die Tür; es hatte krumme Beine und drehte sich beim Gehen wie ein Korkenzieher.

»Nun, wie geht's?« fragte Kikin und zwinkerte mit den Augen wie ein krankes Huhn.

»Ich muß sterben, heißt es!«

Kikin strich sich mit der Hand über das bartlose, gelbe Gesicht.

»Vielleicht hat er gelogen?«

»Nein. Ich weiß es selbst.«

»So. Etwas früh.«

»Das ist es eben!« Nun – sterben muß jeder, dagegen ist kein Kraut gewachsen. Ich bin Soldat. Aber was soll ich mit meinem Vermögen anfangen?«

Der Bucklige schenkte sich Tee ein, scharrte mit den Füßen auf dem Boden und seufzte:

»Nach dem Gesetz fällt der Besitz an deinen Neffen Jakow Somow.«

»Der ist aber doch kein rechter Neffe, sondern nur ein weitläufiger Verwandter!« stöhnte Bykow empört, und durch diese Empörung wurde der Schmerz in seiner rechten Seite noch verstärkt. »Ich weiß nicht einmal, wie er ist, habe ihn kaum fünfmal gesehen.«

»Ja, aber nach dem Gesetz ...«

»Das Gesetz!« Bykow knirschte mit den Zähnen und schimpfte kräftig.

»Schließlich könntest du ja alles zu wohltätigen Zwekken vermachen«, riet Kikin widerstrebend.

»Nein, ich werde mein Korn nicht auf Steinen aussäen!«

»Natürlich ist's kein Vergnügen.«

Bykow dachte nach, sagte wütend noch einiges und beauftragte dann den Buckligen, den Neffen für morgen einzuladen.

»Ich will mal sehen, was das für ein Kerl ist.«

Jakow Somow kam am nächsten Tag, grüßte höflich und sagte, ohne die Hand zu reichen:

»Guten Abend!«

Seine Stimme war nicht laut, aber angenehm und klar, und die Worte klangen voll und gewichtig; man fühlte, daß er keine Redensarten machte, sondern das, was er sagte, aufrichtig meinte. Er war nicht groß von Wuchs, aber kräftig gebaut. In seinem wettergebräunten Gesicht strahlten weich und ruhig ein Paar hellblaue Augen, über das linke Ohr hing ein Schopf hellbrauner Haare herab, unter der großen Nase kräuselte sich ein heller Schnurrbart. Etwas Kräftiges, Reines, Anziehendes ging von ihm aus. Bykow bemerkte es sofort, da er aber aus Gewohnheit immer mißtrauisch war, sagte er sich:

›Ein dummes Gesicht. Sicher ein Weibernarr.‹

Er betrachtete den jungen Mann aufmerksam. Der war ärmlich gekleidet: Er trug ein blaues Hemd und einen Rock aus grobem Zeug, die Drillichhosen waren in die Stiefelschäfte hineingesteckt. Vor Schmerz stöhnend, fragte Bykow den Neffen umständlich aus, was und wer er sei. Es erwies sich, daß Jakow neunzehn Jahre alt und Kommis in einer Holzhandlung war, daß er im Kirchenchor als erster Tenor sang und im übrigen mit Leidenschaft Fische angelte und Bücher las. Bykow dachte verdrießlich, während er diesen ruhigen Bericht anhörte:

›Er spricht wie in der Beichte. Natürlich lügt er. Hat erraten, wozu ich ihn kommen ließ, und will sich lieb Kind machen.‹

Und plötzlich stieß er wider Willen, sein dunkles Gesicht zu einem Lächeln verziehend, die Worte hervor:

»Und ich muß sterben.«

Dann hörte er die Antwort:

»Nun, wieso denn?«

»Wieso?« fragte Bykow überrascht und zornig. »Ich bin krank!«

Und dachte bei sich:

›Der Bursche ist dumm!‹

Der Neffe aber sagte mit einer Bykow unbekannten, freundlichen Eindringlichkeit:

»Gegen jede Krankheit gibt es ein Mittel, zum Beispiel: Möhrensaft. Vor einem Jahr war ich an Schwindsucht erkrankt, da riet mir die Mutter des Chordirigenten, eine gute, kluge alte Frau, des Morgens auf nüchternen Magen ein Glas Möhrensaft zu trinken. Und ich wurde gesund.«

Freundlich lächelnd strich Somow sich mit der Hand über Hals und Brust, und Bykow fühlte, wie die ruhigen Worte des Neffen seinen Schmerz linderten.

»Das war Schwindsucht, ich habe aber ganz was anderes.«

»Die Schwindsucht ist auch eine Krankheit. Nein, Sie müssen unbedingt Möhrensaft versuchen oder Meerrettich mit Spiritus abgezogen. Meerrettich wirkt noch besser; er enthält Salpeter, und Salpeter ist das beste Mittel gegen Fäulnis. Wenn man Fische einsalzt, tut man auch Salpeter hinzu, damit sie nicht verfaulen. Jede Krankheit ist eine Art Fäulnis...«

Erstaunlich angenehm sprach Jakow Somow, die Worte rieselten ihm wie Sandkörner von den Lippen. Bykows Mißtrauen gegen den jungen Neffen zerstreute sich.

»Woher weißt du das?«

Bereitwillig, wie einem alten Freunde, erzählte Jakow ihm die Geschichte seiner Bekanntschaft mit einem gebildeten Mann, einem ausgezeichneten Angler, der sich im vorigen Herbst erschossen hatte.

»Weshalb denn?«

»Aus unglücklicher Liebe...«

»Nun, sich erschießen, das ist eine Dummheit!«

»Er war von gerader Natur...«

»Was meinst du damit?«

»Er war in seinen Gefühlen sehr geradezu...«

»Hm«, sagte Bykow und dachte:

›Ein merkwürdiger junger Mann. Geschwätzig. Natürlich – das macht die Jugend...‹ So unterhielten sie sich noch längere Zeit, dann sah Somow auf die gemächlichen Zeiger der Wanduhr, sagte, daß er zur Gesangsprobe müsse, verabschiedete sich höflich und ging. Jegor Bykow legte sich aufs Sofa und dachte nach. Lange Gespräche ermüdeten ihn immer – worüber sollte man sich auch unterhalten? Man sah doch immer gleich, was die Menschen von einem wollten, und was man selbst von den Menschen brauchte, das wußte man auch immer. Dieser hier war aber ein eigenartiger Mensch, wenn auch blutjung. Bescheiden, gar nicht zudringlich, wie Verwandte immer zu sein pflegen; er hatte Bykow auch nicht ein einziges Mal Onkel genannt und wußte doch bestimmt, daß der Oheim sonst keine Verwandten hatte. Vielleicht war das alles nur List? Er sah aber nicht danach aus.

Kikin kam müde und schweißig aus dem Speicher, wo Hanf eingeliefert worden war, und setzte sich an den Tisch.

»Ist er hier gewesen?«

»Ja.«

»Nun, wie ist er?«

»Das kann man doch nicht gleich herauskriegen. Jedenfalls scheint er gutmütig zu sein.«

Kikin schenkte sich Tee ein, aß hastig und gierig Brot mit Wurst und hörte aufmerksam den nachdenklichen Worten des Kranken zu.

»Er liebt es, zu trösten. Tröster sind Betrüger, ich traue ihnen nicht. Auf Gutmütigkeit gebe ich auch nicht viel. Die Menschen sind's ja gewohnt, so zu leben, als ob der Herr sie eigens dazu geschaffen hätte, damit sie einander verspotten.«

»Ja, das ist richtig!« bestätigte der Bucklige, der sein Lebtag wegen seiner Mißgestalt unbarmherzig verspottet worden war.

»Ja, so ist es! Und der Teufel hetzt uns aufeinander wie die Kampfhähne. Die Menschen sündigen, der Teufel lacht; was Gott sich dabei denkt, ist niemand bekannt. Wie der Polizeichef im Theater sieht Gott zu und schweigt...«

Noch lange redete Bykow in dieser Art weiter, gekränkt und verdrossen, dann schloß er müde die Augen und erkundigte sich:

»Was hast du denn über ihn gehört, über den Jakow?«

Kikin strich Honig auf ein Stück Brot, drehte sich mit dem Stuhl zugleich um und berichtete:

»Sein Prinzipal, Titow, sagt, der junge Mann sei fleißig, aber zuweilen etwas sonderbar.«

»Was meint er damit?«

»Das wußte Titow mir nicht zu erklären, ich habe es aber so verstanden, daß Jakow dazu neigt, unnütze, überflüssige Dinge zu tun. Auch beim Diakon habe ich mich erkundigt: Der lobt den Jungen rückhaltlos, man darf ihm aber natürlich nicht so ohne weiteres glauben, die beiden sind befreundet und gehen zusammen angeln. Jakows Zimmerwirtin sagte mir, daß er nur wenig trinkt, und auch das nur in Gesellschaft. Sein Verkehr ist nicht sehr vornehm, Gießer aus der Kononowschen Fabrik, Schlossergesellen, ein Bader...«

»Nun – schließlich kann er ja doch nicht mit dem Gouverneur verkehren!«

»Weiber bringt er nicht ins Haus, ist sehr sauber, ordentlich und gutmütig.«

»Gutmütig?«

»Ja.«

»Weil er eben jung ist! Nun, er weiß wohl schon, daß du dich nach ihm erkundigt hast, und hat wohl erraten, warum ich ihn kommen ließ.«

»Das glaube ich kaum; ich war sehr vorsichtig beim Ausfragen.«

Bykow schwieg und sann nach.

»Ja, was soll man machen? Es wird wohl doch das beste sein... Versuch, noch einiges über ihn zu erfahren. Und sag ihm, daß er mich besuchen soll, ich glaube, ich habe vergessen, ihn dazu aufzufordern.«

Dann aber rief er gramerfüllt:

»Stell dir doch vor, wie schwer es für mich ist: Da habe ich gearbeitet und gearbeitet, Sünden über Sünden auf meine Seele geladen – und für wen? Für einen hergelaufenen Menschen, ein Rotzmaul! Hä?«

»Eine dumme Sache«, sagte überzeugt der schüchterne Bucklige und zwinkerte ängstlich mit den runden Augen.

Es war, als hätte die Krankheit nur auf die sakramentalen Worte des Arztes gewartet. Nach seinem Besuch schritt sie immer rascher vorwärts, der stechende Schmerz in der Seite wurde immer stärker, trübte das Bewußtsein, und es war Bykow, als fräßen Kummer und Kränkung, winzigen Würmern gleich, an jedem Punkte seines Körpers.

»Wie geht's?« erkundigte sich Kikin.

Bykow ächzte:

»Ich sterbe ja zum erstenmal, da fällt's mir schwer, hab noch keine Übung!«

Er liebte es, Späße zu machen, und verstand zu scherzen. Diese Gabe war ihm oft zustatten gekommen, vor allem, wenn die Leute, denen er das Fell über die Ohren gezogen hatte, ihn beschimpften, ihm Vorwürfe machten. »Das hat wohl Gott gewollt, daß ich dich meistern sollt«, pflegte er dann dem Geschädigten zu sagen.

Jetzt aber glückten ihm die Späße nicht, und nur aus Gewohnheit machte er sich, wie immer, über Kikin lustig, den seine Spötteleien nicht mehr kränkten. Den ganzen Tag lag Bykow auf dem Sofa, den Kopf in die Ecke gedrückt, wo die Heiligenbilder hingen. Er fühlte, wie dieser Kopf immer leerer wurde, zuletzt so leer war wie eine Schelle, und nur der eine Gedanke in ihm erklang und nachzitterte:

»Ich sterbe. Wofür?«

Zuweilen suchte er, um diese Frage zu übertönen, sich halbvergessener Gebete zu erinnern: »Allmächtiger Gott... bewahre uns vor der Hölle, vor allem Bösen... vor allen bösen Geistern der Finsternis...«

Er fühlte aber, daß diese Worte ihn nicht mit dem Willen Gottes, mit der Unvermeidlichkeit eines vorzeitigen Todes aussöhnen konnten, sondern seinen bitteren Schmerz nur noch verstärkten.

Er stand auf, warf den grauen Schlafrock über und ging am Spiegel vorbei zum dunkelblauen, gähnenden Viereck des Fensters. Der Spiegel gab die hagere, lange Gestalt eines Häftlings wieder, ein dunkles Gesicht mit trüben Augen und zerzaustem Bart. Er nahm einen Kamm, strich sich das Haar und den Bart glatt und blickte auf die Straße, auf die von dichten Gärten umgebenen Häuser, die fest und massiv gebaut waren, als sollten sie Jahrhunderte überdauern.

Die Straße war still, menschenleer, heiß. Die meisten ihrer Bewohner waren in die Sommerfrische gegangen. Vor den Toren lungerten die Hausknechte herum. Es war sehr still, nur die Vögel zwitscherten eifrig in den Gärten, jedoch ohne Bykow von seinem Nachgrübeln über die Ungerechtigkeit Gottes abzulenken. Diese Häuser mit ihren tief in den Erdboden eingelassenen Grundmauern, diese aus Backsteinen gefügten Menschennester werden unzählige Jahre dastehen. Der Mensch aber, ihr Erbauer, der die Erde mit den Werken seiner Hände schmückt, ist zu einem frühen Tod verdammt. Wofür? Wofür wird Jegor Iwanowitsch Bykow, Kaufmann zweiter Gilde und Ritter des Georgskreuzes, der noch nicht einmal fünfzig Jahre alt geworden ist, mit einem vorzeitigen Tod bestraft? Hat er denn mehr gesündigt als die anderen, und muß denn der Mensch für seine Sünden sterben?

An den Abenden, da Jakow Somow kam, wurde dem Kranken leichter ums Herz. Die Reden des Neffen lenkten ihn von seinen trüben Gedanken ab und erfüllten ihn mit reger Neugier, mit dem Wunsch, den jungen Burschen zu verstehen, und mit schmerzlichem Neid: Der wird lange, ruhig und behaglich leben, und das alles auf Kosten seines – Jegor Bykows – Aufwands an Kraft und Zeit, wird leben dürfen, ohne zu sündigen. Ist es nicht eine Ungerechtigkeit und eine Dummheit, die Sinn und Verstand hohnspricht!

Jakows Reden waren sehr interessant. Bykow fühlte sich oft von den ihm neuen Ansichten des Neffen angenehm überrascht; doch schienen ihm die Worte des Neffen eine merkwürdige Mischung von Dummheit und Vernunft zu sein. Das hinderte ihn, ein bestimmtes Verhältnis zu Somow zu finden, und doch wollte er so schnell wie möglich zu einem solchen Verhältnis kommen.

›Ist er von Natur aus dumm oder nur, weil er so jung ist?‹ fragte sich Bykow, wenn er Jakow zuhörte; der aber sagte nachdenklich lächelnd:

»So zu leben, wie die meisten Menschen leben – das ist langweilig; anders zu leben ist aber schwer.«

»Das ist richtig«, sagte Bykow zustimmend, »aber die Menschen sind doch verschieden!« Und es ärgerte ihn, wenn der nette junge Bursche, ohne direkt zu widersprechen, doch eigensinnig behauptete:

»In der Hauptsache sind ja alle einander gleich, wenn man genauer hinsieht.«

»Und was ist die Hauptsache?«

»Daß alle sich auf fremde Kraft verlassen.«

Bykow strich sich schweigend den Bart und betrachtete den Neffen aufmerksam. Recht hat er schon. Aber er wird auch selbst von einer fremden, von seiner, Jegor Bykows, Kraft leben – begreift er das denn nicht? Wenn er es begreift, so spricht er ja gegen sein eigenstes Interesse, ist also dumm; begreift er's aber nicht, so ist er auch dumm.

Um das Wesentlichste in Jakows Charakter herauszufinden, sagte Bykow zu ihm:

»Das Leben, mein Lieber, ist ein Krieg, und sein Gesetz ist einfach: greif nur zu!«

»Ganz richtig. Daher kommen auch alle Unannehmlichkeiten.«

»Ohne Unannehmlichkeiten geht es nun einmal nicht!«

Jakow lächelte und schwieg.

Bykow war es aber, als erschiene dieses Lächeln auf dem mädchenhaften Gesicht des Neffen immer zur Unzeit, grundlos, und als hätte es etwas kränkend Herablassendes an sich.

›Er hält sich wohl für sehr klug‹, dachte er, Jakow mit zusammengekniffenen Augen betrachtend.

Noch unangenehmer war es aber, wenn Somow mitten im Gespräch verstummte, die Augen senkte und, mit einem Teelöffel oder einem Rockknopf spielend, eine ganze Weile schwieg, wie ein Mensch, der etwas Wichtiges weiß, es aber nicht sagen will. Durch dieses Schweigen fühlte Bykow sich einmal derart gereizt, daß er den Neffen heiser anschrie:

»Verstehst du denn nicht, was man dir sagt?«

Höflich, sogar schuldbewußt antwortete Jakow:

»Ich verstehe es, aber ich bin nicht einverstanden!«

»Und warum?«

»Ich denke anders darüber.«

»Ja, wie denn? So sprich doch, widerlege meine Ansichten! Warum schweigst du? Aus welchem Grunde?«

Immer mit der gleichen Höflichkeit sagte Jakow:

»Ich liebe es nicht zu streiten, und ich verstehe mich auch nicht darauf. Ich finde, dieses Hinundherstreiten bestärkt die Menschen nur in ihren verschiedenen Ansichten.«

»Die Menschen sollen also schweigen, meinst du?«

Der Neffe antwortete nicht, sondern fuhr in seiner Rede fort:

»Man streitet ja meistens nicht zu dem Zweck, die Wahrheit zu finden, sondern um sie zu verbergen. Den Menschen ist eine ganz einfache Wahrheit gegeben: Seid wie die Kinder, liebet den Nächsten wie euch selbst. Dagegen zu streiten ist ein Unding.«

›Er ist fromm‹, dachte Bykow ärgerlich und lachte boshaft auf, obgleich das Lachen seine Schmerzen steigerte.

»Kannst du denn wie ein Kind leben? Verstehst du's? Und den Nächsten lieben? Ach, du! Hast doch selbst zugegeben, daß das Leben ein Krieg ist, und jetzt... Nein, mein Lieber, da stimmt etwas nicht!«

Ohne sich an den Spott zu kehren, sagte Jakow mit sanftem Eigensinn:

»Und doch, außer dieser Wahrheit gibt es keinen Ausweg aus allem Unglück des Lebens, man muß daher seine Gedanken darauf richten.«

»Worauf?«

»Daß man so leben soll wie die Kinder.«

»Du bist aber ein dummer Mensch! Die Kinder sind doch die schlimmsten Frechlinge, die es nur gibt, weißt du das denn nicht? Sieh dir doch nur mal an, wie diese kleinen Bestien einander verprügeln!«

Der Neffe verstummte und lächelte.

Bykow wollte ihn ausschimpfen, aber er hielt an sich, stöhnte vor Schmerz und sagte verdrossen:

»Nun gut, du kannst gehen! Ich bin müde.«

Er setzte sich ans Fenster, sah, wie über den Gärten die Wolken sich röteten, und versank in tiefes Nachdenken: ›ein dunkler, unverständlicher Bursche! In seinem Hirn ist alles durcheinandergemanscht. Man kann aus ihm nicht klug werden.‹

»Oh, mein Gott! Überall sind lauter Rätsel...«

›Jakow ißt langsam, das ist ein schlimmes Zeichen: langsam essen nur Faulpelze. Und er ißt wenig, beißt, wie die vornehmen Herren es tun, kleine Bissen ab, kaut lange, wie ein Greis, obgleich er starke, gesunde Zähne hat. Er grübelt viel, aber worüber kann man bloß in seinem Alter nachgrübeln? Auch an seinem Gang merkt man, daß er ein Grübler ist. Er geht unsicher, als schritte er über unbekannten Boden dahin. Er hat etwas Mädchenhaftes an sich; hätte er nicht den kecken Haarschopf, so wäre sein Gesicht ganz weibisch.

Wie die Kinder soll man leben... Du Narr! Na, versuch's denn, so zu leben! Vielleicht ist er aber kein Narr, sondern nur weichherzig, man hat ihn wenig geschlagen, sein Herz ist nicht hart geworden? Und da er so jung ist, hofft er, ohne Sünde, ohne sich und andere zu kränken, leben zu können? Das wäre nicht übel, ist aber leider ganz unmöglich!‹

Bykow blickte auf sein eigenes Leben zurück, das nicht leicht gewesen war. Ein wehes Mitleid mit sich selbst stieg in ihm auf, und etwas von diesem Mitleid fühlte er auf seinen Neffen überströmen.

›Er weiß, daß es schwer ist, anders zu leben als die Menschen, er muß begreifen, daß man ohne Sünde ebensowenig auskommen kann wie ohne Butter: der Brei schmeckt nicht, die Arbeit klappt nicht. Der Mensch möchte sich gern weich betten. Trotzdem: der Jakow ist ganz sympathisch, es müssen wohl doch ein paar Tropfen Bykowsches Blut in ihm sein.‹

Als aber Kikin kam, sagte Bykow verächtlich:

»Nun, mein Lieber, mein Erbe ist eine fromme Seele. Man muß wie die Kinder leben, sagt er. Hast du so etwas schon gehört?«

»Das steht im Evangelium«, sagte schüchtern der Bucklige.

»Wie?«

»Im Evangelium. Christus sagt dort...«

Bykow fühlte einen brennenden Stich in der Seite und knurrte wütend zwischen den Zähnen:

»Christus war der Sohn Gottes, ich aber bin der Sohn des Bauern Iwan Bykow, das ist ein Unterschied. Christus hat nicht mit Hanf gehandelt, er hat nicht unter uns gelebt.«

Er hämmerte mit der Faust auf die lederne Armlehne des Sessels und redete sich in Wut hinein.

»Wenn er so leben will wie Christus, dann soll er Rock und Stiefel ausziehen, barfuß im bloßen Hemd gehen. Und vor allem den Haarschopf abscheren!«

Die Erregung hatte ihn ermüdet, er verzog das Gesicht, verstummte und sagte vorwurfsvoll zu Kikin:

»Und du mummelst auch: Christus, Christus! Christus und ein Buckliger haben nichts miteinander gemein. Hörst du? Die unnützen Vögel singen, der Mensch aber muß sterben. Christus war das unbekannt.«

Kikin wandte vorsichtig ein:

»In Gethsemane hat auch Christus über sein Schicksal geklagt.«

Das erfreute Bykow sehr. Erregt und hastig sagte er:

»Wie? Ja, ich erinnere mich! Richtig, ganz richtig! Der vorzeitige Tod war auch für ihn bitter. Und ich bin doch ein Mensch...«

Er stöhnte schmerzlich auf, setzte sich im Sessel zurecht, streckte die Beine aus und begann zu klagen:

»Was soll ich also tun, Kikin? In welche Hände wird mein Eigentum geraten? Ist das nicht bittrer Hohn? Da hab ich gesammelt, gespart, gesündigt, und nun soll das auf einmal vor die Hunde gehen! Wie?«

Er sprach lange, gekränkt, wütend, streckte die Hand aus und stocherte mit dem Finger in den Blumentöpfen auf dem Fensterbrett herum. Kikin hörte ihm gesenkten Kopfes zu und trommelte mit den Fingern auf dem spitzen Knie seines krummen Beines.

»Anderseits aber«, sagte er seufzend, »wenn du es weder Jakow noch irgendeinem wohltätigen Zweck vermachst, steckt sich der Staat deinen Besitz in die Tasche...«

Bykow knirschte mit den Zähnen und lachte auf:

»Genauso, als wäre ich aller Rechte verlustig erklärt und zu ewiger Zwangsarbeit verurteilt worden?«

»Genauso. Das ist eben das Dumme an der Sache!«

Beide schwiegen lange, nach einem Ausweg suchend; endlich riet der Bucklige, Jegor Bykow solle den Neffen auffordern, zu ihm zu ziehen, damit man ihn besser kennenlernen und für das Leben erziehen könne; vielleicht würde der junge Mann ernster werden, wenn er erst die Pflichten erkannt hätte, die der Besitz dem Menschen auferlegt. Bei diesem Beschluß blieb es denn auch.

Der Regen trommelt gegen die Fensterscheiben, der Wind heult laut, und wenn grelle Blitze durch die gläserne Dämmerung der Straße zucken und blaugraues Licht in das halbdunkle Zimmer flutet, glaubt man, die Blumentöpfe vom Fensterbrett herabfallen, alle Gegenstände ruckweise über den Fußboden gleiten zu sehen, nach der weißlich schimmernden Tür hin.

Die Holzscheite brennen heiß im Kachelofen. Vor dem Ofenloch sitzt Jegor Bykow und wärmt seine kalten Füße. Über seinen grauen Schlafrock, von den Knien bis zur Brust, kriechen warme, rötliche Flecke; sie beleuchten einen Teil seines Bartes, doch sein Gesicht bleibt im Schatten – ein blindes Gesicht mit geschlossenen Augen.

Kikin kauert zusammengesunken auf einer niedrigen Fußbank, hat die Hände auf der Brust, unter dem Buckel versteckt und blickt aus seinen seltsamen Augen, in denen der Widerschein des Feuers glitzert, zu Jakow empor. Der steht mit der einen Schulter an die Kacheln des Ofens gelehnt und spricht leise, als erzähle er ein Märchen:

»Je mehr der Besitz sich anhäuft, desto stärker werden bei den Menschen Erbitterung und Neid. Die Armen sehen ungeheure Reichtümer...«

Bykow stöhnt und öffnet die Augen. Kikin steckt seufzend den Schürhaken in den Ofen, stochert in den Holzscheiten herum; die Kohlen knistern, Funken sprühen auf das Schutzblech vor dem Ofen.

Bykow scharrt mit dem Fuß, zertritt die Funken und starrt vor sich hin: wie widerwärtig, wie häßlich doch alles ist! Kikins Fratze ist wie aus Leder, wie ein zerrissener Ball, mit dem man lange gespielt hat. An seinem Schädel kleben spärliche graue Haare, die aussehen, als wären sie aus Plüsch gefertigt; das Froschmaul ist vor Staunen weit aufgerissen, die Ohren gleichen denen eines Tieres oder Teufels. Jakow sieht aus wie ein Bild, das man auf die weißen Kacheln gemalt hätte; er ist nagelneu und sorgfältig gekleidet, sieht aber nicht angenehmer aus als früher.

»Du meinst also«, fragt Bykow spöttisch, »daß die Armen schließlich die Reichen ausplündern werden, nicht wahr?«

»Die Reichtümer müssen unbedingt gerecht verteilt werden...«

»So«, sagte Bykow, »so? Du denkst aber sonderbar, mein Lieber!«

»So denken Millionen.«

»Hast du sie gezählt?«

»Das Volk ist wirklich aufgebracht«, bemerkte schüchtern Kikin, der in den Ofen hineinstarrte. »Alle sind sehr unzufrieden.«

Bykow zog die Augenbrauen hoch und krächzte:

»Du hast zu schweigen! Du siehst doch – ich schweige!«

Es waren kaum zwei Monate vergangen, seit der Neffe ins Haus übersiedelt war, doch immer häufiger hörte Bykow, wie der Bucklige, wenn auch schüchtern, Jakows Reden zustimmte. Auch sah Kikin den jungen Mann unterwürfig an; der Hund fühlt den neuen Herrn.

»Ach, diese Menschen, diese Menschen…«

›Der Neffe ist entweder unerhört dumm, von einer besonderen, seltsamen Dummheit – oder sehr schlau. Was will er eigentlich? Er spricht sanft, freundlich und will offenbar den Oheim unmerklich zu der Ansicht bekehren, der Reichtum sei die Quelle alles Unheils, aller Wirrnis im Leben. Ein närrischer, verdrehter Gedanke, der gar nicht zu Jakow paßt. Er stellt sich wohl nur so. Aber zu welchem Zweck? Er weiß doch schon, daß er nach dem Tod des Oheims reich sein wird, und er sieht gar nicht wie so ein Wohltäter aus, der fähig wäre, sein Eigentum unter die Armen zu verteilen. Er scheint sogar wirtschaftlich veranlagt zu sein: Er ist sparsam, schont Sachen und Möbel, geht sorgfältig mit ihnen um, hält auf Ordnung und Sauberkeit. Er hat auch gleich nach seiner Übersiedlung den Hausknecht zur Arbeit angehalten, ihm selbst geholfen, den vernachlässigten Hof in Ordnung zu bringen, hat die ganze Wirtschaft, bis in den letzten Winkel hinein, besichtigt und den Verwalter bei einem Diebstahl ertappt. Bettler liebt er nicht, das ist sicher.

Und doch ist er ein sonderbarer Bursche, aus dem man nicht recht klug werden kann. Was ist eigentlich echt und wahr an ihm? Der Haarschopf, weiter nichts. In seinem Hirn hat er auch solch einen widerspenstigen Haarschopf.

Da fängt er plötzlich mit diesem widerwärtigen, ketzerischen Gerede an. Will er ihn, den kranken Onkel, denn absichtlich erschrecken und ärgern, um ihn auf diese Weise rascher ins Grab zu bringen?‹ Dieser Gedanke erregte Bykow sehr, und eines Tages fragte er Jakow geradeheraus:

»Warum redest du solchen Unsinn?«

»Damit wir uns über alles klarwerden«, antwortete der Neffe, seine Hammelaugen weit aufreißend. Auch Jakows Augen hatten einen zwiespältigen Ausdruck: Zuweilen blickten sie freundlich und gutmütig drein, häufiger jedoch starr und stumpf, als sähen sie nichts; so waren sie immer, wenn er seine Ketzereien vortrug.

»Wir brauchen Klarheit. Es ist nötig, daß alle Menschen sich darüber einig werden, wie sie einander helfen könnten...«

»Ja, aber gegen wen sollen sie sich helfen?« stöhnte Bykow erregt. »Wo ist denn die Feindschaft? In den Menschen selbst liegt sie, das mußt du doch einsehen!«

»In Zwietracht kann man nicht leben«, behauptete der junge Mann eigensinnig. »Es steht geschrieben: Wer Wind sät, wird Sturm ernten! Man muß das Gewissen der Menschen aufrütteln, sonst wird ein allgemeiner Aufruhr ausbrechen.«

»Du lügst!« schrie Bykow wütend.

Tag und Nacht grübelte er darüber nach, ob Jakow zum Erben tauge oder nicht. Diese Grübeleien lenkten ihn vom Gedanken an den Tod ab, ja zuweilen wollte es ihm scheinen, als würden dadurch selbst die Schmerzen verdrängt.

›Ein verdrehter Bursche! Jeder Bettler begreift doch, daß nur Reichtum und Besitz den Menschen im Leben schützen, ihm einen Halt geben. Das begreifen doch sogar die Maulwürfe, die im Erdboden hausen...‹

Nachts, wenn alles auf Erden, gleichsam über den verflossenen Tag nachdenkend, in dumpfem Schweigen daliegt und die schwer gewordenen Gedanken der Menschen fast sichtbar werden, wenn das straffe Knäuel des Gehirns sich langsam aufrollt und überallhin seine dunklen Fäden streckt, fühlte Bykow, daß die da oben nicht schliefen. Ja, es war ihm zuweilen, als höre er Jakows störrische Reden, als sähe er seine Augen und das erstaunte, zerknitterte Gesicht des Buckligen. Sicher spricht Jakow wieder einmal darüber, daß man die Gesetze des Staates ändern und die Macht des Zaren einschränken müsse. – Der Junge erfrecht sich, so etwas zu sagen!

Davon, erinnerte Bykow sich jetzt, hatte man schon während des Krieges mit den Türken gemunkelt, und nun dachte man wieder daran, weil wieder ein Krieg ausgebrochen war. Das stiften alles die Zivilisten an: die wollen nicht in den Krieg und fürchten, daß man sie doch zu den Waffen ruft. Damals hatten sie sogar versucht, den Zaren zu ermorden, der Anschlag mißglückte aber, sie haben ihn erst nach dem Krieg umgebracht.

›Das ist ja lauter Unsinn! König David war fromm, hat Psalmen verfaßt und mußte doch Kriege führen. Auch die Mönche haben gekämpft. Die frommen Fürsten kämpften gegen die Tataren. Der heilige Alexander Newski hat die Schweden krumm und lahm geschlagen, und doch wurde keiner der Fürsten von seinen eigenen Leuten ermordet. Nichts als Unsinn ist's!‹

Des Liegens müde, setzte sich Bykow ans Fenster und starrte zu den Sternen, zum aufgedunsenen, weibischen Gesicht des Mondes empor. Der überreich mit Sternen besäte Himmel strömte unendliche Trauer aus.

Vater Fjodor, der Pope, pflegte zu sagen: »Die Menschen freuen sich viel zuwenig an den herrlichen Wundern des Himmels« – aber beim Kartenspiel mogelte er, und Préférence konnte man schon gar nicht mit ihm spielen.

Und Bykow fiel es ein, wie er einmal mit dem Popen gestritten hatte. Er hatte ihm gesagt, daß der Himmel gar nicht so herrlich sei, daß er den Menschen, dessen Nichtigkeit er durch seine Sternenpracht offenbare, niederdrücke und daß der leere, nur von der Sonne erleuchtete Tageshimmel ihm viel schöner vorkomme. Nachts ziehe er es vor, den Himmel von Wolken bedeckt zu sehen, dann könne man sich denken, er wäre gar nicht da. Der Mensch sei für die Erde geschaffen, und wenn die Popen versuchten, ihn von der Erde fortzulocken, so sei das genauso, als würde ein Rekrut von der Hochzeit in die Kaserne gerufen. Der Pope war außer sich vor Wut...

Die Bäume sind von der Finsternis verklebt, als hätte sie jemand in Teer getaucht. In der Stadt ist es unerträglich still, so still, daß man rufen möchte:

»Feuer! Es brennt!«

›O Gott, o Gott!‹ beklagte sich Bykow in Gedanken. ›Warum quälst du mich so? Habe ich denn mehr gesündigt als die andern?‹

Und er denkt an seine Bekannten: Alle sind sie schlechter, gieriger, neidischer als er selbst. Er war immer zurückhaltend, daher hat er auch keine nahen Freunde; er hat sein Leben einsam verbracht, hatte sich immer vorgenommen, ein festes Nest zu bauen für ein ruhiges Leben mit einer hübschen, guten Frau. Es muß schön sein, eine hübsche, mollige Frau an seiner Seite zu haben, sie wie eine Puppe zu kleiden, feiertags mit ihr spazierenzugehen oder sie zweispännig spazierenzufahren, sich mit ihren Kleidern, dem kostbaren Schmuck ihres weichen Körpers, vor allen Leuten zu brüsten, den Neid der anderen Frauen zu wecken. Schön muß das sein.

Er kniff die Augen zu, betrachtete im Dämmerlicht die schweren Möbel und erinnerte sich, mit welchen Hoffnungen er jedes Stück gekauft hatte. Alle die Sachen, die den Menschen umgeben, haben einen tiefen Sinn, der Mensch lebt unter ihnen wie in einer Festung. Trüge man alles, was im Zimmer steht, hinaus, so würde es wie ein großer Sarg aussehen.

›O mein Gott! Wofür strafst du mich?‹

Und es kommt ihm immerzu vor, als sitze oben Jakow beim Buckligen, wie eine Nähmaschine surrend, unablässig am seltsamen Muster seiner Ketzereien weiterstikkend.

›Der Bursche ist halsstarrig. Das ist nicht schlecht, wenn auch seine Gedanken noch kindisch sind. Als ich jung war, wußte ich auch nicht recht, was ich eigentlich wollte.‹

Bykows Gedanken nahmen unmerklich eine andere Färbung an. Er hatte nun einmal keinen anderen Erben als Jakow. Der Bursche hatte Glück gehabt! Bykow fühlte, daß der Entschluß, Jakow zu seinem Erben einzusetzen, unvernünftig war, und suchte ihn daher vor sich selbst zu rechtfertigen, konnte aber nur das eine geltend machen: Der Bursche ist bescheiden, nüchtern und wird, wenn er erst einmal reich ist, schon klüger werden.

Wenn Bykow aber – was zuweilen vorkam – für kurze Zeit vergaß, daß Jakow Somow ihn beerben würde, gefiel ihm der junge Mann sehr gut. Erstaunt fühlte er, daß hinter den halsstarrigen und sonderbaren Gedanken des Neffen ein anderer Verstand steckte als der, von dem er, Jegor Bykow, zehrte; ein Verstand, der Bykow fremd war, der aber aus dem Herzen kam, vom Leben noch nicht getrübt war und sich von irgendeinem festen Glauben nährte. Oft fühlte Bykow, wenn er sah, wie die nicht alltäglichen und zuweilen unverständlichen Worte des Neffen sich zu leichten Gedanken formten, etwas wie Neid in sich aufsteigen. Er mußte wider Willen lächeln, machte ein finsteres Gesicht, um sein Lächeln zu verbergen, und dachte:

›Ganz geschickt! Ein unscheinbarer Vogel, der aber angenehm singt. Wenn er in meinem Gefieder stecken täte, würde er anders zwitschern... Er hat es leicht, der kleine Teufel...‹

Besonders gefielen Bykow Jakows Erzählungen über das Leben seines bisherigen Prinzipals, Titow, und dessen merkwürdige Trinkerschrullen. Wenn er diesen Erzählungen zuhörte, lachte er sogar, wobei er den Mund weit aufriß und die Augen vor Vergnügen zusammenkniff. Es war angenehm, Titow, den er nicht mochte, bloßgestellt zu sehen und sich davon zu überzeugen, daß dem scharfen Blick des Erben die menschlichen Schwächen und Fehler nicht entgingen.

»Du beobachtest gut! Das ist nützlich. Es ist immer nützlich, zu sehen, auf welchem Fuß der Mensch hinkt. Ist's der linke, so schlag ihn auf den rechten, ist's der rechte, so laß den linken drankommen!«

Jakow aber schilderte mit seiner klaren Stimme:

»Wenn nun für Titow die Zeit zum Saufen kommt, so läßt er den Ingenieur Baltijski zu sich kommen, und zehn Tage lang trinken sie, wobei sie sich folgenden Spaß leisten: Sie schicken den Diener Christoph abends in den Garten, wo er an verschiedenen Stellen zwanzig Flaschen Wein in der Erde vergraben muß, so daß nicht einmal die Hälse zu sehen sind. Dann gehen beide am Morgen mit Spazierstöcken in den Garten Pilze suchen und stochern mit den Stöcken in der Erde herum. Finden sie eine Schnapsflasche, so rufen sie: ein Steinpilz! Sie leeren die Flasche in der Laube und suchen dann weiter. Rotwein ist für sie ein Schafpilz, Champagner – ein Champignon, Kognak – ein Reizker, Likör – ein Pfifferling. So suchen und trinken sie den ganzen Tag, in der Reihenfolge, wie sie die Flaschen finden. Zuweilen fangen sie mit Likör an, leeren die Flasche und gehen gleich daran, eine andere zu suchen. Sie betrinken sich derart, daß Titow auf allen vieren im Gras kriecht, wie König Nebukadnezar, und eine Arie aus der Oper ›Der Dämon‹ brüllt:

›Ich bin von niemanden geliebet,
von allem Lebenden gehaßt...‹

Baltijski aber liegt auf der Erde und weint bitterlich darüber, daß er die Flasche nicht mit den Zähnen herausziehen kann, weint und beklagt sich:

›Wo ist meine Kraft hin?‹«

Bykow lachte, obgleich das Lachen den nagenden Schmerz verstärkte, und Jakow sagte bedauernd:

»Natürlich muß man darüber lachen, aber mir tun diese Menschen doch leid; Menschen von unglaublicher Kraft sind's, sie können Berge versetzen, arbeiten aber nur mit zwei Fingern. Es ist ganz falsch, wenn man sagt, die Menschen wären gierig. Gier nach Arbeit sehe ich nicht bei ihnen.«

»Du bist jung, darum siehst du auch wenig«, sagte Bykow, nur um etwas zu erwidern, und dachte:

›Ich verstehe ihn nicht. Da spricht er, wie ein Arbeitgeber sprechen würde, und hat ganz recht: Die Menschen wollen nicht arbeiten, sie sind faul! Aber es ist doch widersinnig, daß ein Angestellter, ein Arbeiter sich darüber aufregt, daß die Arbeitgeber ihre Sache schlecht machen! Er sagt: Man soll ordentlich arbeiten. Wenn man sich aber dafür einsetzen will, daß alle redlich mit voller Kraft arbeiten, muß man die kindischen Gedanken fortfegen.‹

»Du bist ein Wirrkopf, Jakow«, sagte er ärgerlich zum Neffen, »du wirfst alles durcheinander...«

Somow verstummte, senkte die Augen und versuchte, seinen Haarschopf glattzustreichen, der sich aber nur noch widerspenstiger aufbäumte.

Plötzlich kam Unruhe unter die Kaufleute der Stadt, tagelang jagten sie, gravitätisch in die Polster ihrer bequemen Wagen zurückgelehnt, durch die Straßen. Bykow beobachtete von seinem Fenster aus das unruhige Kommen und Gehen der Menschen, die es nicht gewohnt waren, sich zu beeilen, und fragte Kikin:

»Was rasen sie bloß so umher?«

Er sah, daß das bekümmerte Gesicht des Buckligen sich verändert hatte, aufgeblüht war, daß seine Augen nicht mehr scheu und trübe, sondern klar und fest dreinblickten. Selbst der Gang des kleinen Mannes, über den sich alle lustig machten, hatte sich verändert, er drehte sich nicht mehr so schüchtern wie bisher auf seinen krummen Beinen. Wenn er jetzt ging, schien es, als hüpfe etwas in ihm, in seinen beiden Höckern. Lebhaft zwinkernd, mit den Armen fuchtelnd und an den Hosenträgern zupfend, erzählte er etwas völlig Unverständliches – von einem unerhörten Skandal, an dem der Magistrat, die Kaufmannschaft, die Handwerker, der Adel und sogar die Popen beteiligt seien.

»Ja, Jegor Iwanytsch, da geht alles drunter und drüber...«

»Halt! Ist der Gouverneur in der Stadt?«

»Natürlich...«

»Lebt der Zar?«

»Ja, selbstverständlich...«

»Nun?«

Kikin lächelte auf eine sonderbare, unangenehme Art:

»Wonach fragen Sie eigentlich?«

»Du Narr!«

Gewiß hätte Jakow besser über die Ereignisse in der Stadt zu berichten gewußt, er war aber nach Moskau gefahren und treibt sich nun schon zwei Wochen dort herum. Der Stadt bemächtigte sich aber eine immer größere Unruhe, die Straßen waren von Lärm erfüllt wie in der Osterwoche oder auch wie bei einer Feuersbrunst.

»Was geht denn vor?« erkundigte sich Bykow ärgerlich.

»Ja sehen Sie, Jegor Iwanytsch, das Volk verlangt...«

»Halt, schwatz keinen Unsinn! Welches Volk? Die Bauern?«

»Ja, auch die Bauern...«

»Was wollen sie?«

»Sie verlangen Land.«

»Von wem?«

»Ja, sehen Sie...«

Was weiter kam, war ganz toll. Der Bucklige rutschte auf seinem Stuhl hin und her, lächelte schuldbewußt und murmelte:

»Alle wollen miteinander abrechnen...«

Er rieb sich die Hände, seine Augen leuchteten trotz der schlimmen Kunde, die er brachte, in trunkener Freude, keck stampften und scharrten die krummen Beine unter dem Tisch.

»Die allgemeine Erbitterung über das bisherige Leben hat ihre Stimme erhoben, die Ernüchterung des Verstandes hat begonnen, und alle sind darin einig, daß das Leben nicht so weitergehen darf...«

»Welches Leben denn, du buckliger Teufel?«

»Dieses Leben hier! Man spricht jetzt ganz furchtlos über alles, und manche reden so, als hätten sie bis jetzt geschlafen und alles Bisherige nur geträumt! Man ist gewillt und entschlossen...«

Der Bucklige hatte sein kahles, greisenhaftes Gesicht Bykow zugewandt, der verschlissene Rock war den spitzen Buckel hinaufgerutscht, so daß das weiße, bauschige Hemd und die Hosenträger hervorschauten. Die Hosen waren fast bis ans Knie mit Schmutz bespritzt.

›Und mit so einem abscheulichen Menschen wohne ich zusammen‹, dachte Bykow.

»Alle sind auf die Straße hinausgekrochen und drängen sich vor dem Rathaus... Nicht zu glauben ist's, Jegor Iwanytsch!«

»Geh zum Teufel!«

Allein geblieben, dachte Bykow ärgerlich:

›So ein elender Wurm, und regt mich auf! Ich will ihm Geld geben, er soll von mir wegziehen. Jetzt, da Jakow hier ist, brauche ich ihn nicht mehr...‹

Jakow kam am Abend eines regnerischen Tages; feierlich, als wäre er aus der Kirche vom Abendmahl heimgekehrt, kam er zum Tee ins Wohnzimmer. Es war etwas merkwürdig Gespanntes in seinem Wesen, der Haarschopf bäumte sich noch kecker als sonst, die Augenbrauen hatten sich besorgt zusammengezogen, die Stimme war heiser geworden und klang tiefer als früher. Jakow setzte sich nicht so bescheiden wie sonst nieder, sondern stieß mit dem Fuß den Stuhl an den Tisch. Das alles beunruhigte Bykow und ließ die dunkle Ahnung eines Unglücks in ihm aufsteigen.

»Nun, wie war es in Moskau?«

Der Neffe fing an, sinnend, jedoch viel zu laut, dabei jedes Wort, als sage er unter Eid vor Gericht aus, übertrieben betonend, von Moskau zu erzählen. Er sprach lange, ohne auf die ärgerlichen Fragen des Oheims zu antworten; oft hielt er inne, überlegte und suchte nach Worten.

›Er lügt! Er will mich nur erschrecken‹, dachte Bykow gekränkt, weil Jakow alle seine Fragen nicht beachtete. Wütend beobachtete er, wie der Bucklige ungeduldig auf seinem Stuhl hin und her rutschte und sein Froschmaul öffnete, als wollte er auch mitreden.

›Die stecken unter einer Decke, die beiden...‹

Jakow erzählte unglaubliche Dinge: Alle Stände wären plötzlich in Aufruhr geraten, ein jeder von ihnen verlangte, das Leben solle, seinen Wünschen entsprechend, verändert und erleichtert werden, wie die Betrunkenen fielen die Menschen übereinander her.

»Nun, und was wird denn werden?« fragte Bykow, ungläubig und ärgerlich zugleich.

Somow dachte nach, seufzte tief auf und sagte:

»Es wird schlimm werden, wenn es nicht gelingt, das Gewissen des ganzen Volkes und die gegenseitige Hilfsbereitschaft aufzurütteln. Es tut mir sehr leid, Sie zu beunruhigen, Jegor Iwanytsch, aber ich kann es Ihnen nicht verhehlen: Vielleicht kommt es sogar zu einer richtigen Revolution mit Waffen.«

»Du lügst!« sagte Bykow fest und bestimmt. »Woher, was für Waffen? Du lügst! Du willst es ausnützen, daß ich krank bin und nicht auf die Straße gehen kann, willst mich erschrecken, mich durch Angst töten!«

Er schlug mit der Faust auf den Tisch, daß die Tassen klirrten, die Augen quollen ihm hervor, er krächzte heiser:

»Ich bin kein altes Weib, ich glaube nicht an den Untergang der Welt! Ich fürchte mich nicht! Ich fürchte mich vor nichts! Solange ich lebe, bin ich Herr über mein Eigentum...«

Bykow hielt inne, als er sah, daß der Neffe, dunkelrot im Gesicht, ohne von seinem Stuhl aufzustehen, näher rückte und sich laut räusperte:

»Dann erlauben Sie bitte, daß ich Ihnen meinen Standpunkt erkläre«, sagte er; es klang, als schlüge er Nägel ein. »Sie glauben, daß ich auf Ihren Besitz rechne, das hat mir auch Konstantin Dmitrijewitsch gesagt. Sie irren sich und kränken mich sehr. Ihren Reichtum brauche ich nicht, ich verzichte auf ihn. Ich kann sogar schriftlich die Erklärung abgeben, daß ich Ihre Erbschaft nicht annehme, ja, ich werde sie heute noch aufsetzen und Ihnen einhändigen. Ich bin nur deshalb zu Ihnen gezogen, weil Sie so einsam und krank sind und sich langweilen. Ich weiß, daß Sie besser sind als viele andere. Sie sind sehr geradezu und haben auch andere gute Eigenschaften. Dem Gymnasiallehrer Becker hätten Sie seine ganze Existenz vernichten und ihn in durchaus gesetzlicher Weise zum Bettler machen können, ebenso die Schwestern Kasimirski. Sie haben es aber nicht getan. Deshalb achte ich Sie, und deshalb bin ich zu Ihnen gezogen. Aber jetzt kann ich nicht mehr dableiben! Leben Sie wohl!«

Jakow war ganz heiser geworden und schloß seine Rede im Flüsterton; er hüstelte, stand auf, ging zur Tür und sagte:

»Ich bin Ihnen natürlich sehr dankbar, aber...«

»Bleib hier!« schrie Bykow, die Schnur des Schlafrocks fester ziehend und die Troddeln bis zu den Schultern hochhebend. »Bleib hier, sei nicht so hitzig!«

Aber Jakow Somow war schon gegangen.

Bykow stand auf, streckte, die Enden der Schnur wie Zügel von sich haltend, die Arme aus und schrie Kikin an:

»Hol ihn zurück!«

Der Bucklige sprang auf, drehte sich wie ein Kreisel und verschwand.

»Nun sag bloß einer!« brummte Bykow, verwundert zur Tür starrend, vor sich hin und horchte auf die leisen Stimmen, die von der Treppe her zu ihm drangen. Es überraschte ihn nicht, daß Jakow die Erbschaft ablehnte, sondern daß der Neffe manches wußte – von Becker, einem dummen Menschen, der in die Hände von Wucherern geraten war, und von den schönen Schwestern Kasimirski, die ihr trunksüchtiger Vater beinahe zugrunde gerichtet hätte.

›Er achtet mich, hat er gesagt! Er ist beleidigt. Das reine Kind!‹

»Du bist ein sonderbarer Kauz!« sagte er verlegen lächelnd zu Somow, als dieser wieder ins Zimmer trat.

»Warum hast du dich so aufgeregt? Nun, setz dich! Die Erbschaft gehört dir nicht nur nach meinem Willen, sondern auch nach dem Gesetz...«

Jakow stand, sich an der Stuhllehne festhaltend, da und sagte leise, aber bestimmt:

»Über die Erbschaft möchte ich nicht reden.«

»So? Du willst sie also nicht?«

»Nein. Bald werden vielleicht alle Erbschaften überhaupt aufgehoben.«

»Was heißt das?« fragte Bykow, die Troddeln des Schlafrocks hin und her schwenkend. »Setz dich!« Er hatte ein merkwürdiges Gefühl: So mußte einem hungrigen Bettler zumute sein, dem unerwartet etwas Schmackhaftes vorgesetzt wird.

»Du darfst dich nicht über einen Kranken ärgern! Niemand kann dich deiner Erbschaft berauben. Dazu ist das Gesetz da!«

Jakow setzte sich und sagte:

»Dieses Gesetz muß aufgehoben werden, es bringt nur Unglück.«

»Nun gut, heben wir es auf«, stimmte Bykow scherzhaft zu, seinen Erben aufmerksam betrachtend. Es kam ihm vor, als sähe Jakow krank aus: Sein mädchenhaftes Gesicht war abgemagert, die eingesunkenen Augen blickten finster und verschleiert drein, immer wieder beleckte er die aufgesprungenen Lippen.

»Hast du vielleicht Fieber?«

»Nein«, sagte Jakow und strich sich den Haarschopf glatt. »Da gibt's aber nichts zu scherzen; im Volk ist eine starke Bewegung gegen die Reichen, und viele sind dafür, daß man alles Eigentum fortnimmt...«

»Hab keine Angst«, beruhigte ihn Bykow überlegen, »hab keine Angst, man wird es nicht fortnehmen!«

»Ich hab auch keine Angst; ich bin selbst dafür...«

Bykow zog Luft ein, so tief und so viel er konnte, stieß

sie dann geräuschvoll aus und sagte fest und bestimmt, wie der Pope Fjodor zu sprechen pflegte, wenn er predigte:

»Ein Mensch ohne Eigentum ist wie ein nackter Knochen, der Besitz ist sein Fleisch, hast du verstanden? Sein Fleisch!«

Dann strich er mit der Hand über die Lehne des Sessels und wiederholte noch einmal:

»Sein Fleisch. Und der Mensch lebt, um Fleisch anzusetzen, bis alle seine Wünsche erfüllt sind. Ein jeder strebt danach, daß seine Wünsche in Erfüllung gehen, das ist der Zweck aller menschlichen Arbeit. Wer wenig will, der ist auch wenig wert.«

»Nun, und jetzt wollen eben alle alles haben«, bemerkte Jakow lächelnd.

»Was? Was wollen sie haben? Glaub nicht an die Worte, glaub an die Arbeit. Wollen allein nützt nichts, man muß etwas leisten. Wenn es erst von allem viel gibt, dann wird es für alle reichen, alle werden zufrieden sein.«

Und so sanft er konnte, sagte Bykow zu seinem Neffen:

»Ich bin nicht dumm, ich verstehe dich: Du willst, daß alles nach Christi Gebot geschehe, einfach und rein sei. Das ist richtig, daß Christus alles gleichmäßig verteilen wollte, aber er lebte ja in einer armen Welt, und wir leben in einer reichen. Zu Christi Zeiten gab es wenig Menschen, und sie wollten gar nicht viel haben, und doch reichte es nicht für alle. Jetzt sind wir aber gieriger geworden, es sind unser viele, und jeder will von allem haben. Da heißt es eben arbeiten, sparen, Vorräte sammeln...«

Bykow war selber ganz erstaunt über seine Gedanken, sie waren ganz plötzlich, von seinem Willen unabhängig entstanden – so, wie zuweilen ein fremder Mensch – fremd, doch für uns interessant – in unser Leben tritt. Das verwirrte ihn, aber dann kam ihm ein Gedanke, der ihm klug erschien, richtig und geeignet, den sündigen Wirrwarr des Lebens erfolgreich zu lösen; daher fuhr er, sich selber wohlgefällig zuhörend, in seiner Rede fort:

»Zuerst muß man also arbeiten und sparen, dann erst kann man alles, was man gespart und angehäuft hat, gleichmäßig verteilen, sogar unter die Krüppel, die ja zu nichts fähig sind – auch die sollen etwas bekommen! Dann wird es gar keine Armut, keinen Schmutz und keine Spur von Sünde geben. Alle werden satt sein, jeder wird leben, wie er es vermag, es wird keine Bosheit und keinen Neid geben. Jeder wird für sich selber heilig sein. Ja – gerade so wird es sein: Jeder Mensch wird heilig sein für sich selbst!«

Bykow redete und fühlte verwundert, daß man diesen Gedankengang bis ins Endlose weiterspinnen könnte: Die Worte kamen ihm ganz von selbst. Es schien ihm sogar, daß der straffe Knäuel dieses Gedankens von jeher auf dem Grund seiner Seele gelegen hatte, aber erst heute ins Rollen gekommen war und einen endlosen, festen Faden abwickelte. So rasch wickelte er sich ab, daß es Bykow den Atem verschlug. Es war ihm, als führe er mit Windesschnelle auf einer glatten Schlittenbahn dahin. So leicht kamen ihm diese neuen Worte, als hätte er immer seine Gedanken darein gekleidet. Es war angenehm, sich so klug zu fühlen und zu sehen, wie der Bucklige ihm lächelnd zuhörte und Jakow, der vornübergebeugt dasaß, ihn mit seinen mädchenhaften Augen warm anblickte. Und alles das war so rührend, Bykow fühlte sich so angeregt von dem Bewußtsein der Kraft, die die Menschen untereinander verbindet, daß ihm Tränen in die Augen traten. Er wurde plötzlich schlaff, sank in den Sessel zurück und murmelte mit geschlossenen Augen:

»Für wen ist es denn angenehm, ein Feind der Menschen zu sein? Aber die Not ist unüberwindlich, und die Arbeit gewaltig! Und man muß sich beeilen – auf jeden wartet der Tod...«

Kikin sprang vom Stuhl auf und sagte besorgt:

»Jegor Iwanytsch, legen Sie sich hin, Sie sind müde! Jascha, wir wollen ihn zu Bett bringen!«

Sie faßten Bykow unter, führten ihn zum Bett, legten ihn nieder und entfernten sich lautlos. Der Bucklige ging schlurfenden Schrittes voran, und Jakow folgte ihm, sich den Schopf streichend, mit gesenktem Kopf.

Bykow fühlte sich einige Tage lang wie ein Geburtstagskind, in einer feierlich gehobenen Stimmung, liebevoll gepflegt von Kikin und Jakow. Seine Schwäche nahm in diesen Tagen rasch zu. Man mußte eine Krankenschwester nehmen, eine lange, dürre, wortkarge Person mit einem pockennarbigen Gesicht und farblosen Augen.

Ergeben das Schwinden seiner Kräfte beobachtend, sah Bykow durch den Nebel seiner Stimmung, wie Kikins gelbes Gesicht sich in bekümmerte Falten legte, wie seine Augen unstet hin und her flogen und wie auch Jakow schweigsamer, bleicher und finsterer wurde; mehrmals am Tage verschwand er, und wenn er heimkehrte, sprach er nur ungern und vorsichtig von den Ereignissen.

›Sie schonen mich‹, dachte Bykow, ›beide schonen sie mich. Sie wollen mich nicht beunruhigen. Ich muß wohl bald sterben.‹

Aber der Gedanke an den Tod schreckte ihn weniger als früher, er war nicht mehr so bitter, obgleich Bykow unwillkürlich dachte:

›Jetzt wäre es schön, noch eine Weile mit Jakow zusammen zu leben. Auch Kikin ist ein guter Mensch. Jetzt haben sie mich verstanden.‹

Und in Gedanken lächelnd, dachte er an den Erben:

›Ich hab ihm gezeigt, wie man das Eigentum auffassen muß, und das macht ihn nachdenklich; er meinte ja, man müsse es unter die Armen verteilen! Ach, diese Menschen...‹

»Was geht in der Stadt vor?« fragte er die Krankenschwester, um die wirren Erzählungen Kikins und die vorsichtigen Berichte des Neffen nachzuprüfen.

»Man macht noch immer Revolution«, antwortete sie gleichmütig, als wäre die Revolution eine altgewohnte Zerstreuung der Städter, so ähnlich wie Saufen und Handeln. Sie gähnte häufig, hielt sich die Hand vor den Mund und bekreuzigte sich dann schnell. Ihre farblosen Augen waren immer verschlafen, ihr lautloser Gang war von katzenhafter Geschmeidigkeit.

In der Nacht von Sonnabend auf Sonntag, in der grauen Dämmerung eines regnerischen Morgens, begann man in der Stadt zu schießen. Die ersten Schüsse kamen von weit her, in der von feinem Sprühregen erfüllten Luft tönten sie weich und gedämpft.

Bykow lauschte ein paar Minuten auf dieses Geknatter, das so klang, als klopfe eine Krähe mit dem Schnabel auf ein nasses Blechdach.

»Was klopft da so?« fragte er, nachdem er die Schwester geweckt hatte. Sie hob den Kopf wie eine Schlange, horchte und starrte in das graue Viereck des Fensters.

»Ich weiß es nicht. Soll ich Ihnen die Medizin geben?«

»Sei still.«

Das Geräusch wurde häufiger, kam näher, es klang wie das Geklapper eines Rechenbrettes unter den Fingern eines geschickten Rechners.

»Man schießt«, sagte Bykow finster, als alter Soldat hatte er erkannt, daß das Schüsse waren. »Geh, weck die da oben...«

Die Schwester ging, in der Dämmerung hin und her schwankend, im Gehen schob sie das Kopftuch zurecht. Bykow setzte sich aufs Bett und strich sich mit zitternden Händen die Haare und den Bart glatt.

»Sie schießen, die Kanaillen! Aber wer ist's, der da schießt, und auf wen?«

Die Schwester kam eilig die Treppe heruntergelaufen und kreischte schon in der Tür, mit einer dünnen, dummen Stimme:

»Man schießt! Auf unser Dach...«

»Du Närrin«, sagte Bykow streng, »es sind doch nur blinde Schüsse...«

»Ach nein...«

»Schweig! Das sind Manöver. Mit Kugeln darf in der Stadt nicht geschossen werden.«

»Ach nein...«

Die Schwester lief zum Fenster und öffnete es. Bykow hörte, daß man aus Gewehren und Revolvern schoß. Jetzt knallte eine Bombe, die Gläser klirrten, in den Fenstern gegenüber flammte Licht auf. Die Schwester bekreuzigte sich, kauerte auf den Boden nieder und stöhnte:

»O Gott, o Gott...«

Kikin trat in Mantel und Mütze ins Zimmer, er ging auf den Zehenspitzen, sein von der Lampe beleuchtetes Gesicht sah finster und tot aus.

»Was ist los?« schrie Bykow. »Wo ist Jakow?«

»Er ist fortgegangen.«

»Wann? Wohin?«

Der Bucklige nahm die Mütze ab und fuhr mit den Armen schuldbewußt durch die Luft:

»Jegor Iwanytsch, ich sagte ihm: ›Geh nicht hin, geh nicht hin!‹ Obgleich sie wirklich alle betrogen haben...«

»Wer?«

»Die Obrigkeit, die Regierung. Jascha sagte aber: ›Ich muß hin, zu meinen Genossen... eine Gemeinheit wäre es, fortzubleiben‹, sagte er. Er ist bei den Gießern... von der Kononowschen Fabrik...«

Bykow verstand; es war ihm, als hätte ihn ein Peitschenschlag getroffen. Er ließ die Füße vom Bett gleiten und stöhnte:

»Den Schlafrock! Bring mich zum Fenster! Du Weibsbild...«

Die Schwester sah zum Fenster hinaus und wimmerte:

»Macht, was ihr wollt! Es brennt. Ich gehe nach Hause...«

Aber sie ging nicht fort, stand nicht einmal auf und hockte auf den Knien neben dem Fenster.

Kikin half Bykow beim Anziehen und murmelte:

»Wenn nur nicht so ein Ding zum Fenster hereinfliegt...«

»Schweig!« fuhr Bykow ihn an. »Du Kuppler! Du Leisetreter...!«

Die Schüsse kamen immer näher. Ein gellender Schrei erklang.

»A-aach!«

Torflügel kreischten, Türen wurden zugeschlagen, irgendwo dröhnten zwei Äxte, eine kreischende Weiberstimme schrie gellend:

»Lauft durch den Garten...«

Bykow trat ans Fenster und sah auf der Straße ein schwarzes Pferd vorüberjagen, auf dessen Rücken ein Mann so eng angeschmiegt saß, daß das Pferd wie ein Kamel aussah; an dem ungleichmäßigen Aufschlagen der Hufe merkte man, daß es lahmte. Dicht an die Zäune und Mauern der Häuser gedrückt, huschten drei Gestalten in der Dämmerung vorbei, eine hinter der andern, die letzte schleppte irgendeine Stange hinter sich her, deren Ende über das Pflaster holperte, an die Prellsteine schlug.

›Diebe‹, dachte Bykow und fühlte, wie in seinem Innern eine Stille und Leere wuchs, darin alle Töne widerhallten, seine Gedanken untertauchten und erloschen. Eine Kugel flog vorbei, die dürren Blätter der Bäume raschelten.

›Ein Geller‹, dachte Bykow und hörte Kikins schüchterne Stimme:

»Sie müssen vom Fenster fortgehen...«

Er stieß Kikin in die Schulter:
»Ein Aufruhr?«
»Ein Aufstand der Arbeiter, Jegor Iwanytsch...«
»Und Jakow... Jaschka ist mit dabei?«
»Mit den Gießern ist er...«
»Geh«, sagte Bykow und streckte die Hand zum Fenster hinaus, auf die Straße. »Geh und ruf ihn! Er soll sofort nach Hause kommen. Warum hast du Schuft mir das verschwiegen und verheimlicht?...«
Kikin murmelte schuldbewußt:
»Jaschka hat Ihnen doch schon gesagt: mit den Waffen...«
»Geh! Wenn ihm was passiert, wirst du's mit mir zu tun bekommen!«
Grau, hoch aufgerichtet stand Bykow im trüben Licht des Fensters, seine Kinnlade zitterte so, daß es aussah, als müßte sein Bart sich von ihr loslösen und zu Boden fallen. Er hatte die Augen weit aufgerissen, seine Beine zitterten, er klapperte mit den Zähnen, und der Schlafrock glitt von seinen abgezehrten Schultern.
Kikin verschwand.
»Ich gehe nach Hause«, wiederholte die Krankenschwester.
Ohne die Augen von der nebelerfüllten Straße abzuwenden, ließ sich Bykow schwer in den Sessel sinken. Die Schüsse fielen nicht mehr so oft, die Axtschläge erklangen seltener, etwas Schweres fiel gegen den Zaun oder gegen das Tor, Planken barsten in Stücke. Es war ihm unverständlich, warum die Telegraphendrähte auf einmal so straff gespannt waren, daß sie zitterten. Dann hallte plötzlich ein dumpfer Lärm durch die Straße, Füße trappelten, Holz splitterte, und eine bekannte, hohe, aber heisere Stimme schrie:
»Hebt das Tor aus den Angeln! Dort auf dem Hof sind Fässer – rollt sie heraus...«

›Die meinen unsern Hof‹, dachte Bykow.

Auf der Straße unter den Fenstern schrie man:

»Wickelt den Draht um die Laterne! Spannt ihn über die Straße... reißt die Pfosten um... Au, mein Fuß, mein Fuß, Teufel noch mal...!«

»Das ist Jaschkas Stimme«, sagte Bykow laut.

Bykow wollte nicht daran denken, was Jakow tat, er legte sich mit der Brust aufs Fensterbrett und murmelte:

»Er will uns verteidigen. Er läßt sie nicht herein.«

Die Schwester wankte von einem Winkel zum andern und betete: »O Gott! O Gott... Räuber...«

»Setz dich!« schrie Bykow. »Sonst geb ich dir eins mit dem Stock! Schweig still...«

Er nahm den Besenstiel, mit dem er an die Decke zu klopfen pflegte, wenn er Kikin rief, und drohte damit der Schwester. Seine Kinnlade zitterte unausgesetzt, er zerrte an seinem Bart, und immer unheimlicher wurde die Stille in ihm, immer tiefer die Leere. Von der Straße tönte Lärm, Geschrei, das Splittern von Holz, das Geknatter der Schüsse.

»Immer fest anpacken«, hörte er im Hof schreien.

Es wurde schon heller, im Nebel zeichneten sich deutlich menschliche Gestalten ab. Es mochten ihrer wohl hundert sein; sie hatten sich links von Bykows Haus zu einem Haufen zusammengedrängt und waren damit beschäftigt, die Straße mit Telegraphenpfosten zu verbarrikadieren, die sie an den Drähten herbeischleppten. Vom Nachbarhof wurden Haufen gepreßten Heus herbeigeholt, ein Wagen wurde herausgerollt, ein Zaun unter lauten Zurufen herausgerissen. Blind und gläsern blickten die Fenster der schweigenden Häuser auf dieses tolle Durcheinander, hin und wieder konnte man hinter den Scheiben Schatten erkennen.

In der Ferne schmetterte ein Horn das Signal zur Attacke.

»Vorsehn!« schrie ein tiefer Baß; man hörte Splittern und Krachen, das Aufschlagen eines wuchtigen Gegenstandes auf dem Kopfpflaster.

»Sie reißen das Hoftor nieder«, sagte Bykow laut, zur Schwester gewandt, als wolle er sie um Rat fragen. »Hörst du? Sie brechen ein!«

Vor Kälte zitternd, den Schlafrock auf der Brust zusammenhaltend, streckte er sich noch weiter zum Fenster hinaus und sah Jakow von der Straße her, eine Brechstange auf der Schulter, zum Hoftor laufen. Noch ein Dutzend Leute rannten hinter ihm her, Gewehre und Äxte in den Händen, einer hatte sogar eine Deichsel gepackt. Alle zusammen warfen sie sich gegen das Hoftor.

Jakow kletterte wie eine Katze in den Hof und schrie:

»Hebt den Flügel aus! Holt die Fässer...«

Das alles war so unwahrscheinlich wie ein Traum. Bykow starrte hinaus und traute seinen Augen nicht. Das hysterische Gewinsel der Schwester weckte ihn:

»Räuber!«

Das Tor sprang auf, und die Leute rannten in den Hof.

»Halt!« schrie Bykow, den letzten Rest seiner Kraft in diesem Schrei verausgabend. »Halt, ihr Teufel! Jaschka, jag sie davon!«

Er sah Jakows erhobenes Gesicht, das rund wie ein Pfannkuchen war, und hörte ihn rufen:

»Man hat uns betrogen, Onkel... Man schlägt die Menschen nieder...«

Gleich darauf ertönte die klägliche Stimme des Buckligen:

»Jegor Iwanytsch, gehen Sie weg vom Fenster.«

Der linke Torflügel wurde hochgehoben, wankte und stürzte dröhnend in den Hof. Einige Männer krallten sich an ihm fest, schleppten ihn auf die Straße, andere machten sich über den zweiten Flügel her und rollten die

Fässer hinaus. Mitten unter ihnen rannte ein kleiner, buckliger Mann herum.

Da packte Bykow, unflätig schimpfend, einen Kaktustopf und schleuderte ihn in den Hof, auf die Menschen. Der Topf fiel weit vom Ziele nieder. Bykow sah es und rief der Schwester zu:

»Her mit den Blumentöpfen, mit den Stühlen! Mit dem ganzen Krempel!«

Seine Stimme klang drohend; tief gebückt rannte die Schwester schweigend hin und her, trug Blumentöpfe herbei und schob mit Händen und Füßen die Stühle ans Fenster. Bykow wankte, stöhnte vor Schmerz und schleuderte, mit dem Rest seiner Kraft ausholend, so weit er nur konnte, alles, was ihm unter die Hand kam, auf die Menschen hinunter, dabei in einem fort schimpfend:

»Jaschka, ich schlag dich tot! Und dich auch, du buckliges Scheusal...«

Ein Schuß fiel. Das Fenster klirrte, von der Decke rieselte Kalk herab. Die Schwester kreischte auf, setzte sich auf den Fußboden und klammerte sich mit den Händen daran fest. Bykow wandte sich nach ihr um und schrie:

»Du lügst, du lebst ja noch...!«

Gleichzeitig knatterten ganz nahe auf der Straße einige Schüsse. Vom Tor her schrie eine hohe, dünne Stimme:

»Sie haben uns umzingelt...«

Bykow sah, wie sein Neffe sich niederkauerte und, ein Bein hinter sich her schleifend, über den Hof kroch. Der Mann mit dem Bart warf die Deichsel fort und stürzte so jäh zu Boden, daß ihm die Mütze vom Kopf flog. Gleich darauf tauchten aus dem Nebel graue Soldaten am Tor auf.

Sie drangen mit vorgestrecktem Bajonett in den Hof ein, schrien:

»Ergebt euch!...«

Und schossen auf die Fliehenden.

Bykow lachte wild auf. Er streckte die Hand aus, wies nach unten, trampelte mit den Füßen und schrie keuchend:

»Stecht ihn nieder, dort kriecht er, den da mit der Mütze, stecht ihn nieder und den Buckligen auch – dort hinter dem Faß hat er sich versteckt, der Bucklige...«

Die Krankenschwester öffnete das andere Fenster und kreischte auch:

»Stecht sie nieder! Stecht sie nieder, jagt sie fort...«

»Grimmes Leid«

In einer schwülen Sommernacht bot sich mir in einer entlegenen Gasse, weit draußen vor der Stadt, ein seltsamer Anblick. Mitten in einer großen Pfütze stand eine Frau, trampelte, wie kleine Kinder es tun, mit den Füßen im Wasser herum, daß der Schlamm hoch aufspritzte, und grölte ein zotiges Lied mit sehr sonderbaren Reimen.

Am Tage war ein schweres Gewitter über die Stadt niedergegangen, der schmutzige, lehmige Boden der Gasse war vom Regen aufgeweicht. Die Pfütze war sehr tief; die Frau stand fast bis an die Knie im Wasser. Nach dem Klang ihrer Stimme zu urteilen, war die Sängerin schwer betrunken. Sicher würde sie, sobald sie vom Tanz ermüdet umfiele, in dem breiigen Schlamm ersticken.

Ich zog die Schäfte meiner Stiefel hoch, trat in die Pfütze hinein, faßte die Tänzerin an beiden Händen und zog sie zu einer trockenen Stelle hin. Im ersten Augenblick bekam sie offenbar einen Schreck; sie folgte mir stumm und gehorsam. Dann aber riß sie mit einem heftigen Ruck ihre rechte Hand los, versetzte mir einen Stoß vor die Brust und brüllte laut:

»Hilfe!«

Sie stieg ohne weiteres wieder in die Pfütze und zog mich mit hinein.

»Du Teufelsbrut!« brummte sie. »Ich komme nicht mit. Ich brauche dich nicht. Laß mich in Ruhe!... Hilfe!«

Aus der Finsternis tauchte ein Nachtwächter auf, blieb fünf Schritte von uns entfernt stehen und fragte barsch:

»Wer macht hier Skandal?«

Ich setzte ihm auseinander, die Frau könne mit Leichtigkeit im Schlamm ertrinken, ich wollte sie daher herausziehen. Der Wächter musterte die Betrunkene, spuckte aus, räusperte sich laut und befahl:

»Maschka, komm raus!«

»Ich will aber nicht.«

»Und ich sag dir, komm raus!«

»Ich geh aber nicht raus.«

»Dann gibt es Prügel, du Sauluder!« kündigte ihr der Wächter in aller Ruhe an und wandte sich dann in gutmütig-redseliger Weise an mich. »Die ist von hier, die Maschka. Wenn sie nüchtern ist, zupft sie Werg. Hast du eine Zigarette?«

Wir rauchten. Die Frau trampelte munter in ihrer Pfütze herum und schrie:

»Ich spuck auf die Obrigkeit! Ich bin meine eigene Obrigkeit… Wenn ich Lust habe, bade ich hier…«

»Ich werd dir das Baden besorgen«, warnte sie der Wächter, ein bärtiger, rüstiger Alter. »So macht sie fast Nacht für Nacht Skandal. Und zu Hause hat sie einen Jungen, einen Krüppel…«

»Wohnt sie weit von hier?«

»Totschlagen müßte man sie«, sagte der Alte, ohne auf meine Frage zu antworten.

»Sollten wir sie nicht lieber nach Hause bringen?« schlug ich vor.

Der Wächter pruschte in seinen Bart, leuchtete mir mit dem Feuer seiner Zigarette ins Gesicht und entfernte sich, mit den klobigen Stiefeln über den nassen Erdboden stapfend. Im Fortgehen brummte er:

»Bring sie hin! Aber schau dir vorher ihre Fratze an!«

Die Betrunkene hatte sich unterdessen mitten im Schlamm hingesetzt, wühlte mit den Armen darin und fing dann mit mißtönender, kreischender Stimme zu singen an:

»In dem weiten, blauen Mee-re...«

Nahe bei ihr spiegelte sich in dem öligen, schlammigen Wasser ein großer Stern, der in der schwarzen Leere über uns stand. Sobald die Oberfläche der Pfütze sich kräuselnd bewegte, verschwand der Widerschein. Ich stieg wieder in die Pfütze, packte die Sängerin unter den Armen, zog sie hoch, stieß sie mit den Knien vor mir her und brachte sie zum nahen Zaun. Sie wehrte sich und fuchtelte herausfordernd mit den Armen.

»Schlag mich doch! Schlag mich! Ach, du Biest... Ach, du Schuft... Nun, schlag mich doch!«

Ich drückte sie gegen den Zaun und fragte, wo sie wohne. Sie hob den zottigen Kopf und richtete ihre Augen auf mich – zwei dunkle Flecke. Jetzt sah ich, daß sie an Stelle des Nasenbeins nur noch eine häßliche, breite Narbe hatte; ein kläglicher Rest der Nase ragte noch wie ein Knopf in die Höhe. Die gleichfalls von einer Narbe durchschnittene, verschrumpfte Oberlippe entblößte die scharfen Zähne; in dem kleinen gedunsenen Gesicht spielte ein abstoßendes Lächeln.

»Na, dann komm schon!« sagte sie.

Wir gingen, immer wieder gegen den Zaun anrennend. Ihr nasser Rock klatschte mir fortwährend an die Beine.

»Komm, Liebster«, brummte sie dann, als würde sie allmählich nüchtern. »Ich nehm dich mit. Ich werd dir schon Lust bereiten...«

Sie führte mich in den Hof eines großen zweistöckigen Hauses. Vorsichtig, wie eine Blinde, nahm sie ihren Weg zwischen Wagen, Fässern, Kisten und herumliegenden Holzscheiten. Schließlich blieb sie vor einem Loch in der Grundmauer stehen und forderte mich auf:

»Steig rein!«

Ich hielt mich an der glitschigen Wand fest und faßte meine Begleiterin um die Taille. Es war nicht leicht, ihren quabbligen Leib zu stützen. Wir stiegen schlüpfrige Stufen hinab. Als ich mich vorwärts tastete, kam mir eine Türklinke unter die Hand. Ich öffnete. Wir standen auf der Schwelle einer finsteren Höhle. Ich wagte nicht weiterzugehen.

»Mutter, bist du es?« fragte eine leise Stimme aus dem Dunkel.

»Ich bin's.«

Warmer Fäulnisdunst und ein eigentümlicher Geruch, wie von Pech oder Teer, benahmen mir den Atem. Dann flammte ein Streichholz auf. Das Flämmchen beleuchtete für einen Augenblick ein blasses Kindergesicht und erlosch dann gleich.

»Wer wird denn sonst zu dir kommen? Ich bin's«, sagte meine Begleiterin, hin und her torkelnd. Wieder flammte ein Streichholz auf. Glas klirrte. Eine schmächtige, drollig wirkende Hand zündete eine kleine Blechlampe an.

»Ach, du mein Augentrost«, sagte die Frau und sank taumelnd in einen Winkel. Auf den Ziegelsteinen des Fußbodens, sich nur wenig darüber erhebend, war dort ein breites Lager hergerichtet.

Der Knabe gab auf die Lampe acht und schraubte den Docht zurecht, als die Flamme höher züngelte und anfing zu blaken. Sein zartes Gesichtchen war ernst, spitznasig, die Lippen waren voll und weich, wie bei einem Mädchen. Ein Gesicht, wie mit einem feinen Pinsel gemalt; es paßte so gar nicht hierher, in diese finstere, feuchte Höhle.

Als er den Docht zurechtgeschraubt hatte, musterte er mich mit seinen seltsamen, gleichsam struppigen Augen und fragte:

»Ist sie betrunken?«

Die Mutter lag quer über dem Bett, gluckste laut und schnarchte.

»Man müßte sie auskleiden«, sagte ich.

»Nun, so kleid sie aus«, antwortete der Knabe und schlug die Augen nieder.

Und als ich anfing, der Frau die nassen Röcke herunterzustreifen, fragte er leise und sachlich:

»Soll ich das Licht ausmachen?«

»Wieso?«

Er schwieg. Ich beobachtete ihn, während ich seine Mutter wie einen Mehlsack hin und her wandte. Er saß auf dem Fußboden am Fenster, in einer Kiste aus dicken Brettern, auf denen in schwarzen Drucklettern geschrieben stand:

VORSICHT!
N. R. & Co. AG

Das Fensterbrett befand sich in gleicher Höhe mit den Schultern des Knaben. An der Wand hingen mehrere Reihen schmaler Regale, auf denen Zigaretten- und Streichholzschachteln aufgestapelt waren. Neben der Kiste, in der der Knabe saß, stand eine zweite, mit gelbem Strohpapier bedeckte, die offenbar als Tisch diente. Der Junge hatte die drolligen, spindeldürren Ärmchen im Nacken verschränkt und blickte nach oben, in die dunklen Fensterscheiben hinein. Als ich die Frau ausgekleidet hatte, warf ich ihre nassen Lumpen auf den Herd. In der Ecke stand eine irdene Waschschüssel; ich wusch mir die Hände, trocknete sie an meinem Taschentuch ab und sagte dann zum Knaben:

»Nun, leb wohl...!«

Er sah mich an und fragte, leicht lispelnd:

»Soll ich jetzt das Licht ausmachen?«

»Wie du willst!«

»Gehst du weg? Legst du dich nicht...« Er streckte das Ärmchen aus und wies auf seine Mutter: »...zu ihr?«

»Wozu denn?« fragte ich dumm und erstaunt.

»Du weißt es ja selber«, sagte er mit grauenhafter Unbefangenheit.

Er dehnte sich und fügte hinzu:

»Alle legen sich zu ihr...«

Ich sah mich verlegen um. Rechts von mir war das Heizloch eines unförmigen Herdes, auf der Herdplatte stand schmutziges Geschirr; in der Ecke hinter der Kiste lagen Stücke von geteerten Tauen, ein Haufen gezupften Wergs, Holzscheite, Späne und ein Tragholz; zu meinen Füßen lag, lang dahingestreckt, ein gelber Körper und schnarchte.

»Darf ich noch ein Weilchen bei dir bleiben?« fragte ich den Knaben.

Er sah mich von unten an und antwortete:

»Bis zum Morgen wacht sie jetzt aber nicht mehr auf.«

»Was kümmert mich das?«

Ich hockte mich neben seine Kiste und erzählte ihm, bemüht, die Sache scherzhaft darzustellen, wie ich seine Mutter gefunden hatte.

»Sie saß im Dreck, arbeitete mit den Armen wie mit Rudern und sang dazu...«

Er nickte, lächelte matt und rieb sich die schmale Brust.

»Sie tat's, weil sie besoffen war. Aber wenn sie nüchtern ist, treibt sie auch gern Unfug. Wie ein kleines Kind ist sie...«

Jetzt sah ich mir seine Augen genauer an. Sie waren tatsächlich buschig: Die Wimpern waren auffallend lang, und auch über den Lidern wuchsen, schön geschwungen, dichte kurze Härchen. Bläuliche Schatten lagerten unter seinen Augen und ließen die blutleere Haut noch blasser erscheinen. Eine zottige Kappe von rötlichem Kraushaar fiel ihm in die hohe, über der Nasenwurzel leicht gefurchte Stirn. Doch der Ausdruck seiner ruhigen, forschenden Augen läßt sich nicht beschreiben. Ich konnte diesen seltsamen, schon nicht mehr menschlichen Blick kaum ertragen.

»Was ist mit deinen Beinen?«

Er kam in Bewegung, hob die Lumpen hoch, die seinen Körper bedeckten, machte ein verkümmertes Bein frei, das aussah wie ein Feuerhaken, und legte es mit der Hand auf den Rand der Kiste.

»Solche Beine hab ich! Beide sind so, von Geburt an. Sie gehen nicht, sie leben nicht. Sie hängen nur so an mir...«

»Und was ist in den Schachteln?«

»Meine Menagerie«, antwortete er. Er packte das Bein mit der Hand wie einen Stock, schob es auf den Boden der Kiste, unter die Lumpen, und bot mir mit einem freundlichen, heitern Lächeln an:

»Soll ich sie dir zeigen? Setz dich ordentlich hin. So was hast du sicher noch nie gesehen.«

Geschickt mit den dünnen, unverhältnismäßig langen Armen arbeitend, richtete er sich halb auf, nahm die Schachteln von den Regalen und reichte sie mir herüber, eine nach der andern.

»Da, sieh! Aber mach sie ja nicht auf! Sonst laufen die Tierchen weg. Halt sie ans Ohr und horch! Nun?«

»Da drin bewegt sich was...«

»Aha! Die große Spinne ist's. ›Trommler‹ heißt der Halunke! Schlau ist der...«

Jetzt war Leben in seine wunderbaren Augen gekommen; auf dem graublauen Gesicht spielte ein Lächeln. Rasch, flink hantierend, nahm er die Schachteln vom Brett, hielt sie erst an sein, dann an mein Ohr und erzählte lebhaft:

»Hier ist die Schabe Anissim. Der Anissim ist ein Prahler, ganz wie die Soldaten. Hier die Fliege heißt ›Beamtenfrau‹. Ein gemeines Aas, wie nur eins! Den ganzen

Tag summt und surrt sie und schimpft auf alle, sie hat sogar einmal Mutter an den Haaren gerissen. Nicht die Fliege – die richtige Beamtenfrau, die nach der Straße hinaus wohnt. Die Fliege, die ist ihr ganz ähnlich. Hier die schwarze Schabe, die riesengroße, das ist unser Hauswirt. Der ist ganz nett, aber ein Säufer ist er und hat gar keine Scham im Leibe. Wenn er besoffen ist, kriecht er nackt auf dem Hof umher. Haarig ist er wie ein schwarzer Hund. Hier der Käfer, das ist Onkel Nikodim, ich hab ihn auf dem Hof gefangen, der ist ein Pilger, aber einer von denen, die Gauner sind. Er erzählt den Leuten, er sammle für eine Kirche. Der ist auch der Mutter ihr Liebhaber. Sie nennt in den ›Knicker‹. Sie hat Liebhaber, soviel sie will – wie Fliegen. Wenn sie auch keine Nase hat.«

»Haut sie dich nicht?«

»Die Mutter? Das wäre ja noch schöner! Die kann gar nicht leben ohne mich. Sie ist eine gute Frau, bloß – sie säuft. Na, in unserer Straße saufen ja alle. Sie ist hübsch, und lustig ist sie auch... Ja... Sie säuft bloß schrecklich, die verfluchte Hure! Ich sag immer zu ihr: ›Sauf doch nicht so viel Schnaps, dummes Luder! Du könntest reich sein!‹ Aber sie lacht mich bloß aus. Sie ist eben ein Weibsbild, die sind doch alle dumm! Aber gut ist sie! Wirst ja sehen, wenn sie aufwacht.«

Er lächelte verklärt; sein Lächeln war so bezaubernd, daß ich am liebsten laut aufgeheult hätte vor quälendem, heißem Mitleid, so laut, daß es in der ganzen Stadt widergehallt hätte. Sein hübsches Köpfchen schwankte auf dem dünnen Hals wie eine seltsame Blume; die Augen aber glühten immer lebhafter und zogen mich mit unwiderstehlicher Gewalt an.

Ich lauschte seinem kindlichen und doch grauenhaften Geplauder und vergaß für einen Augenblick, wo ich mich befand. Plötzlich aber sah ich das kleine, außen mit

Kot bespritzte Kerkerfenster wieder, den schwarzen Schlund des Herdes, den Packen Werg in der Ecke, und bei der Tür, auf einem Haufen Lumpen, den buttergelben Körper jener Frau, seiner Mutter.

»Ist meine Menagerie nicht schön?« fragte der Knabe stolz.

»Sehr schön.«

»Bloß Schmetterlinge habe ich nicht. Keine Schmetterlinge und keine Falter!«

»Wie heißt du?«

»Ljonka.«

»Dann sind wir ja Namensvettern.«

»Ach! Was für ein Mensch bist du denn?«

»Ein ganz gewöhnlicher. Eigentlich gar keiner.«

»Das ist ja Unsinn! Jeder Mensch ist irgendwas. Ich weiß es doch. Du bist ein guter Mensch.«

»Vielleicht.«

»Ich seh's schon! Und furchtsam bist du auch.«

»Wie meinst du das?«

»Ich weiß schon.«

Er lächelte verschmitzt und zwinkerte mir listig zu.

»Nun sag doch: Wieso meinst du, daß ich furchtsam bin?«

»Du sitzt hier bei mir, weil du Angst hast, in die Nacht hinauszugehen!«

»Es wird ja schon hell.«

»Nun, dann wirst du fortgehen!«

»Ich besuche dich mal wieder.«

Er glaubte mir nicht, schloß die lieben, buschigen Augen mit den langen Wimpern, schwieg ein Weilchen und fragte dann:

»Wozu denn?«

»Um mit dir zu schwatzen. Du bist sehr interessant. Darf ich kommen?«

»Komm nur. Zu uns kommen ja so viele…«

Er seufzte. Dann sagte er:

»Du redest doch bloß so.«

»Ich komme, bei Gott!«

»Na schön, besuch mich also! Dann sollst du aber zu mir kommen und nicht zur Mutter, daß sie der Geier hole! Wollen wir Freunde sein, ja?«

»Gut!«

»Also abgemacht! Das tut nichts, daß du schon so groß bist. Wie alt bist du?«

»Ich werde einundzwanzig.«

»Ich bin zwölf. Ich habe gar keine Freunde. Nur Katja, die Tochter vom Wasserträger. Aber ihre Mutter haut sie, wenn sie mich besucht. Bist du ein Dieb?«

»Nein. Warum sollte ich ein Dieb sein?«

»Du hast so eine schreckliche Fratze, so mager. Und so eine Nase wie die Diebe. Zu uns kommen zwei Diebe. Einer – Saschka heißt er – ist dumm und boshaft; der andere, der Wanitschka, der ist gutmütig wie ein Hund. Hast du Schachteln?«

»Ich bringe dir welche mit!«

»Ach, tu's doch! Ich werd's der Mutter lieber nicht sagen, daß du wiederkommen willst...«

»Warum denn nicht?«

»Nun, so. Sie freut sich immer, wenn einer wiederkommt. Ja, sie mag die Mannsleute gern, das dumme Weibsbild! Eine schlimme Sache. Ein komisches Mädel ist meine Mutter! Wie sie fünfzehn war, hat sie's schon fertiggebracht, mich zu kriegen – wie, das weiß sie selber nicht. Du, wann kommst du?«

»Morgen abend.«

»Abends ist sie schon besoffen. Was tust du eigentlich, wo du doch nicht stiehlst?«

»Ich handle mit Kwaß.«

»Oho! Dann bring eine Flasche mit. Ja?«

»Selbstverständlich! Jetzt muß ich aber fort.«

»Nun, dann geh. Also du kommst wieder?«

»Ganz bestimmt.«

Er streckte seine langen Arme aus und reichte mir die Händchen. Ich drückte und schüttelte mit beiden Händen seine dünnen, kalten Knöchelchen. Dann stieg ich wie im Rausch, ohne mich nach ihm umzusehen, zum Hof hinauf.

Es dämmerte. Hoch oben, über dem feuchten Haufen halbverfallener Gebäude, flimmerte erlöschend das Gestirn der Venus. Aus der schmutzigen Höhle, unter der Hauswand, schauten, quadratischen Augen gleich, die Scheiben des Kellerfensters zu mir auf, trübe und schmutziggrau, wie die Augen eines Säufers. Beim Tor schlief auf einem Wagen, die riesigen bloßen Füße weit von sich gestreckt, ein Kerl mit einem roten, dicken Gesicht, sein dichter, struppiger Bart, aus dem die weißen Zähne blinkten, ragte in die Luft hinein. Es war, als grinse der Mann mit geschlossenen Augen, höhnisch und giftig. Ein alter Köter kam gelaufen; er hatte kahle Stellen auf dem Rücken, wahrscheinlich hatte man ihn irgendwann mit kochendem Wasser verbrüht. Er beschnupperte meinen Fuß, jaulte leise, kläglich, und erregte ganz unnötigerweise Mitleid in meinem Herzen.

In den Wasserlachen, die noch vom Abend her in den Straßen standen, spiegelte sich blau und rosig der Morgenhimmel, und das verlieh diesen schmutzigen Lachen eine kränkende, ganz überflüssige, die Seele zermürbende Schönheit...

Am nächsten Tage bat ich die Kinder meiner Straße, mir Käfer und Schmetterlinge zu fangen, und kaufte in der Apotheke hübsche Schachteln. Mit zwei Flaschen Kwaß, Pfefferkuchen, Konfekt und Milchbrot ausgerüstet, begab ich mich zu Ljonka.

Ljonka nahm meine Gaben mit höchstem Staunen entgegen; er riß seine lieben Augen, die im Tageslicht noch wunderbarer glänzten, weit auf.

»Ei, ei, ei«, sagte er mit tiefer, gar nicht kindlich klingender Stimme. »Was du alles angeschleppt bringst! Bist du denn reich? Wenn du aber reich bist, wieso gehst du dann so schlecht angezogen? Und sagst, du wärst kein Dieb! Sind das aber Schachteln! Ei, ei, ei, die sind ja viel zu schade zum Anfassen! Meine Hände sind nicht gewaschen. Wer steckt denn drin? Ach, so ein großer Käfer! Wie aus Kupfer, ganz grün – ach, du Teufelskerl!... Ob die nicht rauslaufen und wegfliegen? Nun, und wennschon...«

Plötzlich rief er sehr vergnügt:

»Mutter! Komm her, wasch mir die Hände. Sieh mal, du dummes Huhn, was der mir mitgebracht hat! Das ist der von gestern nacht, der dich nach Hause geschleppt hat wie ein Polizist. Der hat das alles gebracht. Er heißt auch Ljonka...«

»Du mußt aber danke sagen«, vernahm ich eine halblaute, seltsame Stimme hinter meinem Rücken.

Der Knabe nickte mehrmals mit dem Kopf. »Danke! Danke!«

Im Keller schwebten dicke Schwaden fusseligen Staubes hin und her. Nur mühsam erkannte ich durch diesen Staub hindurch den zerzausten Kopf jener Frau, ihr entstelltes Gesicht und das Blinken ihrer Zähne – dieses unwillkürliche, nicht zu bannende Lächeln.

»Guten Abend!«

»Guten Abend!« wiederholte die Frau. Ihre näselnde Stimme war nicht laut, jedoch munter, ja fast lustig. Sie betrachtete mich blinzelnd und, wie es mir schien, etwas spöttisch.

Ljonka hatte mich ganz vergessen. Er kaute an einem Pfefferkuchen, brummte vor sich hin, öffnete behutsam eine Schachtel nach der andern. Seine langen Wimpern beschatteten die Wangen und ließen die blauen Ringe unter den Augen noch dunkler erscheinen. Durch die schmutzigen Fensterscheiben schaute die Sonne in den Raum, glanzlos wie das Gesicht eines Greises. Sanftes Licht fiel auf das rötliche Haar des Knaben. Das Hemd stand an seiner Brust offen, und ich konnte sehen, wie unter den zarten Rippen, die Haut und die kaum merkbare Brustwarze bewegend, das Herz klopfte.

Die Mutter kam näher, sie tauchte ein Handtuch in die irdene Waschschüssel, trat auf Ljonka zu und griff nach seiner linken Hand.

Er aber schrie:

»Halt! Halt! Er ist weggelaufen. Weggelaufen ist er!« Ljonka warf sich in seiner Kiste herum und wühlte, die bläulichen, unbeweglichen Beine entblößend, in den stinkenden Lumpen, auf denen er lag. Die Frau lachte, kramte auch in den Lumpen und rief:

»Fang ihn!«

Sie fing den Käfer, nahm ihn in die Hand, betrachtete ihn mit ihren munteren, kornblumenblauen Augen und sagte zu mir im Tone einer alten Bekannten:

»Solche gibt es viele!«

»Drück ihn nicht tot«, mahnte mit strenger Stimme ihr Sohn. »Sie hat sich nämlich einmal, wie sie besoffen war, auf meine Menagerie gesetzt und so viele Tiere totgedrückt...«

»Vergiß das doch endlich, mein Augentrost!«

»Ich hab damals so viele beerdigen müssen...«

»Ich hab dir doch selbst neue gefangen.«

»Gefangen! Meine, die du totgemacht hast, waren ja abgerichtet, du dummes Huhn! Wenn welche krepieren, beerdige ich sie immer unterm Ofen; ich krieche hier raus und beerdige sie. Das ist mein Friedhof... Weißt du, ich hatte einmal eine Spinne, Minka hieß sie, die sah genauso aus wie einer von Mutters Liebhabern, einer von früher, der jetzt im Gefängnis sitzt, so ein kleiner Dicker, Vergnügter...«

»Ach, du mein Kleines«, sagte die Mutter, mit den kurzen, wie abgehackten Fingern ihrer dunklen, kleinen Hand das lockige Haar des Sohnes streichelnd. Dann stieß sie mich mit dem Ellbogen an und fragte lachenden Auges:

»Ist mein Junge nicht nett? Die Augen, was?«

»Nimm dir eins von meinen Augen und gib mir dafür deine Beine«, schlug ihr Ljonka schmunzelnd vor und betrachtete den Käfer. »Wie von Eisen ist er! Und so dick! Mutter, der sieht beinahe aus wie der Mönch. Weißt du, für den du die Strickleiter gemacht hast.«

»Ja, wirklich!«

Schmunzelnd erzählte sie mir:

»Das war so. Eines Tages wälzt sich ein großer, dicker Mönch zu uns herein und fragt: ›Kannst du mir eine Strickleiter machen?‹ Ich hatte noch nie im Leben von Strickleitern gehört. ›Nein‹, sag ich, ›das kann ich nicht.‹ – ›Dann werd ich's dich lehren‹, sagte er darauf. Er schlug seine Kutte auf, sein ganzer Bauch war mit Stricken umwunden. Lange, starke Stricke waren es. Er zeigte mir, wie's gemacht wird. Und ich arbeitete und arbeitete und mußte dabei immer denken: Wozu mag er das Ding wohl brauchen? Er will doch nicht etwa eine Kirche ausplündern?«

Sie lachte, legte die Arme um die Schultern ihres Jungen und streichelte ihn.

»Die treiben's ja manchmal schlimm, die Mönche! Er kam, als die Frist um war. Da sagte ich zu ihm: ›Du mußt mir erst sagen, ob du das Ding zu einem Diebstahl brauchst. Dann geb ich es nicht her!‹ Aber er lachte nur ganz listig. ›Nein‹, sagte er dann. ›Ich brauch's nur, um über die Mauer zu klettern. Unsere Mauer ist nämlich so schrecklich hoch. Wir sind aber allesamt Sünder, und die Sünde wohnt draußen, jenseits der Mauer. Hast du verstanden?‹ Nun ja! Er wollte die Leiter haben, um nachts zu seinen Weibern zu schleichen. Wir haben beide so gelacht, so gelacht...«

»Du lachst ja sehr gern«, sagte der Knabe im Tone eines Erwachsenen. »Stell lieber den Samowar auf...«

»Es ist kein Zucker da.«

»Geh, kauf!«

»Geld ist auch keins da.«

»Ei, du Säuferin! Laß dir's von dem da geben!«

Er wandte sich an mich.

»Hast du Geld?«

Ich gab der Frau Geld. Sie sprang hurtig auf, nahm einen zerbeulten, schmierigen kleinen Samowar vom Herd und ging aus dem Zimmer, wobei sie näselnd vor sich hin trällerte.

»Mutter!« rief ihr der Junge nach. »Putz das Fenster! Ich kann ja nichts mehr sehen! ... Ein flinkes Weib ist sie, kann ich dir sagen«, fügte er hinzu und baute die Schachteln mit den Insekten sorgfältig auf den Regalen auf; diese waren aus Pappe gefertigt und mit Bindfäden an Nägeln befestigt, die in die Fugen zwischen den Ziegeln der feuchten Wand getrieben waren.

»Sie arbeitet flink, sag ich dir! Wenn sie Werg zupft, wirbelt sie einen Staub auf, daß man kaum atmen kann. Ich schreie dann: ›Mutter, trag mich auf den Hof hinaus, ich ersticke hier!‹ Aber sie sagt: ›Halt's noch ein Weilchen aus. Wenn du nicht da bist, ist's mir so langweilig.‹ Sie hat mich eben lieb, das ist die Sache. Sie arbeitet und singt dabei. Sie weiß tausend Lieder.«

Er war sehr lebhaft geworden, seine wundervollen Augen funkelten. Die dichten Brauen hochziehend, sang er mit heiserer Altstimme:

»Arina liegt im Federbett...«

Ich hörte ein Weilchen zu. Dann sagte ich:

»Das ist ja ein sehr unanständiges Lied!«

»Die Lieder sind ja alle so«, erklärte mir Ljonka ohne eine Spur von Verlegenheit. Plötzlich fuhr er auf. »Horch, da kommt Musik. Rasch, heb mich hoch!«

Ich hob seine leichten, zarten Knochen hoch, die in der grauen, dünnen Haut wie in einem Sack staken. Er streckte begierig den Kopf zum offenen Fenster hinaus und verharrte regungslos. Seine dürren Beine baumelten kraftlos hin und her, leise an der Wand scharrend. Auf dem Hof quietschte erregt ein Leierkasten und spie Fetzen einer Melodie aus. Ein Kind schrie vor Freude in tiefen Tönen, ein Hund begleitete es mit seinem Geheul. Ljonka lauschte diesem Konzert und summte durch die Zähne leise mit.

Inzwischen hatte sich der Staub gesetzt, es wurde heller im Raum. Über dem Bett der Mutter hing eine Uhr, die einen Rubel gekostet haben mochte. An der grauen Wand schwankte ein lahmes Pendel von der Größe eines Kupferfünfers hin und her, das schmutzige Geschirr stand noch immer auf dem Herd. Auf allen Dingen lag eine dicke Staubschicht. Besonders viel Staub war in den Ecken, auf den in schmutzigen Fetzen herabhängenden Spinnweben. Ljonkas Behausung erinnerte an eine Müllgrube, und jeder Zoll dieser Grube offenbarte, erbarmungslos den Blick verletzend, die für Armut und Elend bezeichnenden Abscheulichkeiten.

Der Samowar summt verdrießlich. Der Leierkasten ist plötzlich verstummt, als hätte dieses Summen ihn erschreckt. Eine rauhe Stimme brüllt:

»Scheißkerl...«

»Hol mich wieder runter«, bittet Ljonka seufzend. »Sie haben ihn weggejagt...«

Ich setz ihn wieder in seine Kiste. Er verzieht das Gesicht, reibt sich die Brust mit den Händen und hüstelt behutsam.

»Mir tut's weh in der Brust. Es bekommt mir nicht, wenn ich lange richtige Luft atme. Du, hör mal, hast du schon mal Teufel gesehen?«

»Nein.«

»Ich auch nicht. Ich gucke nachts immer hinter den Herd, ob ich nicht mal welche zu sehen kriege. Aber sie lassen sich nicht sehen. Nicht wahr, Teufel treiben sich doch auf Kirchhöfen herum?«

»Wozu willst du sie denn sehen?«

»Das muß interessant sein. Vielleicht ist's gerade ein guter Teufel. Die Katja, die Tochter vom Wasserträger, hat mal einen Teufel im Keller gesehen. So einen Schreck hat sie gekriegt! Ich hab aber keine Angst vor schrecklichen Dingen!«

Er wickelte die Lumpen fester um seine Beine und fuhr lebhaft fort:

»Ich hab's sogar gern. Schreckliche Träume habe ich sehr gern. Ich hab mal von einem Baum geträumt, der hatte die Wurzeln oben. Die Blätter waren an der Erde, aber die Wurzeln reckten sich zum Himmel. Ich war ganz naß vor Schweiß und bin vor Angst aufgewacht. Ein andermal habe ich von der Mutter geträumt: Sie lag splitternackt da, und ein Hund fraß ihr den Bauch an, er biß immer ein Stückchen ab und spuckte es aus, dann biß er wieder ein Stückchen ab und spuckte es aus. Ein andermal fing unser Haus plötzlich an zu wackeln und rutschte die Straße entlang. Es rutschte und klapperte mit Türen und Fenstern. Und die Katze von der Beamtenfrau rannte hinterher...«

Fröstelnd zuckte er die spitzen Schultern. Dann nahm er ein Bonbon, wickelte das bunte Papier ab, strich es säuberlich glatt und legte es aufs Fensterbrett.

»Aus den Papierchen mache ich mir allerhand. Irgendwas Schönes. Oder ich schenke sie der Katja. Die hat auch hübsche Sachen gern: Glassplitter, Scherben, bunte Papierchen und so was. Du, hör mal, wenn man eine Schabe ordentlich füttert und immer weiterfüttert, wird sie dann so groß wie ein Pferd?«

Offenbar glaubte er daran. Ich antwortete:

»Wenn du sie gut fütterst, wird sie sehr groß.«

»Nun ja«, rief er fröhlich. »Und die Mutter, das dumme Weib da, lacht mich aus...«

Er setzte ein für eine Frau schwer beleidigendes, unflätiges Wort hinzu.

»Zu dumm ist sie! Eine Katze kann man doch gewiß sehr rasch so auffüttern, daß sie so groß wird wie ein Pferd. Nicht wahr?«

»Gewiß kann man das!«

»Ach, ich hab ja kein Futter! Das wäre ein Spaß!« Er zitterte am ganzen Leib vor Aufregung und preßte die Hand fest gegen die Brust.

»Dann würden Fliegen herumsurren ... so groß wie Hunde! Und mit Schaben könnte man Ziegel fahren. Wenn sie so groß sind wie Pferde, müssen sie doch ebenso stark sein! Nicht wahr?«

»Ja, aber... Schaben haben doch Bärte...«

»Ach, die stören nicht. Die kann man als Zügel nehmen, die Bärte! Oder auch – es käme eine Spinne gekrochen, so riesengroß wie – wie was? Eine Spinne darf nicht größer werden als eine Katze, sonst kriegen die Leute Angst! Ich hab bloß keine richtigen Beine, sonst würde ich... arbeiten würde ich und meine ganze Menagerie großfüttern. Dann würde ich die Tiere verkaufen. Und später würde ich der Mutter ein Haus kaufen, mitten auf freiem Felde. Bist du mal auf freiem Felde gewesen?«

»Natürlich!«

»Erzähl mir, wie ist's dort? Erzähle!«

Ich erzählte Ljonka von den Feldern und den Wiesen.

Er lauschte gespannt, ohne mich zu unterbrechen. Seine Wimpern hatten sich über die Augen gelegt, der Mund öffnete sich langsam, als schliefe der Junge ein. Als ich das bemerkte, sprach ich leiser. Doch da kam die Mutter mit dem brodelnden Samowar herein. Unter dem Arm hielt sie eine Papiertüte, aus der Tasche ihrer Jacke lugte eine Flasche hervor.

»Da bin ich!«

»Fei-ein!« seufzte der Knabe, die Augen weit aufreißend. »Nichts als Gras und Blumen! Du solltest mal einen Handkarren besorgen, Mutter, und mich aufs freie Feld bringen! Sonst krepier ich und hab's nie gesehen. Du bist wirklich ein gemeines Stück, Mutter!« schloß er gekränkt und traurig.

Die Frau ermahnte ihn sanft:

»Du sollst nicht so schimpfen. Dazu bist du noch zu klein...«

»Schimpfen soll ich nicht? Du hast's ja gut. Du kannst ja gehen, wohin du willst. So wie ein Hund! Du bist glücklich! Hör mal«, wandte er sich wieder an mich: »Hat der liebe Gott das Feld gemacht?«

»Aber gewiß!«

»Und wozu?«

»Für die Menschen. Damit sie sich da tummeln können.«

»Im freien Feld!« sagte der Knabe, lächelte versonnen und seufzte. »Ich würde meine Menagerie mitnehmen und alle freilassen. Tummelt euch, Hausgenossen! Du, hör mal, und wo wird denn der liebe Gott gemacht? Im Gotteshaus?«

Die Mutter kreischte laut auf und wälzte sich buchstäblich vor Lachen; sie warf sich aufs Bett, strampelte mit den Beinen und schrie:

»Ach, daß ich... Ach, du lieber Gott! Du mein

Augentrost. Den lieben Gott, den machen doch die Heiligenbildmacher ... totlachen könnt ich mich ... Du komischer Kauz, du ...«

Ljonka sah ihr lächelnd zu, dann stieß er – mit sanfter Stimme – ein gemeines Schimpfwort aus.

»Zu dumm ist sie! Wie ein kleines Mädel! Lachen tut sie zu gern!«

Und er wiederholte das Schimpfwort.

»Laß sie lachen«, sagte ich. »Was macht es dir aus?«

»Gar nichts macht's mir aus«, gab Ljonka zu. »Ich bin ihr nur böse, wenn sie das Fenster nicht putzt. Ich bitte und bitte: ›Putz doch das Fenster, ich seh ja die Gotteswelt nicht mehr!‹ Aber sie vergißt es immer wieder ...«

Die Mutter wusch gerade lachend das Teegeschirr ab. Sie zwinkerte mir mit ihren blauen, hellen Augen zu und sagte:

»Ist er nicht herzig, mein Goldjunge? Wenn er nicht wäre – ich wär längst ins Wasser gegangen, wahrhaftig! Aufgehängt hätte ich mich ...«

Das sagte sie – und lächelte dazu!

Ljonka aber fragte mich plötzlich:

»Bist du ein Narr?«

»Ich weiß nicht. Wieso?«

»Mutter sagt, du wärst ein Narr.«

»Und warum habe ich das gesagt?« rief die Mutter, ohne die geringste Verlegenheit zu zeigen. »Hat der Mann ein besoffenes Frauenzimmer von der Straße nach Hause geschafft, hat sie zu Bett gebracht – und ist gleich wieder gegangen! Ja! Ich hab's aber nicht böse gemeint! Und du mußt auch nicht gleich klatschen! Das ist häßlich von dir!«

Auch sie redete wie ein Kind. Ihre ungefüge Sprache ließ an die eines halbwüchsigen Mädchens denken. Und auch ihre Augen waren von einer kindlichen Reinheit. Um so abscheulicher war das entstellte Gesicht, in dem die Nase fehlte, mit der hochgezogenen Lippe und den bloßliegenden Zähnen. Wie ein wandelndes, grausiges Hohnlachen wirkte es – und noch dazu ein fröhliches Hohnlachen!

»Nun, jetzt wollen wir Tee trinken«, forderte sie mich feierlich auf.

Der Samowar stand auf der Kiste neben Ljonka. Der unter dem zerbeulten Deckel mutwillig hervorsprudelnde Dampfstrom berührte Ljonkas Schulter. Er hielt die Hand dazwischen, und als der Handteller vom Dampf feucht war, wischte er ihn, träumerisch die Augen zukneifend, an seinem Haar ab.

»Wenn ich groß bin«, sagte er, »wird die Mutter mir einen Handkarren besorgen. Dann rolle ich durch die Straßen und sammle Almosen. Und wenn ich genug habe, rolle ich hinaus ins freie Feld.«

»Ach, ach«, seufzte die Mutter. Dann lachte sie gleich wieder leise auf. »Er hält das Feld für ein Paradies, der liebe Kerl! Aber da sind Militärlager … und freche Soldaten … und besoffene Bauern.«

»Du lügst ja!« unterbrach Ljonka sie mit finsterer Miene. »Frag den da, wie es auf dem Felde aussieht! Er hat's doch gesehen.«

»Meinst du, ich hab's nicht gesehen?«

»Du warst ja besoffen!«

Sie zankten sich wie die Kinder, genauso leidenschaftlich und unlogisch. Draußen war indes ein warmer Abend angebrochen. Am geröteten Himmel stand unbeweglich eine dichte, graublaue Wolke. Im Keller wurde es immer dunkler. Der Knabe trank eine Tasse Tee und geriet in Schweiß. Er sah erst mich an, dann die Mutter und sagte:

»Jetzt hab ich genug gegessen und getrunken. Ich bin ordentlich müde. Wahrhaftig …«

»So schlaf doch«, riet ihm die Mutter.

»Und er, geht er weg? Gehst du weg?«

»Keine Sorge! Ich laß ihn nicht fort«, sagte die Mutter und stieß mich mit dem Knie an.

»Geh noch nicht weg!« bat Ljonka. Er schloß halb die Augen, dehnte sich behaglich und legte sich in seine Kiste. Doch dann hob er den Kopf und sagte vorwurfsvoll zur Mutter:

»Den solltest du heiraten. Richtig heiraten, in der Kirche, so wie andere Frauen. Du läßt dich immer mit jedem ein... Und kriegst doch nur Schläge... Aber der da ist gut...«

»Schlaf lieber!« sagte sie leise, über ihre Teetasse gebeugt.

»Reich ist er auch...«

Einen Augenblick saß sie stumm da, mit bebenden Lippen ihren Tee schlürfend. Dann sagte sie zu mir, als wäre ich ein alter Bekannter: »Ja, so leben wir still für uns. Ich und er, ganz allein. Im Hause schimpfen sie mich: Hure! Wennschon! Ich brauch mich vor niemand zu schämen. Außerdem, Sie sehen ja, wie entstellt ich bin. Jeder sieht gleich, wozu ich tauge. Ja. Der Junge schläft, mein Augentrost. Ist er nicht ein liebes Kind?«

»Sehr lieb!«

»Ich kann mich nicht satt sehen an ihm. Und gescheit ist er! Nicht?«

»Sehr klug ist er!«

»Nun eben! Sein Vater war ein vornehmer alter Herr. So einer – wie nennt man sie doch? Büros haben sie – ach, du! Akten schreiben sie. Wie heißt's doch gleich?«

»Ein Notar?«

»Jawohl! Ganz recht. Ein sehr netter alter Herr war's... So freundlich. Er hatte mich sehr gern. Ich war Stubenmädchen bei ihm.«

Sie bedeckte die nackten Beine des Kindes mit den Lumpen, strich das schmierige Kissen unter seinem Kopf glatt und erzählte leichthin weiter:

»Er starb ganz plötzlich. Mitten in der Nacht. Ich war eben noch bei ihm gewesen – da stürzte er auch schon zu Boden. Und war gleich tot. Sie handeln mit Kwaß?«

»Ja.«

»Selbständig?«

»Nein, für meinen Arbeitgeber.«

Sie rückte näher an mich heran und sagte:

»Sie brauchen sich vor mir nicht zu ekeln, junger Mann! Ich bin jetzt nicht mehr ansteckend. Sie können jeden hier in der Straße fragen. Alle wissen es.«

»Ich ekle mich gar nicht.«

Sie legte die kleine Hand mit den aufgeriebenen Fingern und den abgebrochenen Nägeln auf mein Knie und fuhr freundlich fort:

»Ich bin Ihnen sehr dankbar. Für Ljonka! Das war heute ein Fest für ihn. Schön haben Sie das gemacht...«

»Ich muß gehen«, sagte ich.

»Wohin?« fragte sie verwundert.

»Ich hab zu tun.«

»Bleiben Sie doch hier!«

»Ich kann nicht...«

Sie warf einen Blick nach ihrem Jungen, dann durchs Fenster nach dem Himmel und sagte halblaut:

»Vielleicht bleiben Sie doch! Ich lege dann ein Tuch über meine Fratze... Ich möchte mich so gern erkenntlich zeigen... für meinen Jungen... Also – ein Tuch lege ich darüber... Ja?«

Sie sprach so unwiderstehlich menschlich, so freundlich, mit so innigem Gefühl. Ihre Augen, diese kindlichen Augen in dem abschreckenden Gesicht, lächelten, und das war nicht das Lächeln einer Bettlerin, sondern das eines reichen Menschen, der etwas besitzt, wodurch er sich erkenntlich zeigen kann.

»Mutter!« rief plötzlich der Knabe. Er richtete sich zitternd auf. »Da kriechen sie... Mutter!... Komm...!«

»Er träumt«, sagte sie, über den Sohn gebeugt.

Ich ging in den Hof hinaus und blieb sinnend stehen. Aus dem offenen Kellerfenster klang lustig näselnd ein Lied in den Hof hinaus. Die Mutter sang ihren Jungen in Schlaf, jedes einzelne Wort des seltsames Liedes deutlich aussprechend:

»Kommt da grimmes Leid und Schmerz,
bringt uns schlimme Not und Pein,
bringt uns schlimme Not und Pein,
reißt in tausend Stück das Herz!
Ach, es wird uns schlimm ergehn,
wohin sollen wir bloß gehn...?«

Raschen Schrittes verließ ich den Hof. Ich mußte die Zähne zusammenbeißen, um nicht laut aufzuweinen...

Wie ein Mensch geboren ward

Es war im Hungerjahr 1892, in der Gegend zwischen Suchum und Otschemtschiry, am Ufer des Kodor, unweit des Meeres. In das lustige Plätschern der klaren Wellen des Bergbachs klang deutlich das dumpfe Rauschen der Meereswogen hinein.

Es war im Herbst. In dem weißen Gischt des Kodor wirbelten gleich kleinen, munteren Lachsforellen die gelben Blätter des Kirschlorbeerbaums. Ich saß am Ufer auf den Steinen und dachte: Die Möwen und Seeraben haben sicherlich die Blätter auch für Fische gehalten, haben dann ihren Irrtum gemerkt und sich darüber geärgert, deshalb machen sie jetzt dort drüben hinter den Bäumen, wo das Meer ans Ufer schlägt, solchen Lärm.

Die Kastanienbäume über meinem Kopf prangen in goldenem Schmuck, zu meinen Füßen häufen sich ihre Blätter, die abgehauenen Handtellern ähneln. Die Äste der Hagebuche drüben, am andern Ufer, sind schon kahl und hängen in der Luft gleich einem zerrissenen Netz, in dem ein gelbroter Bergspecht wie in einem riesigen Käfig auf und nieder hüpft, als hätte er sich darin verfangen; er klopft mit dem schwarzen Schnabel gegen die Rinde des Stammes und jagt die Insekten heraus, die ihm dann von den flinken Meisen und den vom fernen Norden zugeflogenen Blauspechten weggeschnappt werden.

Links von mir schweben über den Berggipfeln schwere dunstige Wolken; sie drohen mit Regen, ihre dunklen, beweglichen Schatten breiten sich über die mit Buchsbaum bewachsenen grünen Hänge. In den hohlen Stämmen der alten Buchen und Linden findet man den Honig von Waldbienen, der, süß und wie Met berauschend, einstmals den Soldaten des großen Pompejus so gefährlich wurde, eine ganze Legion der eisernen Römer zu Boden warf. Die Bienen bereiten ihn aus den Blüten des Lorbeers und der Azaleen, und die Stromer nehmen ihn einfach aus der Baumhöhle, streichen ihn aufs Brot und verspeisen ihn mit Behagen.

Ich machte es nicht anders; auf den Steinen unter den Kastanienbäumen sitzend, war ich eifrig dabei, Brotstücke in einen mit Honig gefüllten Blechtopf zu tauchen und zu verspeisen. Die ergrimmten Bienen hatten mich tüchtig zerstochen, das hinderte mich aber nicht, meine Augen an dem trägen Flimmerspiel der müden Herbstsonne zu weiden.

Im Herbst wirkt der Kaukasus wie ein reichgeschmückter Dom, den irgendwelche große Weisen, die ja meist auch große Sünder sind, errichtet haben mochten, um ihre Vergangenheit vor den scharfen Augen des Gewissens zu verbergen; wie ein ungeheurer Tempel aus Gold, Türkisen und Smaragden erscheint er dem Menschen, an den Felshängen mit kostbaren, in Samarkand und Schemacha gewebten Seidenteppichen geschmückt, mit herrlichem Gerät ausgestattet, das die Erbauer in aller Welt zusammengeraubt und hierher, vor das leuchtende Antlitz der Sonne, gebracht haben, um es ihr darzubringen mit den Worten:

»Nimm hin das Deine von uns, den Deinen!«

...Ich sehe langbärtige, graue Riesen mit den großen Augen fröhlicher Kinder von den Bergen niedersteigen, sehe sie, überall freigebig ihre bunten Schätze ausstreuend, die Erde schmücken, die Berggipfel mit einer dicken Schicht Silber, die steilen Hänge mit dem lebendigen Gewebe eines vielfältigen Baumwuchses bedecken, um dieses gesegnete Fleckchen Erde in ein Wunder an Schönheit zu verwandeln.

Welch köstliche Aufgabe ist es doch, ein Mensch zu

sein! Wieviel Schönes sieht man, welche qualvoll süßen Empfindungen werden im Herzen wach bei der stillen, andächtigen Betrachtung all des Herrlichen und Wunderbaren! Gewiß, es gibt mitunter auch schwere Stunden, in denen wütender Haß aufquillt, bitterer Gram gierig am Herzen nagt; aber sie gehen vorüber, und schließlich hat ja auch die Sonne nicht immer ihre Freude an den Menschen, auf die sie herabscheint, ja, oft bereiten sie ihr bitteren Kummer: Da hat sie sich geplagt und abgemüht für sie alle, und sie sind doch mißraten...

Und selbst diejenigen unter ihnen, die gut sind – es gibt ihrer nicht wenige –, müßten doch gründlich geändert, wenn nicht gar neu geschaffen werden.

...Links von mir bewegten sich über dem Buschwerk dunkle Köpfe: Durch das Rauschen der Meereswogen und das Plätschern des Flusses klingen, kaum vernehmbar, menschliche Stimmen. Es sind Leute aus den Hungergebieten; man hat sie hierhergebracht, um sie beim Straßenbau zu beschäftigen; jetzt sind sie von Suchum nach Otschemtschiry unterwegs, wo neue Arbeit sie erwartet.

Ich kenne sie, sie kommen aus dem Gouvernement Orjol. Ich hatte mit ihnen zusammen gearbeitet und wurde gestern mit ihnen zusammen abgelohnt, bin aber früher aufgebrochen als sie, noch zur Nachtzeit, um den Sonnenaufgang an der Meeresküste zu sehen.

Es sind vier Männer und eine hochschwangere Frau mit vorspringenden Backenknochen und graublauen, furchtsam dreinblickenden Augen. Ich sehe über den Büschen ihren von einem gelben Tuch umhüllten Kopf, der, einer vom Wind bewegten Sonnenblume gleich, hin und her schwankt. In Suchum war ihr der Mann gestorben, er hatte sich an Obst krank gegessen. Ich wohnte mit diesen Leuten in einer Baracke: Nach gutem russischem Brauch jammerten sie ständig über ihr unseliges Geschick, so viel und so laut, daß man ihre Klagen sicherlich auf fünf Werst in der Runde hörte.

Langweilige, von Jammer und Elend schwer bedrückte Menschen waren es. Von ihrem erschöpften, unfruchtbaren Heimatboden losgerissen, waren sie alle, wie das welke Laub vom Herbstwind, hierher verweht worden, in diesen fremden Landstrich, dessen üppige Schönheit sie in Staunen setzte und blendete. Die schweren Bedingungen, unter denen sie arbeiteten, hatten die Leute vollends niedergedrückt. Verwirrt mit den farblosen, schwermütigen Augen blinzelnd, sahen sie sich an, lächelten traurig und sagten:

»Ei, ei, ist das hier ein Boden...«

»Ordentlich heiß steigt's von ihm auf!«

»Ja-a... Das heißt, steinig ist er schon...«

»Schwer zu bearbeiten, das muß man sagen...«

Und sie gedachten ihrer heimatlichen Scholle, wo jede Handvoll Erde den Staub ihrer Väter und Vorväter enthielt, wo ihnen alles bekannt, vertraut und lieb – weil von ihrem Schweiß durchtränkt – war.

Noch eine Frau war bei ihnen – eine große und gutgewachsene Person, flach wie ein Brett, mit Kinnbacken wie ein Pferd und düster schielenden, kohlschwarzen Augen.

Des Abends pflegte sie sich mit der anderen Frau, der mit dem gelben Kopftuch, hinter der Baracke auf einen Schotterhaufen zu setzen und, die Wange in die Hand gestützt, mit hoher, rauher Stimme zu singen:

»Hintern Dorf auf grüner Au
breit ich aus das weiße Kissen,
wart voll Sehnsucht, schau und schau,
ob mein Schatz kommt, mich zu küssen...
Kommt er dann des Wegs daher,
wird so bang und weh uns beiden...«

Die Frau im gelben Tuch saß meist schweigend da, den Kopf vorgeneigt, den Blick starr auf den hohen, schwangeren Leib gerichtet; zuweilen jedoch fiel sie plötzlich träge mit ihrer tiefen, bäuerisch klingenden Stimme ein und sang weiter – traurige, klagende Worte:

»Und das Herz wird uns so schwer,
denn nun heißt's für immer scheiden…«

In dem undurchdringlichen, schwülen Dunkel der südlichen Nacht riefen diese klagenden Stimmen die Erinnerung an den Norden mit seinen Schneewüsten, seinen brausenden Stürmen und dem fernen Geheul unsichtbarer Wölfe wach. Dann erkrankte die Schieläugige an Fieber. Man brachte sie auf einer Segeltuchbahre nach der Stadt; sie wurde hin und her gerüttelt und jammerte in langgedehnten Klagelauten, als wollte sie ihr trauriges Lied von der grünen Au weitersingen.

Jetzt war das gelbe Tuch, das vorhin ab und zu zwischen den Sträuchern auftauchte, nicht mehr zu sehen.

Ich war mit meinem Frühstück fertig, deckte den Honig im Blechnapf sorgfältig mit Laub zu, schnürte mein Bündel und schritt, mit dem Weißdornstock gegen den steinigen Fußpfad stoßend, gemächlich den andern nach.

Ich war auf den schmalen grauen Streifen der Landstraße gelangt. Zur Rechten wogte das tiefblaue Meer; unsichtbare Tischler schienen mit Tausenden von Hobeln darüber hinzustreichen, weiße, raschelnde Späne emporwirbelnd, die der feuchte, warme, nach dem Atem eines gesunden Weibes duftende Wind ans Ufer trieb. Eine türkische Feluke glitt, stark auf die linke Seite sich neigend, in die Richtung nach Suchum dahin; ihre Segel blähten sich wie die dicken Backen unseres Suchumer Wegebaumeisters, der immer so wichtig tat. Er sprach durch die Nase und drohte den Arbeitern bei der geringsten Widersetzlichkeit mit der Polizei, die er ihnen denn auch schleunigst und mit sichtlichem Vergnügen auf den Hals hetzte. Noch jetzt wird mir ordentlich wohl bei dem Gedanken, daß die Leichenwürmer ihn gewiß längst bis an die Knochen zernagt haben.

...Es geht sich so leicht, so froh. Man glaubt in der Luft zu schwimmen. Heitere Gedanken, bunte Erinnerungen schweben in stillem Reigen durch den Sinn: Sie gleichen den weißen Wogenkämmen drüben auf dem Meer. Wie diese eilen sie flüchtig über die Oberfläche, während drunten in der Tiefe die schimmernden, vielfältigen Hoffnungen der Jugend wie die silbernen Fische auf dem Meeresgrunde sanft dahingleiten. Den Weg lockt es zum Meere hin, stellenweise schlängelt er sich dicht an den Sandstreifen heran, den die Wogen benetzen. Die Büsche neigen sich über den Wegrand vor, als wollten sie tief in die Wogen hineinschauen und der tiefblauen Unendlichkeit einen Gruß zunicken.

Ein Windstoß fegt von den Bergen herab; es wird sicher regnen.

Vom Gebüsch her klingt leises Stöhnen, das Stöhnen eines Menschen – ein Laut, der in der Seele stets Widerhall findet.

Ich zerteile die Zweige – und sehe die Frau im gelben Kopftuch. Mit dem Rücken an den Stamm eines Nußbaums gelehnt, sitzt sie da; der Kopf ruht kraftlos auf der Schulter, der Mund ist grauenhaft verzerrt, die hervorquellenden Augen blicken starr und irr drein. Den mächtigen Leib hält sie mit den Armen umfaßt und atmet so angstvoll, so unnatürlich schwer, daß der ganze Leib krampfhaft zuckt und bebt. Sie preßt ihn mit den Händen zusammen; ihrem Mund, in dem große, gelbe Wolfszähne blinken, entringt sich ein dumpfes Geheul.

»Was ist dir? Hat man dich geschlagen?« frage ich, mich über sie beugend. Ihre nackten Beine zucken in dem aschfarbenen Sand, der Kopf wackelt kraftlos hin und her, und sie krächzt mühsam:

»Geh!... Schäm dich doch!... Geh weg!...«

Da begriff ich, was hier vor sich ging; ich hatte schon einmal so etwas gesehen. Erschrocken wich ich zurück; sie aber stieß ein lautes, langgezogenes Wehgeheul hervor, aus ihren Augen, die beinahe aus den Höhlen traten, rannen trübe Tränen, die unaufhaltsam über ihr vom Schreien blauangelaufenes, verquollenes Gesicht liefen.

Ich ging wieder auf sie zu, warf Bündel, Teekessel und Blechnapf auf die Erde, drückte die Frau rücklings gegen den Boden und suchte ihre Beine in den Knien zu beugen. Sie aber schlug mir mit den Händen ins Gesicht und gegen die Brust, so daß ich zurückprallte, drehte sich um und kroch keuchend, ächzend, stöhnend, auf allen vieren, wie eine Bärin, tiefer ins Gebüsch.

Ich hörte sie schimpfen:

»So ein Saukerl... So ein Halunke...«

Ihre Arme knickten ein; sie stürzte vornüber zu Boden, streckte unter krampfhaften Zuckungen die Beine von sich und heulte wieder.

Ich rief mir eiligst alles, was ich über diesen Gegenstand wußte, ins Gedächtnis, legte, selbst fieberhaft erregt, die Frau auf den Rücken und brachte es schließlich fertig, ihr die Beine zu beugen... Schon kam bei ihr die Blase, die die Frucht umgibt, zum Vorschein.

»Lieg still! Gleich kommt das Kind!«

Ich lief ans Meer, krempelte die Ärmel auf, wusch mir die Hände, kehrte zu ihr zurück – und wurde Geburtshelfer.

Die Frau wand und krümmte sich in ihren Wehen wie ein Stück Birkenrinde im Feuer. Sie schlug mit den Händen um sich, riß das welke Gras aus, versuchte es sich in den Mund zu stopfen und streute sich dabei Erde auf das unmenschlich entstellte Gesicht mit den blutunterlaufenen, wild starrenden Augen. Die Blase war schon geplatzt, der Kopf des Kindes zeigte sich; jetzt mußte ich ihr die krampfhaft zuckenden Beine festhalten, mußte dem Kinde helfen und zu verhindern suchen, daß die Mutter sich Gras in den verzerrten, entsetzlich stöhnenden Mund steckte...

Wir schimpften auch ein wenig miteinander: sie durch die Zähne und ich nur ganz leise; sie tat es vor Schmerz und wohl auch aus Schamgefühl – ich aus Verlegenheit und quälendem Mitleid mit ihr...

»O Gott!« schreit sie heiser und beißt sich auf die schaumbedeckten, fahlen Lippen, während aus ihren Augen, die plötzlich von der Sonne gebleicht scheinen, ununterbrochen die durch die Wehen hervorgepreßten Tränen fließen und ihr zerquälter Körper sich hin und her wirft und windet.

»So geh doch fort, du Teufel...«

Immer noch sucht sie mich mit den schwachen, verrenkten Armen fortzustoßen, ich aber rede ihr gut zu:

»Sei doch nicht so dumm! Laß rasch das Kind kommen!«

Sie tut mir wirklich leid, mir ist, als brächten ihre Tränen auch meine Augen zum Überfließen. Es ist mir weh ums Herz, ich möchte laut aufschreien – und ich schreie:

»Mach rasch...«

Und nun halte ich einen Menschen in meinen Armen – einen blauroten, winzigen Menschen. Ich sehe ihn nur undeutlich, durch einen Tränenschleier, kann aber erkennen, daß er über und über rot und schon mit der Welt unzufrieden ist; er strampelt und tobt und brüllt ganz fürchterlich, obwohl er noch mit dem Leibe der Mutter verbunden ist. seine Augen sind blau, die Nase in dem roten, zerknüllten Gesicht ist komisch plattgedrückt, die Lippen bewegen sich und plärren:

»Ja-ah... Ja-ah...«

Ganz schlüpfrig ist er – jeden Augenblick kann er meinen Händen entgleiten. Ich knie am Boden, schau ihn mir an, muß hellauf lachen – es macht mir einen Heidenspaß, ihn zu begucken – und vergesse darüber ganz, was weiter zu tun ist...

»Schneid ihn ab«, sagt leise die Mutter. Ihre Augen sind geschlossen. Das Gesicht ist schlaff, erdfahl wie das einer Toten; die blauen Lippen flüstern kaum vernehmlich:

»Schneid ihn ab... Mit dem Messer...«

Mein Messer haben sie mir in der Baracke gestohlen, so beiße ich die Nabelschnur einfach durch. Das Kind läßt seinen orjolschen Baß ertönen, die Mutter aber lächelt: Ich sehe ihre tiefeingesunkenen Augen, die mir eben noch ganz farblos vorkamen, in herrlichem, blauem Feuer erstrahlen. Ihre braune Hand greift, nach der Tasche tastend, in die Falten des Rockes, die blutig gebissenen Lippen flüstern:

»Ich... kann... nicht. In der Tasche... ist ein Bändchen... Binde den Nabel ab...«

Ich zog das Bändchen aus der Tasche und tat, wie sie mich geheißen. Sie lächelte immer strahlender, immer freudiger, so strahlend und freudig, daß dieses Lächeln mich beinahe blendete.

»Ruh dich aus... Ich will ihn unterdes baden...«, sagte ich zu ihr.

»Aber vorsichtig, du? Ja...?« murmelte sie besorgt.

Sie braucht sich wirklich keine Sorge zu machen um den kleinen roten Mann: Er hat die Fäustchen geballt und schreit, schreit, als wolle er mich zum Kampf herausfordern:

»Ja-ah... Ja-ah...«

»Ja, ja – gewiß! Bejahe dich selbst, Freundchen, sonst reißen dir die lieben Nächsten bald den Kopf ab...«

Besonders laut und unzufrieden schrie er auf, als die

erste schäumende Meereswoge, die sich munter auf uns beide stürzte, über seinen kleinen Leib hinglitt. Ich spülte ihm Rücken und Brust ab, er kniff die Augen zusammen und sträubte sich, jämmerlich quietschend, während Welle auf Welle über ihn hinwegeilte:

»Brülle nur, junger Mann! Schon deine Kehle nicht...!« ermunterte ich ihn.

Als ich mit ihm zu seiner Mutter zurückkehrte, lag sie wieder mit geschlossenen Augen, die Lippen fest aufeinandergepeßt, da. Die Wehen hatten sie von neuem gepackt, die Nachgeburt mußte ausgestoßen werden. Doch mitten im Ächzen und Stöhnen hörte ich sie mit brechender Stimme flüstern:

»Gib... gib ihn her...«

»Er kann doch warten!«

»Gib ihn her...«

Sie suchte mit zitternden, tastenden Händen ihre Bluse aufzuknöpfen. Ich half ihr die Brust frei zu machen, die von der Natur für zwanzig Kinder bemessen schien, und legte das brüllende Bürschlein an ihren warmen Körper. Das hatte rasch begriffen und schwieg.

»Heilige, Gebenedeite...!« murmelte seufzend und zitternd die Mutter und warf den auf ihrem Reisebündel liegenden zerzausten Kopf von einer Seite auf die andere. Sie schrie leise auf, blieb dann einen Augenblick still und öffnete darauf wieder ihre Augen, unsagbar schöne, blaue Augen, die heiligen Augen einer Mutter. Sie blikken, in dankbarer Freude erstrahlend, zum Himmel empor, der ebenso blau und klar ist wie sie. Und nun hebt sie mühsam die Hand und bekreuzigt langsam sich selbst und das Kind: »Gepriesen seiest du, heilige Mutter Gottes... Ach... Gepriesen in alle...«

Wieder sind ihre Augen erloschen und tief eingesunken. Sie schweigt lange, kaum hörbar atmend. Dann sagt sie plötzlich, sachlich, mit fester Stimme:

»Mach doch mal mein Bündel auf, Bursche...«

Ich gehorchte. Sie ließ ihre Augen eine Weile auf mir ruhen und lächelte schwach. Ein flüchtiges Rot huschte kaum merklich über ihre eingefallenen Wangen und die schweißbedeckte Stirn.

»Geh doch ins Gebüsch!«

»Streng dich ja nicht zu sehr an!«

»Nun, geh schon, geh...«

Ich schlug mich seitwärts in die Büsche.

Mein Herz schien müde zu sein, in meiner Brust aber tönte es leise wie lieblicher Vogelgesang, und das war, mit dem ewigen Rauschen des Meeres vereint, so köstlich anzuhören, daß ich ein Jahr lang hätte dastehen und lauschen mögen...

Irgendwo in der Nähe plätscherte ein Bach; es klang wie das leise Geplauder eines Mädchens, das einer Freundin vom Geliebten erzählt...

Über den Sträuchern zeigt sich der Kopf des Weibes; schon ist das gelbe Tuch straffgebunden.

»Ei, ei«, rufe ich. »Du hast es aber eilig!«

Mit der Hand sich am Gesträuch festhaltend, saß sie da; aus dem erdfahlen Gesicht, darin die Augen wie tiefe, dunkle Löcher starrten, war alle Farbe gewichen.

»Guck, wie er schläft!« flüsterte sie andächtig.

Er schlief ja brav, aber schließlich nicht anders, als alle Kinder zu schlafen pflegen. Wenigstens kam es mir so vor; wenn ein Unterschied bestand, so lediglich darin, daß er nicht in einer Wiege lag, sondern auf einem Haufen herbstlich bunten Laubes, unter einem Strauch, wie sie in der Gegend von Orjol nicht vorkommen.

»Leg dich lieber hin, Frau...«

»Es geht nicht«, sagte sie, mühsam und schwach den Kopf schüttelnd, »ich muß mich auf den Weg machen... nach... nach...«

»Nach Otschemtschiry?«

»Richtig, so heißt der Ort... Unsere Leute sind schon so viele Werst voraus...«

»Kannst du denn gehen?«

»Die Mutter Gottes wird mir schon beistehen!«

Nun, wenn die Mutter Gottes hilft, habe ich freilich nichts zu sagen!

Sie blickt unter den Strauch nach dem kleinen, mürrisch verzogenen Gesicht, das ihre Augen mit den warmen Strahlen zärtlicher Mutterliebe bescheinen. Dann leckt sie an ihren trockenen Lippen und fährt sich langsam mit der Hand über die Brust.

Ich zünde ein Feuer an und füge einige Steine zu einem kleinen Herd, um darauf Tee zu kochen.

»Warte, Mutter, ich mache dir Tee...«

»Wirklich? Ach, tu das... Mir ist die Brust ganz ausgetrocknet...«

»Wieso haben dich deine Landsleute im Stich gelassen?«

»Im Stich gelassen? Ach nein! Ich bin von selbst zurückgeblieben... Sie waren betrunken... Wenn ich so mitten unter ihnen niedergekommen wäre...« Sie warf einen Blick auf mich und hielt sich, verschämt lächelnd, den Ellbogen vor die Augen.

»Ist's dein erstes Kind?« fragte ich.

»Ja, das erste... Und du, wer bist du denn?«

»Nun, eine Art Mensch...«

»Natürlich bist du ein Mensch, was denn sonst? Bist du verheiratet?«

»Daß ich nicht wüßte.«

»Du flunkerst!«

»Wieso denn?«

Sie schlug die Augen nieder und versank in Nachdenken.

»Woher kennst du denn diese Weibergeheimnisse?«

Jetzt mußte ich tatsächlich flunkern.

»Das hab ich gelernt. Ich bin Student. Weißt du, was das ist?«

»Gewiß! Unserem Popen sein Sohn ist Student, will auch Pope werden...«

»Siehst du. So einer bin ich auch. Jetzt muß ich aber Wasser holen.«

Sie neigte den Kopf nach ihrem Kleinen hin, lauschte seinen leisen Atemzügen und blickte dann nach dem Meer hinüber.

»Waschen möcht ich mich. Aber ich fürchte mich vor diesem Wasser... So salzig ist's! Und so bitter...«

»Kannst es ruhig wagen! Es ist sehr gesund, dieses Wasser...«

»Wirklich?«

»Gewiß. Es ist wärmer als Bachwasser. Die Bäche sind hier eiskalt...«

»Du mußt es ja wissen...«

Langsam ritt ein Abchasier, den Kopf auf die Brust gesenkt, auf seinem kleinen, sehnigen Pferdchen an uns vorüber. Das Pferd spitzte die Ohren, warf aus seinen großen schwarzen Augen einen Blick auf uns und schnaubte zornig. Der Reiter hob den Kopf mit der zottigen Pelzmütze, streifte uns gleichfalls mit einem flüchtigen Blick und ließ den Kopf wieder sinken.

»Wie häßlich die Menschen hier sind, wie gefährlich sie aussehen!« meinte sie leise.

Ich ging Teewasser holen. Über das Gestein sprudelte, munter plätschernd, ein silberheller Wasserstrahl; ich wusch mir Gesicht und Hände und ließ meinen Teekessel vollaufen. Als ich durch das Buschwerk zurückging, sah ich, wie die Frau, unruhig um sich blickend, auf den Knien über die Steine kroch.

»Was ist dir?« rief ich.

Sie erschrak, wurde ganz grau im Gesicht und suchte irgend etwas zu verstecken. Ich erriet, was es war.

»Gib her! Ich werd's verscharren.«

»Ja, wie denn, wie denn? Man muß es doch in der Badstube verscharren, im Vorraum, unterm Fußboden ...«

»Das hat noch gute Weile, bis man hier eine Badstube baut!«

»Du machst Späße, und ich hab solche Angst! Wenn nun ein wildes Tier kommt und es auffrißt! Man muß doch die Nachgeburt der Erde zurückgeben ...«

Dann reichte sie mir, mit abgewandtem Gesicht, ein feuchtes, schweres Päckchen hin und bat leise, zaghaft:

»Sieh zu, daß du es recht tief verscharrst! Um Christi willen... Hab Mitleid mit meinem Söhnchen, mach's ja ordentlich!«

... Als ich fertig war und aus dem Gebüsch trat, sah ich sie vom Meere herkommen. Sie ging schwankend, mit vorgestreckten Armen; ihr Rock war bis an die Hüften durchnäßt, das Gesicht leicht gerötet, gleichsam von innen her erleuchtet. Ich stützte sie, brachte sie zum Feuer hin und dachte staunend:

›Welch unverwüstliche Kraft steckt doch in den Frauensleuten!‹

Dann tranken wir Tee mit Honig, und sie fragte mich leise:

»Du studierst wohl nicht mehr?«

»Da hast du richtig geraten!«

»Hast wohl alles versoffen?«

»Alles, aber auch alles!«

»Das ist nicht recht. Du bist mir schon in Suchum aufgefallen, wie du dich mit dem Aufseher wegen des Essens zanktest. Ich sagte mir gleich: Der ist wohl ein Säufer, daß er so gar keine Angst vor der Obrigkeit hat ...«

Und während sie sich den Honig von den geschwollenen Lippen leckte, schielte sie immer wieder nach dem Strauch hin, unter dem der neue Erdenbürger ruhig schlief.

»Wie wird's ihm wohl ergehen?« sagte sie seufzend, mit einem fragenden Blick auf mich. »Ich dank dir auch schön, daß du mir geholfen hast... Aber ob es für ihn gut ist – wer weiß?«

Sie war mit dem Essen fertig und bekreuzigte sich.

Während ich meine Siebensachen zusammenpackte, saß sie, sich schlaftrunken hin und her wiegend, da, die Augen, die wieder matt und farblos geworden waren, zu Boden gesenkt, und schien nachzudenken.

Dann richtete sie sich mühsam auf.

»Du willst wirklich schon gehen?« fragte ich sie.

»Ja, ich muß wohl.«

»Überleg dir's doch!«

»Die Mutter Gottes wird mir beistehen!... Reich ihn mir herüber!«

»Ich werde ihn tragen...«

Es gab einen kurzen Streit zwischen uns, dann fügte sie sich, und wir schritten Schulter an Schulter nebeneinander her.

»Wenn ich nur nicht hinplumpse!« sagte sie mit einem befangenen Lächeln und legte die Hand auf meine Schulter.

Der neue Erdenbürger lag in meinen Armen, schlief und schnaufte behaglich. Welches Schicksal mochte ihn erwarten? Das Meer plätscherte und rauschte, im Schmuck weißer Wogenkämme prangend, die wie feine Spitzen darüber hinrieselten. Aus den Büschen klang es wie Raunen und Flüstern, und die Sonne, die schon den Mittag überschritten hatte, strahlte mild hernieder auf die Erde.

Langsam schritten wir dahin. Von Zeit zu Zeit blieb die Frau stehen, seufzte tief auf, warf den Kopf hoch, ließ ihren Blick in die Runde schweifen, übers Meer, über den Wald und die Berge, sah ihrem Sohn ins Gesicht, und ihre Augen, denen qualvolle Schmerzen Ströme von Tränen entpreßt hatten, blickten wieder wunderbar klar und hell, bekamen wieder Farbe und erstrahlten im herrlichen Glanz unerschöpflicher Liebe.

Einmal blieb sie stehen:

»Herrgott! Wie schön es doch hier ist! So könnte ich gehen und gehen, bis ans Ende der Welt... Und er, mein Sohn, würde wachsen und immer größer werden, so im Freien würde er aufwachsen – an der Brust der Mutter, mein lieber Kleiner...«

...Das Meer aber rauschte und rauschte...